中國學術思想 研究輯刊

三五編

林慶彰 主編

第 19 冊

《莊子》倫理學研究
——以多瑪斯倫理學為線索（上）

藍啟文 著

花木蘭文化事業有限公司

國家圖書館出版品預行編目資料

《莊子》倫理學研究——以多瑪斯倫理學為線索（上）／藍啟文
著 -- 初版 -- 新北市：花木蘭文化事業有限公司，2022〔民
111〕
目 4+176 面；19×26 公分
（中國學術思想研究輯刊 三五編；第 19 冊）
ISBN 978-986-518-821-4（精裝）
1.CST：莊子 2.CST：學術思想 3.CST：倫理學
030.8   110022435

ISBN-978-986-518-821-4

中國學術思想研究輯刊
三五編　第十九冊　　　　　　　ISBN：978-986-518-821-4

《莊子》倫理學研究
——以多瑪斯倫理學為線索（上）

作　　者　藍啟文
主　　編　林慶彰
總 編 輯　杜潔祥
副總編輯　楊嘉樂
編輯主任　許郁翎
編　　輯　張雅淋、潘玟靜、劉子瑄　美術編輯　陳逸婷
出　　版　花木蘭文化事業有限公司
發 行 人　高小娟
聯絡地址　235 新北市中和區中安街七二號十三樓
　　　　　電話：02-2923-1455／傳真：02-2923-1452
網　　址　http://www.huamulan.tw 信箱 service@huamulans.com
印　　刷　普羅文化出版廣告事業
封面設計　劉開工作室
初　　版　2022 年 3 月
定　　價　三五編 23 冊（精裝）新台幣 62,000 元

《莊子》倫理學研究
——以多瑪斯倫理學為線索（上）

藍啟文　著

作者簡介

藍啟文，1958 年出生於臺灣花蓮，中華民國開業中醫師。自 1991 年起曾任藍啟文中醫診所院長，花蓮縣第十八、十九屆理事長，中華民國中醫師公會全國聯合會第七屆副秘書長。1984 年通過國家中醫師特種考試。2014 年畢業於華梵大學哲學系研究所，獲哲學碩士學位。2021 年畢業於天主教輔仁大學哲學系研究所，獲哲學博士學位。曾撰《老子哲學中「德」概念之分析》（2014）。

提　要

　　《莊子》文學的委婉纏綿和哲學的氣勢磅礡，翻閱〈天下〉篇即可一目了然。其具備特異本質的用語表現有三端：即「萬物畢羅」的宗教性、「深閎而肆」的思想性、以及「諔詭可觀」的文學性。

　　西方倫理學影響後世最深遠且最具代表性者就是多瑪斯。多瑪斯是一位哲學家也是一位神學家，但這並不妨害多瑪斯嚴謹的哲學思考。他的著作等身而且結構細膩、論證縝密、思想創新，無法不令人讚嘆與佩服。多瑪斯倫理學是西方中世思想的大綜合，不但統整所有希臘、希伯來、猶太的哲學思想，並創建中世時期以士林哲學為主軸思想最偉大的哲學系統。作為多瑪斯代表作品的歷史神學《神學大全》，是多瑪斯眾多著作中的一部不朽鉅著。

　　多瑪斯的倫理思想提示「天主聖化人類歷程」清晰架構：天主是「天主聖化人類歷程」終極的始源、人是「天主聖化人類歷程」倫理實踐的主體、「基督」是「天主聖化人類歷程」人類回歸天主的必然道路。

　　莊子的道德理論明示「天道道化人類歷程」清楚藍圖：天道是「天道道化人類歷程」終極的始源、人是「天道道化人類歷程」道德實踐的主體、道是「天道道化人類歷程」人類回歸天道的必然道路。

　　《莊子》與《神學大全》基於「超自然或神的啟示」，皆是屬於一種「歷史神學」的著作。其中皆具體論及「幸福倫理」、「神學倫理」、「哲學倫理」、和「救贖倫理」的內容。

　　礙於篇幅的限制，本書只涉獵《莊子》與《神學大全》關於「哲學倫理」的部份，亦即本書所論述的第一部「倫理的人學基礎」與第二部「倫理的德行實踐」。

　　至於「神學倫理」、「幸福倫理」、和「救贖倫理」三部份，則是未來研究的方向與目標。亦即「神學倫理」是人性完美的發展和希望，以及「幸福倫理」和「救贖倫理」則是人性完美的最終價值。

謝　辭

時光荏苒，歲月如梭。跟隨恩師潘小慧教授讀書和做研究，已經六年了。記得 104 年輔仁大學哲學系博士班入學考試，是我碩士指導教授伍至學老師親自為我補習和輔導的。至學老師希望我成為小慧老師的門生，他常提到小慧老師，具有學者風範，她的身教與言教，名符其實。若能成為她的門生，一定能「虛而往，實而歸」。

於今看來，至學老師真的有先見之明。而且，當初他交待給我的寶貴意見，的確拯救了我。至學老師是老莊道家學界專家，他帶我踏進《老子》領域。至學老師為我安排好碩士階段研究《老子》的「德」，他說：「若有機會，可以進入輔仁大學研究《莊子》的『德』」。因此，我就聽從老師的話，去報考我覺得很困難考取的輔仁大學哲學系研究所博士班。也許是老師幫忙讓我考進輔大哲研所的，可是，老師卻說我是自己考上的，要我在輔大跟隨潘小慧教授好好讀書和做研究。

《老子》的「道」是向上之「道」，他的「德」跟從向上之「道」，由形而下到形而上，層層超越。因此，從《老子》文本著手，就能把「德」整個輪廓呈現出來。可是，《莊子》的「道」是向上和向下之「道」，他的「德」也是向上和向下之「德」，而這兩重之「德」，又是齊頭並進。因此，《莊子》的「德」，對於研究者來說，出現在文本語詞意義的脈絡特徵並不顯明。所以，初始從《莊子》文本雖努力挖掘，完全整理不出任何頭緒。為此，我花費三年時間，毫無所得。

想起至學老師的文采與博學，我則鄙陋至極。看到小慧老師的學問，她總以「神受而昭然」，我則「不神以求而昧然」。因此，一直以來都使我感到惴惴不安，而缺乏自信。

　　104 年進入我們系裡的同學最多，總共有 11 位。而且，同學之間感情極好。第一年和第二年上下學期，系上開的大學外語課程——拉丁文和希臘文，一起入學的同學都很用功學習；還有其他必修的專業科目，也都一起上課。尤其，我們之間已建立起有如革命必需共同奮鬥之情感的堅定友誼。這對每個同學而言，無異是一股強勁的推動力量。因為，同學互相勉勵，希望彼此都能順利畢業。因此，大家又從拾信心，並恢復原初快樂的心情。

　　系上的博士候選人資格考是嚴苛而殘酷的。中西哲學史這一門科目，同學們都讀完好幾個版本。另外，同學之間大都選倫理學這一門科目；而潘小慧的德行倫理學，我和其他同學也都熟讀到可以背誦。考前準備是相當艱苦的過程，但是，覺得生命極充實。這種滋味，有酸苦也有甜蜜，令人永生難忘。

　　潘小慧開的倫理學專題，是必須選修的課程。從亞理斯多德的《尼各馬科倫理學》到《儒家倫理學》，同學們踴躍和老師討論著什麼是「德行」。這門學科使我研究《莊子》的「德」，在找不到門徑的痛苦之際，彷彿得到開啟大門的鑰匙，似乎見到一絲獲救曙光。

　　潘小慧的讀書會，於 106 年 9 月 19 日開始，每一個月舉辦一次。讀書會在晚上 5 點半到 7 點半，這二個小時的時間，給指導的研究生發表論文寫作心得，以及老師和同學們對於發表論文所提出的檢討和意見。每次的讀書會，我都從花蓮上午就出發，下午三點以前就到了學校。每一次的讀書會，我一定都參加，並且發表論文的寫作心得。這個時候，我的論文題目已經有了方向，而經過多次調整，直到論文提要口試完畢，論文題目才確定是——「《莊子》倫理學研究—以多瑪斯倫理學為線索」。研究《莊子》的「德」，從多瑪斯倫理學尋找線索，是潘小慧老師給我最大轉折的指導。沒有這部分的跨越，研究《莊子》的「德」，我無法完成。

　　在我心目中，潘小慧老師總是以身作則。盡心竭力教導同學的同時，她也和學生一樣，於學期結束時繳交一篇論文。但是，老師繳交的論文品質是超級棒的，是哲學與文化出版社徵稿所要刊載的學術專業論文。

　　在論文方面，非常感謝擔任論文學位考試審議的諸位委員，關永中老師、伍至學老師、鈕則誠老師、游惠瑜老師、潘小慧老師，他們對於全篇論文各種大小問題，鉅細靡遺提出質疑和挑出毛病；並且，不吝傳授解決的對策和教導正確的範式。這幾位專家學者花費許多時間審閱我的論文；而且，批示許多論證不足之處、或需要補充資料的地方。因此，也萬分感激他們給我的

這些寶貴意見，讓我察覺到自己在思想方面，仍存在著見解淺薄和視野侷限之缺點。期許自己未來研究之路，能夠努力加強思想方面的思辨能力，庶幾開拓和擴展學術工作的思考深度和視域廣度。

我的弟弟藍崇文，已經是臺灣大學資深特聘教授了。為了他老哥因為撰寫莊子和多瑪斯倫理學的論文，陪伴我一起融入莊子和多瑪斯思想的精神裡。他放下教授階級的身段，把我講述的心得當成一堂一堂的哲學課，以學生的態度在聽講，並且寫成一篇一篇的學習成果，發表在臉書上。其實，對他來說，這簡直是疲勞轟炸。只是，他心疼我這位老哥活到這把年紀還這麼用功和上進，不忍看我每日焚膏繼晷認真努力學習，結果還畢不了業。所以，他願意盡一切激勵我，是真心期待我能順利畢業。

我有一位特別的母親，她目不識丁。可是，她一生受人敬重。因為，她雖不識字，道德修養卻是很高。我很難取悅母親，過去以為侍奉她以榮華富貴，便能得到歡心，卻錯了。原來，我求學上進修養道德，才能如《莊子》徐无鬼說魏武侯的寓言一樣，使她大悅而笑。

我最敬重的父親，已經不在人間。不過，當初父親在病重之際，在加護病房煎熬十七個日夜，就是要等到我領到碩士畢業證書才願意離開我們的。這說明父親是如何重視我的好學精神與課業成就。為此，我一定要把這份得來不易的榮耀，與在天鄉的父親一起分享。

除此之外，也真心感謝在學校裡一起學習的林怡玲、陳素花、尤碧雲、張國濱、賴淑芳，詹民紳等等這些同學；以及辦公室戴立仁學長與李惠美學姊兩位助教多年的關心與協助。

每個人生命中的過程，都是為了追求最後目的而行動。這個最後目的，就是幸福。可是，幸福對每個人來說，卻又是那麼陌生和那麼遙遠的東西。而且，幸福的獲得，又必須付諸熱烈的愛之行動，不論是對近人或是對造物者而言，都要以這份行動來完成。因此，可以說，人有德行，才能擁有幸福；人有熱烈的愛之行動，幸福才能追求得到。所以，愛是所有德行之母。何其幸運，幸福對我而言，總是未曾遙遠。因為，在我生命中得到許多貴人之幫助，讓我能向幸福招手，而使幸福不曾遠離。對於幫助我的貴人，我銘記在心，永遠不敢忘懷。

2021.05.01　謹誌於花蓮

目

次

上　冊

謝　辭

導　論 …………………………………………………… 1

　第一節　研究動機與目的 ……………………………… 1

　　一、先秦道家《莊子》是一部倫理學著作的
　　　　主觀判斷 ……………………………………… 1

　　二、先秦道家《莊子》是一部倫理學著作的
　　　　客觀條件 ……………………………………… 4

　第二節　研究方法與範圍 …………………………… 15

　　一、研究方法 ………………………………………… 15

　　二、研究範圍 ………………………………………… 19

　第三節　文獻回顧 …………………………………… 23

　　一、《莊子》現代文獻評述 ………………………… 23

　　二、《神學大全》現代文獻評述 …………………… 26

　第四節　論文架構 …………………………………… 28

第一部　倫理的人學基礎 …………………………… 39

第一章　論　人 ……………………………………… 43

　第一節　人與位格 …………………………………… 44

　第二節　人是天主的肖像 …………………………… 52

　　一、「肖像」的意義 ………………………………… 53

二、人是天主肖像的意義 …………………………… 54

三、每個人包括男女都有天主的肖像 ……… 57

第三節 人是靈魂與身體的結合 ……………… 62

一、人是靈魂與肉體組成的實體 …………… 65

二、靈魂是非物質性或精神性的實體 ……… 70

三、靈魂是不朽性的實體 …………………… 73

第四節 人的理智與意志 ……………………… 77

一、理智 ……………………………………… 78

二、意志 ……………………………………… 83

第二章 論人的倫理行為 …………………………… 89

第一節 倫理行為是一種人性行為 …………… 90

第二節 不違反理性的行為即是倫理行為 …… 92

第三節 自由意志 ……………………………… 94

第四節 人性行為的終極目的是全福 ………… 97

第三章 德行的本質 ……………………………… 105

第一節 德行是一種習性 …………………… 106

第二節 德行是形式的現實 ………………… 108

第三節 德行是善的習性 …………………… 111

第四節 德行的定義 ………………………… 113

第四章 德行的主體 ……………………………… 117

第一節 德行是以靈魂的機能為其主體 …… 117

第二節 理智是信德和智德的主體 ………… 119

第三節 憤情是勇德的主體而欲情是節德的主體
……………………………………………… 125

第四節 意志是愛德和義德的主體 ………… 130

第五章 自然法律是倫理實踐的超驗原理 ……… 137

第一節 自然法律是倫理的標準 …………… 138

一、自然法律內在於人性 ………………… 142

二、自然法律分有永恆律 ………………… 144

第二節 自然法律的定義 …………………… 146

一、理性之光能知什麼是善什麼是惡 …… 148

二、理性之光乃天主之光在我們內的印記 … 149

三、自然法律乃理性受造物分有永恆法律 … 151

第三節　自然法律的內容 ……………………………… 154

　一、自然法律的首要誡命是行善避惡且為
　　　其他誡命之根據 ……………………… 155

　二、自然法律的其他誡命 ……………………… 157

第四節　良知、良心與自然法律 ………………… 167

　一、良知是本性所固有的實踐性事物原理之
　　　習性 ……………………………………… 167

　二、良心是將知識運用於某事物之行動 …… 170

下　冊

第二部　倫理的德行實踐 ………………………… 173

第六章　德行實踐的靈魂機能 ………………… 175

第一節　道德主體 ……………………………… 175

　一、神蘊涵意志 ……………………………… 175

　二、氣蘊涵理智 ……………………………… 180

　三、本生於精的形之惡情和好情蘊涵憤情和
　　　欲情 ……………………………………… 181

第二節　「情」之議論 ………………………… 182

　一、好惡之情——無以好惡之情內傷其身 … 182

　二、性命之情——所謂臧者任其性命之情
　　　而已 ……………………………………… 184

第三節　人性的「心」之議論 ……………… 189

　一、帝王聖人之「萬物无足以鐃心」 …… 190

　二、至人之「用心若鏡」 ………………… 191

　三、真人之「不可入於靈府」 …………… 192

　四、神人之「不可內於靈臺」 …………… 192

第四節　位格「造物主」之議論 ………… 193

第七章　理智之德的德行實踐 ……………… 199

第一節　智德（prudentia; prudence）不只是倫理
　　　德行也是理智德行 …………………… 200

第二節　智德是給倫理德行找出適宜的中點 …… 202

第三節　智德是一種特殊德行 ……………… 206

第四節　智德是既真實且完美的明智 ……… 210

第八章　正義之德的倫理實踐 ⋯⋯⋯⋯⋯⋯⋯⋯ 227
　第一節　義德（Justitia; justice）是使各得其所
　　　　　應得的恆常而永久的意志 ⋯⋯⋯⋯ 227
　第二節　義德不只是一種德行也是一種特殊德行
　　　　　⋯⋯⋯⋯⋯⋯⋯⋯⋯⋯⋯⋯⋯⋯⋯⋯ 230
　　一、義德是一種德行 ⋯⋯⋯⋯⋯⋯⋯⋯⋯ 230
　　二、義德是一種特殊德行 ⋯⋯⋯⋯⋯⋯⋯ 231
　第三節　義德是一種普遍德行 ⋯⋯⋯⋯⋯⋯ 233
　第四節　義德的對象是法 ⋯⋯⋯⋯⋯⋯⋯⋯ 236
第九章　勇敢之德的倫理實踐 ⋯⋯⋯⋯⋯⋯⋯⋯ 245
　第一節　勇德（fortitudo; fortitude）不只是一種
　　　　　德行也是一種特殊德行 ⋯⋯⋯⋯⋯ 245
　第二節　勇德主要關涉死亡的危險尤其關涉
　　　　　戰爭中死亡的危險 ⋯⋯⋯⋯⋯⋯⋯ 248
　第三節　勇德關涉懼怕和大膽而堅忍卻是勇德的
　　　　　主要行為 ⋯⋯⋯⋯⋯⋯⋯⋯⋯⋯⋯ 253
　第四節　勇德的行為是為了習慣之善 ⋯⋯⋯ 256
　第五節　勇德以他的行為為榮 ⋯⋯⋯⋯⋯⋯ 259
第十章　節制之德的倫理實踐 ⋯⋯⋯⋯⋯⋯⋯⋯ 267
　第一節　節德（temperantia; temperance）不只是
　　　　　一種德行也是一種特殊德行 ⋯⋯⋯ 267
　第二節　節德只關於慾望和快樂 ⋯⋯⋯⋯⋯ 276
　第三節　節德只關於觸覺的慾望和快樂 ⋯⋯ 280
　第四節　節德是否只關於味覺所固有的快樂 ⋯ 289
　第五節　節德的尺度按照現世生活之所需 ⋯⋯ 298
結　論 ⋯⋯⋯⋯⋯⋯⋯⋯⋯⋯⋯⋯⋯⋯⋯⋯⋯⋯⋯ 301
　第一節　《莊子》是一部倫理學著作之證立 ⋯ 302
　第二節　本論文研究的展望與價值 ⋯⋯⋯⋯ 304
　第三節　本論文「研究旨趣」之批判 ⋯⋯⋯ 309
　第四節　本論文「研究成果」之批判 ⋯⋯⋯ 312
參考書目 ⋯⋯⋯⋯⋯⋯⋯⋯⋯⋯⋯⋯⋯⋯⋯⋯⋯ 319

導　論

　　導論旨在說明本論文的研究動機與目的、研究方法與範圍、文獻回顧、論文架構。以下分別論之。

第一節　研究動機與目的

一、先秦道家《莊子》是一部倫理學著作的主觀判斷

　　先秦道家《莊子》到底有沒有倫理學，這個問題始終是當今哲學界討論的熱門題材。尤其《莊子》這部先秦道家的著作，更總是引起哲學界學者專家們的關切與重視。因為，先秦道家給予一般讀者的觀感，總是脫離不開對於儒家仁義禮智諸德目，嚴厲批判的刻板印象。並因這種觀感而導致一個普遍結論，認為先秦道家崇尚自然大道而徹底反對名教禮治。

　　若以此說法，即認為先秦道家理論，並沒有倫理學思想，則未免失之輕率。雖然，我們對於持有這種過於牽強附會定論的專家學者，可以不隨風起舞而虛應了事，惟這種心態並不符合研究學問和追求真理的正確態度。但是，辯解或說服負面的質疑講法，卻不簡單。

　　　　夫道，有情有信，无為无形；可傳而不可受，可得而不可見；
　　　自本自根，未有天地，自古以固存。(〈大宗師〉)〔註1〕

────────────

〔註1〕郭慶藩，《莊子集釋》，王孝魚點校，北京：中華書局，1972，頁246。按：本論文後敘內容包括《莊子》文本，以及《郭象莊子注》、《成玄英莊子疏》、《經典釋文序錄》所引崔譔、向秀、司馬彪、李頤、孟氏、王叔之、郭慶藩等注解，皆只標篇名，其它從略。

先秦道家《莊子》，是繼承《老子》道學精髓，加以擴充，並集道家之大成。

> 孔德之容，惟道是從。道之為物，惟恍惟惚。惚兮恍兮，其中有象；恍兮惚兮，其中有物。窈兮冥兮，其中有精；其精甚真，其中有信。自古及今，其名不去，以閱眾甫，吾何以知眾甫之狀哉？以此。（〈老子・二十一章〉）〔註2〕

先秦《老子》開創的道家學說，至《莊子》更臻成熟；體系更加完整。《老子》的「德」是「道」的轉化而內畜每一萬物之中。

以西方倫理學專業術語來講的話，《老子》和《莊子》的「德」，基本上是符合理智德行的涵義。〔註3〕因為，《老子》和《莊子》的實現活動是追求人生最終目的，而此目的就是與道為一之永恆幸福。

本論文《莊子》倫理學研究，所指的倫理學是以西方古希臘柏拉圖（Plato, 429～347B.C.）和亞里斯多德（Aristotele, 384～322 B.C.）所發展出來，以及由多瑪斯（St. Thomae Aquinas, 1224/5～1274）一脈相承的西方古典倫理學。

站在個人主觀判斷的立場上來看的話，先秦道家的《莊子》是一部倫理學著作。個人主觀判斷是基於以下三點論述。

第一，多瑪斯倫理學的幸福論和某些方面的主知主義與亞里斯多德倫理學並無二致；但多瑪斯的最後目的是享見第一因的天主本質，是亞里斯多德沒有一點著墨的地方。〔註4〕多瑪斯來世永恆幸福屬於人超自然本性所能達

〔註2〕王弼，《老子道德經注校釋》，樓宇烈校釋，北京：中華書局，2008，頁52。
按：本論文後敘內容包括《老子》文本皆只標章次，其它從略。

〔註3〕亞里斯多德把德行分為兩種：道德的德行與理智的德行。理智的德行又可分為思辨理智與實踐理智。亞里斯多德說：「以前已說過，靈魂是由兩部分形成的，一部分是理智的，另一部分是非理智的，讓我們再把理智的部分也分成兩種才能，其中之一使人對於那些有第一原理的事物加以述說，這些第一原理是不變更的。另一才能，人藉著它，對有變動的事物加以考慮。以推論來說，大家認為事物之被認識，是因為它們與認識者之間有相似或接近的地方，因此可以推論說，人的靈魂中那些能認識不同事物的部分，其本身也必定性質不同。我們可以稱這些才能，一種是科學的，一種是計算的。用這第二個名詞是因為計算與考慮能當作一件事。這種計算與考慮，對於不可變更的事物，並無任何作用，這一點，使我們有理由把計算的才能，當作與靈魂理智成份有分別的成份。」參閱亞里斯多德，《尼各馬科倫理學》，高思謙譯，臺北：臺灣商務印書館，2006，頁167。

〔註4〕多瑪斯稱亞里斯多德今世不完善之幸福，則是來世完善幸福之進階；只有享見天主本質才是理性之人的最後目的。柯普斯登說：「多瑪斯同樣地也採取了

到的目的，而今世屬於本性之自然渴求所企盼之最後目的，卻是超自然之目的。〔註5〕基於這個原則，幾乎以多瑪斯的《神學大全》著作裏的倫理學架構核實《莊子》書中的文本結構，基本上是可以滙通與對話；甚且《莊子》書中的文本結構，同樣有「神賦德行」原理，滲透到神學領域的範界，以多瑪斯的神學倫理概念，也應該能與《莊子》對話。〔註6〕

幸福論以及目的論的觀點，而且他對於人類行為目的的理論在某些方面也是主知主義的；可是吾人可以很快地看出由於重點的改變，使得他的理論和亞里斯多德的理論之間有了相當大的差異。」又說：「因此，吾人可以馬上看出多瑪斯的道德理論在亞里斯多德不同的層面上繼續進行，因為不管多瑪斯使用多少亞里斯多德的語言，他對來世與看見上帝的觀念，在亞里斯多德的思想中是全然陌生的。亞里斯多德所說的幸福，多瑪斯稱之為不完美的幸福，暫時的幸福，此生中所獲得的幸福，而這不完美的幸福是完美幸福的進階，完美的幸福，只能在來世中才能獲得，而且原則上只能在於看見上帝。」參閱柯普斯登，《西洋哲學史・卷二》〈中世紀哲學〉，莊雅棠譯，傅佩榮校訂，臺北：黎明文化事業股份有限公司，2004，頁551、552。

〔註5〕試問多瑪斯處於哲學與神學混淆之間，其所能解決問題的方法是否純粹使用哲學方法？這個問題在西方學界產生許多持懷疑觀點的質問。根據柯普斯登的說法，多瑪斯對於這個問題，完全以哲學方法立論，沒有不妥之處。因為，多瑪斯以超自然目的，亦即享見上帝本質，才是人完善幸福的完成。人的最終目的在今世憑靠自然本性雖無法達到，但是，面見天主之超自然目的，仍然是人自然渴求的最終目的。柯普斯登說：「多瑪斯像奧古斯丁所講的，他所考慮的人是在具體中的人，蒙呼召走向超自然的秩序，當他說，人有知道神的本質的自然渴求時，他不是暗示著人的本性在假設的狀態中會有這種看見上帝的自然渴求──不管是絕對的或有條件的──而是人知性趨向真理的自然運動的方式，事實上就是要看見上帝，不是因為在此生中或在來生中人的知性自身可以看見上帝，而是事實上人唯一的目的是超自然的目的。我不認為當多瑪斯說到自然的渴求時，他是在假設的狀態下來考慮人性，如果真是如此，那麼顯然他的意思是說他的道德理論不是也不能是純粹的哲學理論。他的道德理論一半是神學的，一半是哲學的：他使用亞里斯多德哲學使之更適合於基督宗教的架構。畢竟，亞里斯多德本人所考慮的人也是具體的，就他所知道具體的人事實上是如何來考慮，而多瑪斯比亞里斯多德更知道具體的人事實上是怎樣，所以當他相信亞里斯多德的意思是對的，而且發現它可以和基督宗教的觀點相互會通，於是乃應用亞里斯多德的思想，這種做法是相當合理的。」參閱柯普斯登，《西洋哲學史・卷二》〈中世紀哲學〉，頁555。

〔註6〕多瑪斯倫理學主要著作為《神學大全》（Summa Theolgiae 或 Summa Theologica, 簡稱 S.T., 1266～1273），多瑪斯倫理思想系統博大精深，完全是繼承兩位哲學家傳統，理論更加充實，涵蓋範圍已從哲學領域跨越到宗教神學的領域，而使得倫理學內容益加豐富。整體而言，多瑪斯倫理學除了「神賦德行」是跨越到神學領域範圍的部分，實際上多瑪斯倫理學除了神賦德行之外，多瑪斯全部倫理學內容已包含亞里斯多德倫理學所有的基本架構。參閱潘小慧，

　　第二，亞里斯多德倫理學是以目的論為基礎，在學術界有幸福論與德行論兩種說法，但都沒有相衝突的地方。因為人的活動〔註7〕，是以實現活動為目的，目的即完善狀態，實現活動就是活動的目的。《莊子》的「德」著重於實踐理性方面，這種實踐理性，亦等於《莊子》勇於追求人生境界內在化的理想目標。〔註8〕

　　第三，亞里斯多德在《尼各馬科倫理學》著作裏第六卷第 1 章至第 2 章，提到人的活動有三種形式：包括實踐的研究、制作的研究和理論的研究。〔註9〕理論的沉思是對不變的和必然的永恆之道的沉思活動，這部分是人的靈魂活動與之相關。而靈魂活動就是人的理性活動，屬於人最高等合德性的活動。政治學或倫理學屬於實踐的研究領域；實踐的研究與制作的研究是與人生活事務之間有密切聯繫。《莊子》以精微細密、廣大深入的辨證法則，發展老子道家學說，並賦予哲學理論意義。這也是莊子本人躬身實踐之切己實學所完成規模無比恢宏偉大的哲學系統。

二、先秦道家《莊子》是一部倫理學著作的客觀條件

　　在前一節筆者以主觀判斷，說明《莊子》是一部倫理學著作。然而，以學術討論嚴謹的態度檢視的話，主觀判斷的理由，不足以證成《莊子》有倫

　　　　《德行與倫理——多瑪斯的德行倫理學》，臺北：哲學與文化月刊雜誌社，2003，頁 96。

〔註 7〕活動希臘文為 ἔλγον 而實現活動希臘文則為 ἐνέργεια 意為生命實踐的活動中所實現的完善狀態。

〔註 8〕徐復觀說：「莊子主要的思想，將老子的客觀的道，內在化而為人生之境界，於是把客觀的精神，也內在化而為心靈活動的性格。」參閱徐復觀，《中國人性論史·先秦篇》，臺北：臺灣商務印書館，1969。頁 387。

〔註 9〕本論文所使用古典希臘的文本為 Aristotle, Aristotelis Ethica Nicomachea. Edited by Ingram Bywater. New York: Cambridge Universtity Press,1890.英譯本參考 Aristotle. The Complete Works of Arestotle. The Revised Oxford Translation. Vol.2. Edited by Jonatean Barnes. New Jersey: Princeton University Press,1984.2. 中譯參考苗力田主編，《亞里斯多德全集》，北京：中國人民大學出版社，1990。後文英文翻譯和中文翻譯所對照皆同一版本。亞里士多德在《尼各馬可倫理學》第六卷第一章中說：「理性靈魂分為二，一部分是考察那些具有不變本原的存在物，另一部分是考察那些具有可變本原的存在物。相應於那些種上不同的對象，每一個都自然要在靈魂上有不同種的部分。因為只有憑借某種相似性，人們才能獲得知識。在理性部分中，我們把一部分稱為認知的，把一部分稱為推算的。推算和考慮是一回事。誰也不會去考慮那些不能變化的事情。所以推算是理性靈魂的一個部分。」

理學基本架構；而證成《莊子》有倫理學基本架構的有效方法，就是客觀條件同時成立，才能有效證成《莊子》是一部倫理學著作。

然而，目前來自學界對於道家《莊子》四個方面之批判：第一個方面，道家《莊子》信仰「含糊不清」的批判。第二個方面，道家《莊子》淪落「唯心主義」的批判。第三個方面，道家《莊子》陷溺「自然主義」的批判。第四個方面，道家《莊子》沒有「倫理學」的批判。以上四個方面，本論文研究之動機乃針對第四個方面之批判而產生。但是，本論文研究之目的則必須針對第四個方面之批判的問題之解決，以及其它第一、第二、第三方面之批判的問題之解決。因為，第一、第二、第三方面之批判的問題之解決，對於第四個方面之批判的問題之解決有相當程度之幫助。

（一）對於道家《莊子》信仰「含糊不清」批判的辯護

美國道德哲學家阿瑟・史密斯批評中國古籍中常見的「天」意思十分含糊不清；中國人下層階級多是「泛神論」者和「多神論」者，而上層階級多是「無神論」者。這種信仰是中國人崇拜「天」的最大缺點。〔註10〕再者，就是對於「神明」信仰態度，都是建立在「假設」的基礎上，這是西方人非常反對的機巧行為。〔註11〕對於阿瑟・史密斯和愛默生的批判，我們翻開道家《莊

〔註10〕阿瑟・史密斯說：「在中國的古籍中，經常會出現『天』這個字。此處的『天』並不是指我們頭上的天空，而是指人的一種意志和願望，有時候也指一些其他的意思。每當我們讀到『天，即道』這句話時，都會覺得它的意思十分含糊不清。不只是在古籍中，即使是在日常用語中，它的意思也非常模糊，讓人理不清頭緒。若是你問一個總是在祭天的人『天』是什麼意思，一般會得到『天』就是頭上的藍天這個答案。這就說明了一件事情，即這種崇拜其實和自然崇拜是一個道理，只是群體崇拜和個人崇拜的區別而已。美國文學家愛默生對於這種信仰的說法是：『自然並不總悅人以節日盛裝，昨天氤氳芬芳、晶亮悅目一如為林仙嬉樂而設的同一景致，今天就可能蒙上悲傷的面紗。』換句話說，這個祭天的人是一個『泛神論』者。這種信仰，是中國人崇拜『天』的最大缺點，因為他們雖然將『天』人格化，卻沒有任何明確實際的含義。」參閱史密斯（Arthur Henderson Smith），《中國人的德行》，朱建國譯，南京：譯林出版社，2017，頁 191。

〔註11〕阿瑟・史密斯說：「對於中國人『神明』的信仰態度，西方人非常反對。因為中國人的信仰都在『假設』的基礎上的，他們認為信神對自己只有好處，不會有什麼壞處。他們都認為『信則有，不信則無』，就像他們說的『信皇上，就有皇上；不信皇上，就沒有皇上』一樣。中國人非常容易接受這些神，但是他們卻無法認識到這一點。」參閱史密斯（Arthur Henderson Smith），《中國人的德行》，頁 197。

子》文獻來說明這樣的批判是失之公允。

> 今彼神明至精，與彼百化，物已死生方圓，莫知其根也，扁然
> 而萬物自古以固存。六合為巨，未離其內；秋豪為小，待之成體。
> 天下莫不沈浮，終身不故；陰陽四時運行，各得其序。惽然若亡而
> 存，油然不形而神，萬物畜而不知。此之謂本根，可以觀於天矣。
> （〈知北遊〉）

「可以觀於天矣」，成玄英疏：「觀，見也。天，自然也。夫能達理通玄，
識根知本者，可謂觀自然之至道也」（〈知北遊〉）。此處所謂「天」即是「天
道」，「天道」於《莊子》等於《老子》「道法自然」（〈二十五章〉）之「自然」。
「天」、「道」、「自然」即是「天籟」（〈齊物論〉）、「真宰」（〈齊物論〉）、「真
君」（〈齊物論〉），亦即「造物者」（〈大宗師〉）。「天」、「造物者」，馬耘確實肯
定就是「具位格性之超越意志主宰」。〔註12〕

> 少知曰：「季真之莫為，接子之或使，二家之議，孰正於其情，
> 孰偏於其理？」

> 大公調曰：「雞鳴狗吠，是人之所知；雖有大知，不能以言讀
> 其所自化，又不能以意其所將為。斯而析之，精至於无倫，大至
> 於不可圍，或之使，莫之為，未免於物而終以為過。或使則實，
> 莫為則虛。有名有實，是物之居；无名无實，在物之虛。可言可
> 意，言而愈疏。未生不可忌，已死不可徂。死生非遠也，理不可
> 覩。或之使，莫之為，疑之所假。吾觀之本，其往无窮；吾求之
> 末，其來无止。无窮无止，言之无也，與物同理；或使莫為，言
> 之本也，與物終始。道不可有，有不可无。道之為名，所假而行。

〔註12〕筆者觀點與馬耘相同，但筆者於本論文中將另闢論證途徑。馬耘說：「竊以
為莊子運用『造物者』一詞，其顯然指涉某種具位格性之意志主宰；此至
為明顯之事實而斷不容迴避。且〈大宗師〉『子祀』等四友一段寓言，『造
物者』顯對包含人之形體在內之『物』之生成變化顯然具有掌控與推動之
能力，益之以《莊子》中之其他證據，本文認為莊子之『造物者』等觀念
確實指涉某種『位格神』。然未免有所謂『望文生義』之譏，本文將採取以
下三步驟進行嚴密論證，以證立本文之論點。首先，本文將嚴格依據文獻，
探討莊學宇宙論中對『化』之動因之看法以證成本文之立場，其次，簡述
現存以郭象注《莊》為代表之幾種類型之『自生』、『獨化』之說，並論證
其與《莊子》文獻之不相應及此類思想與莊子牴牾之處。」參閱馬耘，〈莊
子哲學「天」、「造物者」觀念辨析〉，《哲學與文化》，第39卷第9期，2009
年9月，頁80。

或使莫為，在物一曲，夫胡為於大方？言而足，則終日言而盡道；言而不足，則終日言而盡物。道物之極，言默不足以載；非言非默，議其有極。」（〈則陽〉）

侯艷芳論「或使」、「莫為」，正面肯定《莊子》之「天」與具有位格性之「至上神」義同。〔註13〕

（二）對於道家《莊子》淪落「唯心主義」〔註14〕批判的澄清

學界批判《莊子》淪落「唯心主義」，最具代表性的學者就是關鋒。他強烈批判《莊子》代表戰國中葉沒落奴隸主階級的反動。他將《莊子》和《老子》兩者關係類比布魯諾‧鮑威爾（Bruno Bauer, 1809～1882）和黑格爾（Georg Wilhelm Friedrich Hegel, 1770～1831）兩者關係，皆是從客觀唯心主義發展成主觀唯心主義。關鋒總結《莊子》的主觀唯心主義體系特徵就是虛無主義、

〔註13〕侯艷芳說：「另外，莊子提出『莫為』與『或使』的問題來做輔助說明：『季真之莫為，接子之或使。二家之議，孰正於其情，孰偏於其理？』莊子既反對了或使說，也批評了莫為說。『或使』就是說有個超越萬物的實體，是萬物生成、變化的原因，這個實體在中國古代社會中往往指的是『天』。例如《尚書‧周書‧洪範》中的『休徵』、『咎徵』就是天意的表現，是在天這個至上神的指使下運行的結果。『莫為』就是認為物的運動只是自身自然而然的表現，與外物無關，當然也不是誰指使的結果，完全取消了天作為至上神的作用。應該闡明的是，對於天作為至上神的存在，老子和莊子都是肯定的，從這一方面來說，他們持『或使』說，而反對『莫為』說。但是，對於萬物的運行變化來說，沒有了天意的指導，全是自然而然發生發展的，所以也可稱得上『莫為』。但『莫為』只有在『或使』的前提下才可談及，否則的話，『莫為』就把天這個處於最高支配地位的神也『莫為』掉了。可以說，在宗教占主流地位的古代社會裡，不可能有完全離開『或使』的『莫為』。從廣義上來說都是『或使』，從狹義上來說，在『或使』的大前提下，才有『或使』說與『莫為』說的區別。從廣義上說，莊子持『或使』說，從狹義上說，莊子又持『莫為』說，簡單地把他劃歸到任何一邊都是不全面的。所以莊子認為『或使』與『莫為』都不完全正確，他說：『或使莫為，在物一曲』，『或之使，莫之為，未免於物。而終以為過』，提倡『以天為宗』，『法天貴真』。」參閱侯艷芳，〈宗教之天與老莊之天〉，《西北農林科技大學學報（社會科學版）》，第8卷第6期，2008年11月，頁97。

〔註14〕布魯格說：「由於設置一切對的『思想』、『意識』、『主體』的性質不同，遂有各種不同形式的唯心論。經驗或心理唯心論（Empirical or Psychological I）以個人的意識為對象根源：『存有即被知覺』（esse est percipi）。這種觀點邏輯地會引入唯我主義），即以為認識主體為唯一可知之物（Solus ipse）。」參閱布魯格布魯格編著，《西洋哲學辭典》，項退結編譯，臺北：華香園出版社，2004，頁266。

阿Q精神、滑頭主義、悲觀主義。〔註15〕

　　　　夫昭昭生於冥冥，有倫生於无形，精神生於道，形本生於精，
　　而萬物以形相生，故九竅者胎生，八竅者卵生。其來无跡，其往無
　　崖，无門无房，四達之皇皇也。邀於此者，四肢彊，思慮恂達，耳
　　目聰明，其用心不勞，其應物无方。天不得不高，地不得不廣，日
　　月不得不行，萬物不得不昌，此其道與！（〈知北遊〉）

　　《經典釋文》：「『无形』，謂太初也。『形本生於精』，謂常道也」（同上）。

　　林希逸釋「无形」為「造化」。〔註16〕「精神」，皆源自於道，但神的境
界乃是「精」化或「精神」化的過程。鄭志明將「精」解釋為「靈體」。〔註17〕

─────────────

〔註15〕關鋒說：「客觀現實是，奴隸主的天下已經一去不復返了。他徹底的悲觀絕
　　　　望了，他面對現實已經沒有什麼希望，沒有什麼理想。如果說他有什麼『理
　　　　想』的話，那就是回到『渾沌』時代。而對這，他也是沒有什麼信心的。
　　　　內篇七篇就以『日鑿一竅，七日而渾沌死』作結。他悲觀絕望透了。但是，
　　　　他要堅持奴隸主階級立場，於是就在自己的幻想中，駕著所謂『莽眇之鳥』，
　　　　到所謂到『無何有之鄉』裏，去追求『精神』的絕對自由，以安慰那個花
　　　　岡岩的腦袋。這樣，他就把現實世界看成是虛幻的，什麼彼此、物我、是
　　　　非、得失、利害、生死都是子虛烏有。而超乎這一切、主宰這一切的是絕
　　　　對的、『無待』的『道』，他擴張主觀精神就是在自己的頭腦中想像與『道』
　　　　合而為一，因此，他也就的『無待』了，他也就超乎得失、利害、死生了。
　　　　於是精神得救了，精神勝利了。這種阿Q精神浸透了莊子哲學的整個體系，
　　　　尤其是他的處世哲學。把現實世界看作虛無，然而他卻不能離開『人間世』，
　　　　於是就來了一套滑頭主義的處世哲學，『彼且為無町畦，亦與之為無町畦』，
　　　　『不譴是非以與世俗處』，一切『寓於不得已』，鬼混在人間世，『不得已』
　　　　的時候什麼事都可以作。而這一切在他自己的心目中又是極其『高潔』的，
　　　　人間世不過是作夢，他這樣處人間世不過是逢場作戲。他這得道『真人』
　　　　精神『高潔』，高出眾生千萬倍，其『粃糠』也可『陶鑄堯舜』。他的寓於
　　　　『不得已』不過是戲場中就戲說戲的『不得已』，而他自己就是『道』，就
　　　　是創造主呢！」參閱關鋒，《莊子內篇譯解和批判》，北京：中華書局，1961，
　　　　頁3。

〔註16〕林希逸，《莊子鬳齋口義校注》，周啟成校注，北京：中華書局，1997，頁
　　　　335。

〔註17〕鄭志明說：「莊子認為靈體要達到『神』的境界不是很容易的，必須經過『精』
　　　　化或『精神』化的過程。即莊子多了一個精靈的觀念，此一精靈的定義，大
　　　　致上可以解釋成精的靈體。精靈實際上也是用來指稱萬物的靈體，只是這種
　　　　靈體與萬物的鬼靈是不一樣，可以說是鬼靈的一種精華體。如肤篋篇的『山
　　　　川之精』，在宥篇的『天下之精』、『六氣之精』、『無搖汝精』，德充符篇的『勞
　　　　乎子之精』、秋水篇的『物之精也』等，意謂著天地萬物都具有著至精的靈體
　　　　存在，是萬物神化的內在動力，所謂精感形動，是一切有形世界的動力來源，
　　　　如達生篇以『形』與『精』並稱，云：『棄事則形不勞，遺生則精不虧。夫形

（三）對於道家《莊子》陷入「自然主義」〔註18〕批判的反駁

道家《莊子》被批判陷入「自然主義」的最大原因來自古今注解家流派的影響。關鋒把這些注解家分為四個流派：郭象解莊派、參照佛義解莊派、牽合儒義解莊派、專門校勘、訓詁派。其中郭象派是晉代注莊之主流，影響後世極為深遠。郭象解莊採取莊子的適性縱放、巘視禮教和隨遇而安之一面。〔註19〕

　　故深之又深而能物焉，神之又神而能精焉；故其與萬物接也，

至无而供其求，時騁而要其宿，大小，長短，脩遠。（〈天地〉）

郭象注：「窮其原而後能物物。極至順而後能盡妙。我確斯而都任彼，則彼求自供。皆恣而任之，會其所極而已」（同上）。

此處郭象注的抽象語辭「原」、「物物」、「極」、「妙」等；或其他篇章之重要抽象語辭，譬如「夫吹萬不同，而使其自己也，咸其自取，怒者其誰邪」（〈齊物論〉）郭象所注：「無」（同上）、「有」（同上）、「生生」（同上）、「自生」（同上）、「天然」（同上）、「自然」（同上）、「自有」（同上），〔註20〕皆表現典型之自然主義傾向。

勞思光批判形上學概念「無」郭象哲學與《老子》和王注的說法有牴觸而不合。勞思光說：

　　「無」不能生「有」，則不成為一形上學觀念，尤不能看作萬物

　　全精復，與天為一。天地者，萬物之父母，合則成體，散者成始。形精不虧，是謂能移，精而又精，反以相天。』參閱鄭志明，〈莊子的鬼神觀〉，《鵝湖月刊》，第233期，1994年11月，頁21。

〔註18〕布魯格說：「用自然，（依照此名詞的各種不同意義之一）作為解釋一切的最重要或甚至唯一的鎖鑰，這一類思想概為自然主義，其主要特色在於反對精神，或反對超自然。作為一種普遍的哲學看法，自然主義一面倒向人以下尤其是生物領域的自然界（生物主義），把原屬於人的精神事件及歷史視為物理及生物界的繼續，而且以物理及生物的標準去觀察。」參閱布魯格編著，《西洋哲學辭典》，頁358。

〔註19〕關鋒，《莊子內篇譯解和批判‧前言》，頁1。

〔註20〕〈齊物論〉：「夫吹萬不同，而使其自己也，咸其自取，怒者其誰邪！」林希逸、陸西星等皆釋「誰」為「天籟」、「真宰」即是「造物者」（出處詳後）。郭象注：「此天籟也。夫天籟者，豈復別有一物哉？即眾竅比竹之屬，接乎有生之類，會而共成一天耳。無即無矣，則不能生有；有之未生，又不能為生。然則生生者誰哉？塊然而自生耳。自生耳，非我生也。我既不能生物，物不能生我，則我自然矣。自己而然，則謂之天然。天然耳，非為也，故以天言之。所以明其自然也，豈蒼蒼之謂哉！而或者謂天籟役物使從己也。夫天且不能自有，況能有物哉！故天者，萬物之總名也，莫適為天，誰主役物乎？故物各自生而無所出焉，此天道也。」（〈齊物論〉）

之根源；於是，在郭注中，「無」乃成為與「有」對立之邏輯概念。

而「有」即不是後於「無」──如《老子》及王注所假定者。〔註21〕

「深之又深」、「神之又神」之妙用，即是「精」的作用。「精」的超自然能力，即是「精靈」。「精靈」，即是由「物靈」，「精」化到「神靈」的樞紐。〔註22〕

（四）對於道家《莊子》沒有「倫理學」批判的導正

前面三節已經討論學界對於道家《莊子》沒有「倫理學」批判所申衍三個方面歧出的意見之解決。因此，在本節便可提出《莊子》倫理學命題之成立，藉由謀求解決之道，以實現完成目的的期望。

何謂倫理學，筆者引用以下作者的《倫理學》現代著作的基本定義，來說明何謂倫理學。

王臣瑞解釋倫理學的意義是從字源〔註23〕與實質兩方面說明。

實質方面王臣瑞說：

> 研究人的一切倫理事實：諸凡人行為的性質、行為的標準、良心的現象、法律的基礎等，無不包羅於倫理學的範圍之內。〔註24〕

〔註21〕勞思光，《新編中國哲學史（二）》，臺北：三民書局，2007，頁180。

〔註22〕鄭志明說：「當萬物有『精』則不管任何形式皆能無所不宜，產生了『深之又深』與『神之又神』的妙用，這就是天地篇所稱的『形體保神』或『體性抱神』，天地篇又云：『執道者德全，德全者形全，形全者神全，神全者，聖人之道。』形與精與神可以幫助人突破生命的有限存在，有了聖人德全的生命境界。由物之精到精之神，即是物靈精化以至神化的歷程，由精靈發展到神靈的存在，神靈即是宇宙中最為超越的靈體形式。這種靈體，莊子稱之為『精神』，超越出一切有限形體的限制，成為宇宙最高的主宰。」參閱鄭志明，〈莊子的鬼神觀〉，頁21。

〔註23〕王臣瑞說：「從倫理學的字源方面來說：倫理學在拉丁文稱 Ehtica，因為西方的文字大都淵源於拉丁文，所以倫理學一詞，在英、法、德、意諸語，也都是大同小異。原來，拉丁文的 Ethica 一字，又出於希臘文的 Ethos；而希臘文的這個字，是指風俗習慣的意思。但是，風俗習慣，廣義的來說，則包括社會的一切規範、慣例、典章和制度。所以拉丁文的 Ethica 一字也就成為倫理學的專有名詞。倫理學在拉丁文除用 Ethica 一字外，還用 Philosophia Moralis，那是因為在拉丁文表示風俗習慣的字是 mores；moralis 則是 mores 的形容詞。又因為拉丁文用 Philosophia Moralis 作為倫理學，因此西方的語言有時也用與這兩個相同的字。」參閱王臣瑞，《倫理學（理論與實踐）》，臺北：臺灣學生書局，1980，頁1。

〔註24〕王臣瑞說：「然而今天的倫理學家們對於倫理學的看法，實是南轅北轍，各不相謀，大致來說，可分為三種體系。第一種是描述倫理學（Descriptive Ethics）。

西方傳統倫理學始終以「行為標準」為倫理學研究的對象和內容。〔註25〕鄔昆如說：

　　在哲學諸學科中，倫理學一門學科，希臘原文是 Ethika〔註26〕，Ethika 源自 Ethos〔註27〕，並沒有「學」的含義在內，而都是實踐性的道德。西方文化的發展，希臘文的 Ethika 與拉丁文的 Moralis 並稱，就是倫理道德。拉丁文的 Moralis 源自 Mores，是風俗習慣的意思，因而亦完全是實踐性的，而不是理論性的學問。西洋大學中神學院的一門功課，一直用 Moralis 一名，作為倫理神學；而神學院中的哲學系，或是哲學院（文學院）的哲學系，則用 Ethika 概念，作為倫理學的名稱。〔註28〕

黃慶明指出倫理學的研究課題乃是指對於「道德的哲學研究」（the philosophical study of morality）。〔註29〕在此定義中黃慶明用較不嚴格的說法解釋什麼是道德：所謂道德是一組大家（個人或社會）都接受的道德原則（principles）；〔註30〕以及將哲學的研究分為五個領域。〔註31〕

　　　　第二種是分析倫理學（Analytical Ethics）。第三種是規範倫理學（Normative Ethics）。」參閱王臣瑞，《倫理學（理論與實踐）》，頁 2。

〔註25〕鄔昆如說：「前面提及的亞里士多德，在其三部大著：尼高邁倫理學、大倫理學、幸福倫理學中，都以人類的行為傾向為準則，探討人類行為的目的：善、幸福、快樂等等，用以擬定行為的標準。西方傳統倫理學也一直以『行為標準』作為倫理學探討的對象和內容。以與人生哲學探討人生的起源、發展、人生觀等範圍較廣的實踐哲學有所區別。這種以『行為標準』為內容的倫理學一直是傳統倫理學，二十世紀以來，英美分析哲學開始把倫理學歸類到理論部份，稱傳統的倫理學為規範倫理學，而稱自己分析法以及知性取向的倫理學叫後設倫理學。目前世界上受英語影響的大學，多偏向於後設倫理學的研究。」參閱鄔昆如，《倫理學·緒論》，臺北：五南圖書出版公司，1993，頁 4。

〔註26〕Ethika,希臘原文是 ἠθική 為陰性形容詞，陽性形容詞為（ἠθικός）；希臘文原意為 1.有關道德的，倫理的。2.表現道德性質的。參閱羅念生、水建馥，《古希臘語漢語詞典》，北京：商務印書館，2014，頁 368。

〔註27〕ΈΘΟΣ 名詞主格；希臘文原意為風俗，習慣，風尚。參閱羅念生、水建馥，《古希臘語漢語詞典》，頁 236。

〔註28〕鄔昆如，《倫理學·緒論》，頁 1。

〔註29〕黃慶明，《倫理學講義》，臺北：洪葉文化，2000，頁 1。

〔註30〕黃慶明說：「至於何謂『道德原則』，這就要再深入各種倫理學說才能有比較清楚的答案。目前只能做直覺上的把握，無嚴格的區分準則。」參閱黃慶明，《倫理學講義》，頁 4。

〔註31〕黃慶明說：「道德哲學研究的種類：一、描述性的道德（descriptive morals）。

　　林火旺對於何謂倫理學的解釋則是：用哲學思考對具體的事例，深入探索其抽象的理論假設，作為研究道德問題的方法。〔註 32〕

　　謝幼偉將倫理學加入人生哲學的元素而界說為：探究人生理想和規定實現此理想之正當行為的科學。〔註 33〕

　　孫振青稱研究人類行為之規範和原理的科學即是倫理學。〔註 34〕

　　由以上作者的倫理學現代著作，對倫理學所界說的定義內容分析。源自古希臘倫理學的「正宗」：即由柏拉圖和亞里斯多德所創立的德行倫理學體系作為希臘倫理思想史的「主流」，歷久不衰。時至今日，雖然，德行倫理學已經只是現代倫理學眾多支流的其中一支，但不可否認的事實則是：德行倫理學始終屹立中流砥柱的位置，根基從來未曾動搖。〔註 35〕

二、非理論性的道德（nontheoretic morals）。三、規範倫理學（normative ethics）。四、後設倫理學（meta-ethics）。五、道德教化（moralizing）。」參閱黃慶明，《倫理學講義》，頁 5。

〔註 32〕林火旺說：「換句話說，倫理學就是將哲學的批判、分析的研究方法應用到倫理道德領域，探討我們日常生活中一般習而不察的道德判斷和道德規則，甚至對道德規則背後的假設提出質疑，譬如：亂倫為什麼是錯誤的（wrong）行為？遵守諾言為何是我們的義務（obligation）？幫助別人為什麼是道德上正當或對的（right）行為？我們應該（ought to）如何過活？美好的（good）生活如何構成？哪些行為是我們應該做的？為什麼要有道德？等，舉凡生活中所有的道德問題，都是倫理學所要探討的對象，倫理學研究的目的是要針對這些問題進行理性的分析和探討，試圖有系統地了解道德觀念，並對一般生活中的道德原則，尋找一個合理性的基礎。」參閱林火旺，《倫理學》，臺北：五南圖書出版公司，1999，頁 11。

〔註 33〕謝幼偉說：「倫理學一方面當討論行為，一方面尤當討論人生的理想，然後能確定人類的行為。倫理學應該包含一種人生觀及一種行為論，僅論行為是不夠的。德哲鮑耳生似乎已見到此點。他認倫理學『有應盡的雙重職能：即決定人生的目標或其最高之善，和指出實現此目標之道路或方法』（Paulsen:A System of Ethics 英譯頁四）。這無異說，倫理學當確定一種人生觀和指出實現此種人生觀的手段。」參閱謝幼偉，《倫理學大綱》，臺北：正中書局，1941，頁 3。

〔註 34〕孫振青說：「嚴格地說，道德（morals）與倫理（ethics）是有區別的。道德指涉道德行為與道德現象，譬如孝敬父母、誠實不欺，或偷竊、姦淫等等。倫理涉及的比較廣，包括一切人際的倫理關係和社會的風俗習慣。例如，過年過節時給親友送點禮，這是我們的社會習俗或倫理。但是，如果我不送禮，也不能說我不道德。現在，道德行為預設了一些原理，『倫理學』即是研究人類行為之規範與原理的科學。」參閱孫振青，《亞里斯多德的倫理學》，臺北：臺灣書局，1996，頁 1。

〔註 35〕包利民說：「希臘倫理學的『主流』當然是那些在當時和後來都倍受青睞的『名

因此，《莊子》倫理學命題之產生，到《莊子》倫理學之成立，這個推論模式，選擇屬於西方德行倫理學作為組織架構的形式，而將《莊子》文本涵義，經過詮釋而轉化成符合倫理學形式意義的內容，一定具備可行性。

這個操作過程首重成份轉換的質與量之自我評量，亦即達到質與量兼顧的品質要求。自我評量的標準，雖然是藉由論文寫作中辨證思想的自由心證負責權衡。但是，自由心證除了必需經過演繹推理與歸納推理〔註36〕兩種論證手段，給予過濾與篩選之外，同時也要通過公評的檢驗才能成立。

既然，《莊子》倫理學命題之產生，到《莊子》倫理學之成立的推論模式，必具備可行性和有效性；而通過檢驗而成立的成果，就是符合《莊子》倫理學之成立的客觀條件。

所以，本論文由研究動機所產生的《莊子》沒有倫理學批判的問題之解決，是從《莊子》具有倫理學主觀條件作為研究起步；一直到《莊子》具有倫理學客觀條件成立之完成，才是通過解決《莊子》沒有倫理學批判的問題之考驗。

總而言之，《莊子》沒有倫理學此一批判的問題，就是本論文研究之動機。《莊子》沒有倫理學此一批判的問題之解決，就是本論文研究之目的。因此，如何解決《莊子》沒有倫理學此一批判的問題之考驗，就是本論文研究之問題意識。

門大派』蘇格拉底—柏拉圖—亞里士多德。而『非主流派』則是智者—小蘇格拉底—希臘化時期諸哲學。」參閱包利民，《生命與邏各斯——希臘倫理思想史論》，北京：東方出版社，1996，頁 24。

〔註36〕大衛・休謨（David Hume, 1711～1776）是 18 世紀著名西方非主流派的倫理學家。他極力批判由古至今倫理學的混亂是來自不同體系之間嚴重對立所造成的局面。休謨對人性的主張偏重情感作用與主流派的高揚理性南轅北轍。因此，休謨對人性的研究方法是自然主義的經驗歸納法和心理分析方法。休謨說：「古代的哲學家們，盡管他們常常斷言德性僅僅遵從理性，但是一般來講，他們似乎也認為，道德是從人們的趣味和情感中產生的。另一方面，我們當代的研究者們，盡管也大談善的美和惡的醜，但是，他們總是竭力用形而上學的推理和最抽象的知性原則的演繹來說明它們之間的區別。在這些問題上存在著如此的混亂狀態，以致於在一個體系和另一個體系之間，甚至在每一個獨立體系的各個部分之間，都普遍存在著極其嚴重的對立。」參閱休謨（David Hume），《道德原理探究》，王淑芹譯、陳光金譯校、北京：中國社會科學出版社，1999，頁 2。

圖表 1-1-1 研究動機與目的概念圖

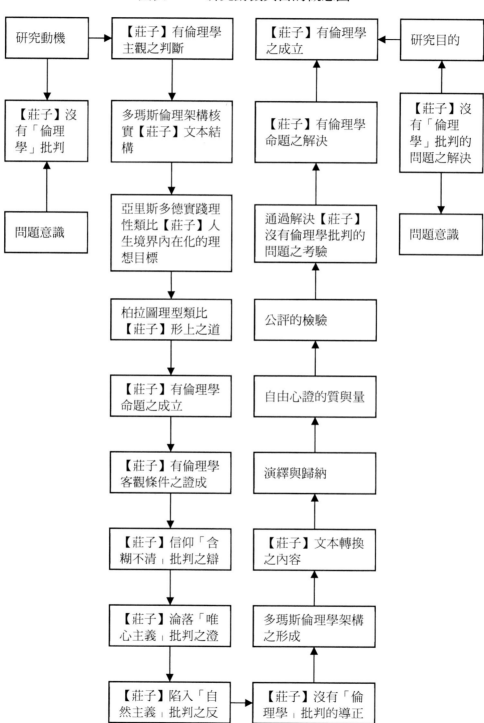

第二節　研究方法與範圍

一、研究方法

本論文大標題為：《莊子》倫理學研究。副標題為：以多瑪斯倫理學〔註37〕為線索。原則上是將西方德行倫理學，當作研究工具來運用。

為此，本論文所規劃的研究方法有兩種：第一種是「關係類比研究法」。第二種是「文獻詮釋研究法」。

（一）多瑪斯對於類比方法的繼承與發展

1. 亞里斯多德對於類比方法的開創

亞里斯多德為了解決「一」與「多」二律背反這項形上學基本問題的困難，提出「類比」（analogy）方法。這個方法亞氏提出二種類比，即是「範疇類比」（predicamental analogy）〔註38〕與「比例類比」（analogy of proportionality）〔註39〕。

2. 多瑪斯對於類比方法的闡揚

多瑪斯為了處理「存有」一詞，不是「一義」，也不是「多義」，而是「類

〔註37〕多瑪斯倫理學是人的本性倫理：智、義、勇、節四樞德；與超性倫理：信、望、愛三超德共構而成的德行倫理學。潘小慧說：「多瑪斯在其《神學大全》一書中雖指出五十多種倫理德行，但其實都分屬於智、義、勇、節四樞德，也就是所有倫理德行均自四樞德延伸而來。本性的德行由於是後天獲致的『人為德行』（acquired virtues），屬於倫理哲學的範疇。至於超性的德行，即神學德行，有信德、望德和愛德三種，由於是神所賦予人的『神賦德行』（infused virtues），屬於倫理神學的範疇。亞里斯多德所談的德行，只是關涉一個道德主體以一特定方式達致在此生中之善，因此只是一『人為習慣』（infused habit），而為一『人為德行』（acquired virtues），這對終極目的的觀念之實現而言是不完備的。而關涉道德主體以至於超性目的的靈魂氣質，不能靠人為學習獲得，這只能是『禮物』（gifts），是被神賦予至人的靈魂的，而為『神賦德行』（infused virtues）。」參閱潘小慧，《德行與倫理——多瑪斯的德行倫理學》，頁95。

〔註38〕亞氏說：「視覺在身體內，如同理性在靈魂裡」。參閱 Aristotle. *The Complete Works of Arestotle,* The Revised Oxford Translation. Vol.2. Edited by Jonatean Barnes. New Jersey: Princeton University Press,1984.2. *Necomachean Ethics.* I 5. 1096b25.

〔註39〕實體和屬性，即是指「自立體」和「依附體」。這是多瑪斯的類比來自亞氏類比的主要根源。亞氏說：「存有有殊多意義，但全部都與一個本原相關。存有或者由於實體，或者由於屬性」。參閱 Aristotle. *The Complete Works of Arestotle,* The Revised Oxford Translation. Vol.2. Edited by Jonatean Barnes. New Jersey: Princeton University Press,1984.2. *Physics.* IV 2. 2003a33-b10.

比」這個形上學基本問題的困難。借用亞氏類比法，並將這個觀念經過改正，且發揮得更為淋漓透澈。因為，多瑪斯的類比法，主要來自亞氏的自立體和依附體為中心的「範疇類比」。而且，在後期著作中所論述的類比法當中，也看見他使用來自柏拉圖的「分享」〔註40〕觀念，並以這種分享關係作為類比方法的基礎。多瑪斯類比法可分為三個階段，其發展的過程與他逐漸形成的形上學體系有密切關聯。

（1）早期的「範疇類比」

多瑪斯第一部著作《論自然原理》〔註41〕最後一章專門討論「原理」與「原因」的「範疇類比」。多瑪斯的內在原理即是「質料」（matter）與「形式」（form）。多瑪斯「範疇類比」的基本改變，是把亞氏與作為「第一類比者」的「自立體」之關係，修改為與本體論上「原因」之關係，亦即因果關係。內在原理之類比上的統一，則可分為「比例的統一」和「次序的統一」。

（2）過度期的「範疇類比」、「超越類比」、「比例類比」、「關係類比」

多瑪斯《論存在與本質》〔註42〕討論「範疇類比」與「超越類比」（Transcental analogy of Being），多瑪斯接收亞氏實體形成等級的觀念再給予改良。第一項改良是等級包含了共同的美善，即存有的美善；第二項改良是第一類比者不僅是「自立體」，而且是「神」（Maxime et verissime）。〔註43〕多瑪斯晚期作品《亞里斯多德形上學註》，提到「分享」。〔註44〕對於存有的超越類比，產生人與神的知識是否一義或多義的問題，《論真理》異於前說而提

〔註40〕丁福寧說：「多瑪斯在分享原理上，雖承襲了柏拉圖的理論，在排除了柏拉圖的分開、自立的觀念的存有的存在之外，他基本上就是以亞里斯多德的潛能與現實的原理來說明他自己的分享原理。」參閱丁福寧，《多瑪斯的形上統一原理》，臺北：臺灣商務印書館，2007，頁200。

〔註41〕 *De principiis naturae.*

〔註42〕 *De ente et essentia.*

〔註43〕葛慕蘭說：「在 *De ente et essentia* 著作中，多瑪斯特別綜合了亞里斯多德的形上學第七卷。存有的類比，可以分成橫的類比與豎的類比兩種。前者是存有按範疇而區分，稱為『範疇的類比』；後者是萬有彼此相比而造成不同的等級，稱為『超越的類比』。參閱葛慕蘭（Michael G. Keymolen），〈多瑪斯類比說的發展〉，《哲學論集》，第7期，1976年6月，頁141～142。

〔註44〕葛慕蘭說：「自立體與依附體皆為存有，前者是首要的（per prius），後者是次要的（per posterius）；但我們也能夠說，前者是本性所要求的（per se），後者是由於分享所致（per participationem）」。參閱葛慕蘭（Michael G. Keymolen），〈多瑪斯類比說的發展〉，頁143。

出「比例類比」與「關係類比」；「比例類比」可以解決上述問題，「關係類比」
則不能。〔註45〕

（3）成熟期的「關係類比」

《論真理》主張以「比例類比」來表示萬物與神的關係，「關係類比」則
不能。但是，多瑪斯成熟期的三部作品《駁異大全》（Summa contra Gentiles）、
《論神能》（De potentia）、《神學大全》（Summa Theologica），卻反而主張「關
係類比」，而放棄「比例類比」。因為，多瑪斯尋得了新的方式，可以更圓滿解
決萬物與神所產生一義或多義的所有難題。〔註46〕

「關係類比」，是與主類比者有關係之類比，也是多瑪斯成熟期的類比思
想。探討其中轉變的重點，則有兩個本體論的基本觀念：亦即「存有」與「原
因」。「存有」，不是由「形式」決定，而是由「現實」決定。「原因」，不是由
「形成因」決定，而是由「成因」決定。〔註47〕

多瑪斯《論神之名》（De Divinis Nominibus）曾經提到，萬有與神應用「超
越類比」做為指稱時所形成的難題，並不在選用合適名稱上面，而是在觀念
內容以及其做為代表的價值問題上面。換言之，有限實體與無限實體根本無
法以同樣的一個概念表示。因此，基本上這是一個本體論的問題。因為，這
涉及存有概念的統一性，亦即一與多的基本問題。〔註48〕

面對形上學一與多基本問題的難題，亦即如何可能以同樣的語詞或概
念，使用在經驗世界的事物，尤其是超越的神。這個問題在古希臘柏拉圖的
善觀念、亞里斯多德的不運動的第一運動者，以及新柏拉圖主義者絕對的一
（the One）、絕對的善（the Good），都以不同的方式解釋這個世界最終的統

〔註45〕 *De Veritate.* Q.2.a.11.
〔註46〕 共有四個難題：第一個，萬物與神的共同形式。第二個，有限者與無限者之
　　　　間的關係。第三個，萬物與神之間的無限距離。第四個，類比者的定義。參
　　　　閱葛慕蘭（Michael G. Keymolen），〈多瑪斯類比說的發展〉，頁149。
〔註47〕 「現實」，是結果與成因兩者所共有的，結果是以被動的方式具有，成因是以
　　　　主動的方式具有。「成因」，是由現實存有者實施的，而現實存有者使「結果」
　　　　現實地存在。萬物是神這個「創造因」的結果。
〔註48〕 葛慕蘭說：「在 *De ente et essentia* 著作中，多瑪斯特別綜合了亞理斯多德的
　　　　形上學第七卷。存有的類比，可以分成橫的類比與豎的類比兩種。前者是存
　　　　有按範疇而區分，稱為『範疇的類比』；後者是萬有彼此相比而造成不同的等
　　　　級，稱為『超越的類比』。參閱葛慕蘭（Michael G. Keymolen），〈多瑪斯類
　　　　比說的發展〉，頁144。

一原理。〔註49〕

由於《莊子》「道」、「德」，在經驗世界也要面對如何說明一與多最終的統一原理這個基本問題的挑戰。因此，筆者最先思考使用的研究方法，就是採用多瑪斯成熟期所形成的「關係類比研究法」，來作為本論文研究方法的第一種研究方法。

（二）「以莊解莊」方法論在《莊子》詮釋繼承上的傳統經驗

1.《莊子》注疏「回歸原典」方法論

《莊子》詮釋方法的演進，始於文本字義的訓詁和作者旨意的注疏。由於《莊子》文義艱奧難懂，文本字義和作者旨意能夠融合貫通確實相當困難。所以，蔣錫昌才說：「余病世之治莊者，不偏於此，即偏於彼。偏於哲學者，多便辭巧說；偏於訓詁者，務碎義逃難。二者雖亦各有所獲，然皆不足以知莊意之真與全」。〔註50〕

自宋明以後，礙於以儒解《莊》、以佛（禪）解《莊》、以道解《莊》確實無法實現《莊子》原初思想的呈顯，便產生「回歸原典」解《莊》方法論的倡議風潮。南宋羅勉道批評《莊子》本意已被「敷演清談」、「牽聯禪語」、「強附儒家正理」所歪曲，此乃羅勉道著作《南華真經循本》書名之由來。〔註51〕

2.《莊子》詮釋「以莊解莊」方法論

《莊子》詮釋「以莊解莊」方法論原本就是一歷史性的存在，也是一種原生性的議題。它們實踐性的過程一直活躍在《莊子》詮釋傳統的行列之中。「以莊解莊」方法論絕非詮釋者在《莊子》本旨內「不證自明」的新發現，反而須不斷藉由「反思與承變」方能開啟不同面貌的氣象和成就。

「以莊解莊」始自宋代湯漢為褚伯秀《南華真經義海纂微》作序所提倡。江毓奇認為，綜觀歷史上《莊子》詮釋「以莊解莊」方法論變遷發展而論，便

〔註49〕 丁福寧，《多瑪斯的形上統一原理》，頁339。

〔註50〕 蔣錫昌說：「莊子之文，環瑋洸洋，弘辟深肆；自古以來，號稱難讀。魏晉而下，代有注釋；顧言者有言，所言未定。治莊子哲學者，所以貫通其全部之思想。然不根其文字，則流於空。攻莊子訓詁者，所以懂理其文字。然不本其哲學，則失諸碎。蓋不通莊子之哲學，則無以理其文字；不理其文字，亦無以通其哲學；二者固當兼相為用也。」參閱蔣錫昌，《莊子哲學·自序》，上海：上海書局，1992，頁1。

〔註51〕 羅勉道說：「諸家解者，或敷演清談，或牽聯禪語，或強附儒家正理，多非本文指義。」參閱羅勉道，〈南華真經循本釋題〉，《南華真經循本》，李波點校，北京：中華書局，2016，頁2。

有許多不同面貌輪廓所呈現的反思與承變。〔註52〕

　　由以上的傳統經驗檢視，《莊子》詮釋學「以《莊》解《莊》」方法論的核心概念，就是讓《莊子》自己言說；表達原來本義，詮釋者應該以《莊子》文本為依據，掌握全書各篇的內在涵義，從各篇目文本的章句對應、義理關係和脈絡聯繫中發掘《莊子》原初思想和旨意。〔註53〕

　　因此，本論文研究擷取以上兩種研究方法，產生兩種適合本論文研究的研究方法：

　　第一種研究方法：「莊子道物關係類比研究方法」，是來自「關係類比法」。

　　第二種研究方法：「以莊解莊文獻詮釋研究方法」，則是綜合《莊子》注疏「回歸原典」與《莊子》詮釋「以莊解莊」兩種方法。

　　以上兩種研究方法，則是期許本論文，遵循《莊子》文本各篇內之「文字」關係與「意義」關係，互相證明，再給予詮釋，以取得最符合《莊子》本來之真實意義。並且，依此方法，達到正確解讀《莊子》理論系統之目的。

二、研究範圍

　　本論文研究是以《莊子》作為主要對象，並且，本論文屬於思想學術研究的類型，則必然對於《莊子》文獻考察須要符合學術研究嚴謹立場的基本條件。因為，學術思想研究不能沒有確實可靠的資料作為各種思想理論判斷的引用依據。沒有資料可使用，則陷於虛幻不實無法相信的譏評。雖有資料，

〔註52〕江毓奇說：「在傳世文獻中正式提出『以莊解莊』論者，或可溯源自宋代湯漢為褚伯秀《南華真經義海纂微》所作的序，序中反思的問題從蘇軾對於《莊子》義之表達與篇章辨偽的關係，到王雱、呂惠卿等人對於《莊子》義理的實踐是否真能應用於實存情境之問題，再到林希逸對於《莊子》義理是否須借用其他思想內容與工夫理論進行詮釋等議題，皆有所反思。而湯漢所主張的觀點，則是試圖擺脫這些後起詮釋者在詮釋過程中所帶來的問題與糾結，另外擷取所長，回歸莊子自身對於天地萬物的詮釋與體現精神，並在躬身實踐的必要條件下，以體證的方式解讀《莊子》文本中的語言難題義理思想。」參閱江毓奇，〈「以莊解莊」論在《莊子》詮釋傳統中的反思與承變〉，《輔仁國文學報》，第47期，2018年10月，頁44。

〔註53〕羅彥民說：「以《莊》解《莊》法重視《莊子》內、外、雜三篇之間的關係，重視全書思想、結構的前後勾連，重視從不同篇目中尋繹可以相互印證的文句和思想，通過《莊子》自身文本前後印證式的解讀，以保持其思想旨意的原真狀態。自宋以降，此法甚為流行，解《莊》者不斷賦予其新的內容，在操作上更為具體化，使之更具實踐性意義。」參閱羅彥民，〈「以《莊》解《莊》」原論〉《廣西社會科學》，第210期，2012年12月，頁129。

但失之真實，則又流於空穴來風沒有價值的嘲諷。所以，本論文以《莊子》作為研究範圍首先就須考察《莊子》文獻的真偽問題。〔註54〕

（一）以《莊子》〈內七篇〉作為理論建構的權衡準繩

因此，胡適說：今所存三十三篇，內篇大致可信，但也有後人加入的話；外雜篇則更靠不住。〔註55〕王夫之則肯定內篇為莊子本人之作，外雜篇是為莊子之學者所撰。王夫之云：「外篇非莊子之書，蓋為莊子之學者，欲引伸之，而見之弗逮，求肖而不能也。以內篇參觀之，則灼然辨矣」。又云：「雜云者，博引而泛記之謂」。〔註56〕

（二）以《莊子》〈外雜篇〉作為理論建構的輔佐旁證

以〈外雜篇〉分別詮釋〈內七篇〉的經傳關係，作為輔佐理論建構的旁證地位，則是莊學歷史發展中倡揚「回歸莊子原典」、「以莊解莊」方法論完善和細膩化的結果。因為，尤其「以莊解莊」方法論所具指導性意義的操作多元化指引之下，許多學者因而對《莊子》所有篇目作地毯式搜索的總清理。這種研究方式即是把義理相近；能夠互相闡釋的篇目，嘗試從事具體性的配對和比較。

自明代以降，「回歸莊子原典」、「以莊解莊」理論的形式，逐漸發展為內七篇與外雜篇的特殊關係：內七篇為主幹，外雜篇為輔翼。因此，內七篇成

〔註54〕張成秋說：「夫學術思想之研究，以資料為本。無資料以為依據，則憑空立論，信口開河，鮮有不漏洞比比、破綻百出者也。翔今之莊子，既非全本，而所存之書，又疑竇叢叢，真偽相參，則據以討論莊子思想，豈非方枘圓鑿，格格不入，與漆園要旨，大相徑庭者哉？故吾人對於今本莊子，實有詳加探討細心研判之必要。其本來之面目如何？其殘缺之原因何在？經過如何？最主要者，今存莊子，可信之程度究竟如何？必須求一較為可靠之答案。」參閱張成秋，《莊子篇目考》，臺北：中華書局，2015，頁2。

〔註55〕胡適說：「《莊子》書，《漢書・藝文志》說有五十二篇，如今所存，只有三十三篇。共分內篇七，外篇十五，雜篇十一。其中內篇七篇，大致都可信。但也有後人加入的話。外篇和雜篇便更靠不住了。即如《胠篋》篇說田成子十二世有齊國。自田成子到齊亡時，僅得十二世。（此依《竹書紀年》。若依《史記》，則但有十世耳）可見此篇決不是莊子自己做的。至於《讓王》《說劍》《盜跖》《漁父》諸篇，文筆極劣，全是假托。這二十六篇之中，至少有十分之九是假造的。大抵《秋水》《庚桑楚》《寓言》三篇最多可靠的材料。《天下》篇是一篇絕妙的後序，卻決不是莊子自作的。其餘的許多篇，大概都是後人雜湊和假造的了。」參閱胡適，《中國哲學史大綱》，北京：北京燕山出版社，2018，頁193。

〔註56〕王夫之，《莊子解》，北京：中華書局，2009，頁150、270。

為莊子哲學的代表性文獻乃理所當然。而且，內七篇在莊子哲學的價值地位，學界普遍認為是最具思想深度和系統性的作品。所以，內篇必然能作為權衡「莊子思想」的準繩。而外雜篇的文句構思處處顯示乃環繞內篇核心思想的脈絡當中；思想視域高度無法超越內篇範界，若以外雜篇作為獨立支撐理論架構基礎的主幹材料，恐怕無法承擔理論結構持續發展必須具備強固之穩定狀態的嚴格要求。〔註57〕

（三）以《莊子》代表莊子學說思想的整體原貌

　　《莊子》三十三篇文獻來源非常複雜，常使研究者產生撲朔迷離的錯覺感，學界歧見異議亦極多，也使研究者迷惑於眾說紛紜、莫衷一是的議論紛紛當中而無所適從。但值得慶幸是前人考證工作，已做得極為紮實細膩而處理過程也繁密確鑿，不必再勞煩非屬考證領域的研究者再耗費時間精力，投入這份艱難的工作。考證成果已揭示一種基本共識：內七篇出於莊子親撰。外雜篇則是莊子門人後學對莊子學說思想之闡發、莊子生平言行之記載。因此，整部《莊子》文獻皆可看作是莊子學說思想系統之整體。

　　因此，《莊子》之書，並非全部都是莊子親著，但內七篇實為莊子親手筆墨。外篇與雜篇，雖來自莊子門人弟子，或其他別門各派之學者，然申莊子之學則一，固不可棄之如敝屣。

　　基於以上理由，本論文研究範圍的處理態度有二個原則：

　　原則一，基本上，已將「莊子思想學說」視為《莊子》思想學說的主體，不論莊子身分問題如何確定？外雜篇眾多作者分屬問題如何決定？本文都把「莊子思想學說」當作《莊子》思想學說的唯一主體。因此，本論文使用「莊子」一詞，若無其他所指的聲明，此一名詞，即可看作《莊子》思想學說的唯一主體。

　　原則二，莊子本人的門生弟子或別門派系的莊學學者，繼承和發揚莊子思想學說，他們對莊子思想學說的闡發，縱使不違背莊子本旨，也必然更具發展性和變化性。基於層次上既清晰可見莊子思想學說發展的路徑軌跡，又可清楚瞭解變化的脈絡方向，本論文依舊效法前人步伐，以內七篇為莊子思想學說之原創本義，以外雜篇為莊子思想學說之闡釋轉化。因此，本論文將以內七篇當作立論的基礎，理論建構的提出都必須從內七篇得到論證

〔註57〕吳肇嘉，《莊子應世思想研究》，中央大學中國文學研究所博士論文，2008，22。

的根據,再從外雜篇引伸和發明取得輔佐的旁證,使得論述更為周全和穩固。倘若直接從外雜篇入手而取得資料,亦當以不偏離莊子思想學說本義為前提。

(四)以多瑪斯《神學大全》作為莊子學說思想的研究線索

對於西方德行倫理學的部分,本論文的研究範圍,則是以多瑪斯(St. Thomae Aquinas,1224/5～1274)德行倫理學作品:Summae Theologiae,這部著作由周克勤總編輯,劉俊餘、陳家華、高旭東、周克勤、胡安德、王守身等譯,聖多瑪斯・阿奎那(St. Thomae Aquinas)原著:《神學大全》,臺南市:中華道明會、碧岳學社聯合出版,2008 年所出版的這部中文譯本,有關智、義、勇、節諸德行,以及善、目的、幸福、信仰等等文本內容作為取材對象。

因此,關於西方德行倫理學部分的研究範圍也有三點考量。

1. 以多瑪斯《神學大全》德行倫理學內容作為線索

西方德行倫理學體系為亞里斯多德所開創,多瑪斯完全繼承他書中所尊稱大哲的亞氏德行倫理學全部精髓。並且,更發展神學德行超性部分的倫理學體系,可謂集倫理學之大成。〔註58〕

2. 以西方語詞概念為線索引領《莊子》研究開闢詮釋方向的策略運用

西方倫理理論雖然不可以完全無隔閡地用來詮釋《莊子》倫理觀念。而本論文是對《莊子》文獻進行現代所謂倫理觀念的研究與考察,則有必要適當地借用西方倫理理論。基於以上理由,本研究以《神學大全》作為線索,即是透過西方思考方式和語詞概念的協助,因其具備中西文化差異性的優勢和特長,俾能達到反省與開闢《莊子》研究詮譯向度的策略運用。但是,本研究是以《莊子》文獻資料作為論文的主要基礎;而研究的內容則是以《莊子》文獻資料作為主要研究對象。

綜上所述,本論文的研究範圍主要設定對象,是以《神學大全》的中文

〔註58〕亞里斯多德的倫理學是人類此生中的倫理,多瑪斯則考慮來世中可獲得完美的幸福,多瑪斯的道德理論在不同層次沿著亞氏途徑繼續前進,亞氏所說的幸福,多瑪斯稱為不完美的幸福,暫時的幸福,今生中所能獲得的幸福,而這不完美的幸福是完美幸福的進階,完美的幸福,只能在來世獲得,且只能在於看見上帝。參閱柯普斯登,《西洋哲學史・卷二》〈中世紀哲學〉,頁552。

譯本內容作為西方文獻的線索資料來源。

第三節　文獻回顧

　　本論文文獻回顧分為主標題與副標題兩個部分分別論述。主標題《莊子》倫理學研究，則是以《莊子》思想學說作為論文研究的主體部位。副標題以多瑪斯倫理學為線索，則是以多瑪斯「代表鉅作」《神學大全》中文版本作為德行倫理學線索的文獻資料來源。因此，藉由西方德行倫理學思想體系完整之優勢作為利用工具而將之當作《莊子》思想學說詮釋之線索，主要研究工作，仍是回歸到《莊子》思想學說詮釋的開闢與拓展上面。

　　基於這種原則，《莊子》的文獻整理工作重點，應該專注於先秦到現代，傳統中華文化傳承下來的這段期間，各個時期歷代先賢所遺留下來的《莊子》文本詮釋作品。《神學大全》中文版本的文獻回顧工作則相對比較單純，僅介紹《神學大全》中文版本那些可以引用的內容分別介紹；以及現代學界研究成果即可。至於，《莊子》這部典籍校刊訓詁考釋那方面的工作已有其它領域的研究部門在進行，這裡可以簡單提到。

一、《莊子》現代文獻評述

　　本論文文獻回顧基本上，首先是對《莊子》書目的回顧，從先秦時期以降，而至民國為止，這段期間《莊子》作品的導覽與簡單介紹。但是，限於篇幅關係，不允許詳細列舉各朝各代重要文獻之導覽與說明。因此，僅能先就現代文獻評述開始。

　　接下來所討論的文獻回顧，除了加進期刊論文之外，也會納入某些專書進行討論。這部分作品的觀念或見解非常深刻而獨到，皆是直接影響本論文寫作的寶貴文獻。

（一）《莊子》關於「倫理學」討論的文獻考察

　　《莊子》倫理學方面的研究在學界較為稀少。

　　（1）沈清松發表〈莊子的人觀〉一文，探討「人的典範說」與「人的構成論」。「人的典範說」是對人實現為真人的實踐歷程所把握的究極存在活動，本文作者以〈逍遙遊〉的「至人无己，神人无功，聖人无名」皆否定事功、名相、自我來稱述人中典範乃莊子針對其它學派的人觀所提出者，而〈大宗師〉

的「真人」則是莊子所立人之典範。〔註59〕

（2）林明照發表〈《莊子》「兩行」的思維模式及倫理意涵〉一文，探討「兩行」思維模式及其所含蘊的倫理意涵。〔註60〕

（3）由許明珠所撰寫的論文《莊子倫理學研究》，以倫理學對話的核心價值是指向「社會整體」的利益——「社會整體和諧」作為論題主旨。〔註61〕

（二）《莊子》關於「知識論」和「形上學」討論的文獻考察

對於《莊子》在知識論方面的學界研究和在倫理學方面的學界研究同樣是非常稀少。但《莊子》的形上學在學界的研究則頗為普遍。

（1）鄭鈞瑋發表《《莊子》知識論研究》之論文，主要是對《莊子》知識的反省，並探討知識論在《莊子》哲學系統中的意義。〔註62〕

（2）沈清松發表〈多瑪斯自然法與老子天道的比較與會通〉一文，以多瑪斯《神學大全》的自然法與《老子》的天道觀作比較與會通，所闡釋的自然法與形上學基礎，就哲學上而言，「道」具有「終極實在」與「創生根源」的意義。〔註63〕

（3）馬耘的作品〈莊子哲學「天」、「造物者」觀念辨析〉，文中作者大膽正面論證「天」或「造物者」的確是具有位格的超越主宰。〔註64〕

〔註59〕沈清松，〈莊子的人觀〉，《哲學與文化》，第 28 卷第 6 期，1987，頁 13～23。

〔註60〕林明照，〈《莊子》「兩行」的思維模式及倫理意涵〉，《文與哲》，第 28 期，2016 年 6 月，頁 269～292。

〔註61〕許明珠說：「如效益主義向來被歸在倫理學範圍裡討論，但嚴格說來，效益並不是一個「善」的概念，它是一個「利」概念。我們之所以承認效益主義者將「利益」思考納入「善」之中，是因為效益主義者將「利他」且「利多」視為「善」，即全體最大幸福為善，就此界定乃有意促成全體之和諧共處。同理，莊子言「澤及萬世」、「子之愛親不可解於心」等等，已表達出對人間的善意與人倫的職責，莊學在實踐上既已懷有善意與職責，乃有可能促成全體和諧者，因而可被劃入倫理學討論。」參見許明珠，《莊子倫理學研究》，頁 25。

〔註62〕鄭鈞瑋在其論文的結論：「本文之目的，在於闡發《莊子》哲學較少為人所關注的知識論面向。《莊子》中，知識論和修養論常常是彼此不分的。本文因著《莊子》『心齋』工夫的提示，按照認知的歷程，分別考察『聽之以耳』、『聽之以心』、『聽之以氣』三個階段在知識論上的意義。」參見鄭鈞瑋，《莊子》知識論研究，國立臺灣大學文學院哲學系博士論文，2012，頁 217。

〔註63〕沈清松，〈多瑪斯自然法與老子天道的比較與會通〉，《哲學與文化》，第 38 卷第 4 期，2011 年 4 月，頁 85～105。

〔註64〕馬耘，〈莊子哲學「天」、「造物者」觀念辨析〉，頁 79。

（三）《莊子》源流真偽考辨

《莊子》〈內七篇〉邏輯上先於〈外篇〉、〈雜篇〉、〈天下篇〉，並且出自同一人手筆是現在學界較無爭議性的共識。這個的共識，劉笑敢發表的研究成果影響深遠。

（1）劉笑敢發表的著作《莊子哲學及其演變》，對於《莊子》真偽考辨的問題，此書作者引用「漢語詞彙發展的歷史規律」統計法，對於前面所提的見解取得一項有力的證明。〔註65〕

（2）金德三所撰的論文《《莊子》外雜篇研究》思想的定位，是對於《莊子》的研究，基本上意謂著，不是對莊子其人的研究，是對莊學的研究。〔註66〕因此，《莊子》〈外篇〉、〈雜篇〉是出於莊學眾多門人弟子手筆的見解，也是學界的共識。若是這樣看待《莊子》著作，則〈外篇〉、〈雜篇〉、〈天下篇〉雖不是出自莊子本人手筆，仍是具有學術價值上的實質意義。〔註67〕

（四）《莊子》訓詁校勘

《莊子》一書在訓詁校勘工作方面，由於受到清代乾嘉學派考證研究風氣大盛的遺緒，直到現代這方面的研究作品仍佔《莊子》著作的大宗。

（1）王叔岷的著作《莊子校詮》，評論錢穆《莊子纂箋》資料最齊；〔註68〕

〔註65〕劉笑敢，《莊子哲學及其演變》（修訂版），北京：中國人民大學出版社，2010，頁25～98。

〔註66〕金德三，《《莊子》外雜篇研究》，中國社會科學院研究生院哲學系博士論文，2002，頁26。

〔註67〕《莊子》外雜篇的「雜」字代表由「不純粹」的東西聚集在一起，並沒有負面的意思。沒有中心思想的多樣性即變成亂和分裂；有中心思想的多樣性而沒有統一性中心思想的萌芽，久則變成亂和分裂的開始。金德三說：「筆者覺得『多樣』的意思和『亂、分裂』的意思不一樣，『多樣』的意思裡有中心思想，有秩序，有規律性，但『亂』和『分裂』的意思裡沒有中心思想，沒有秩序和規律性。『多樣』裡有『統一性』的萌芽，如果沒有『統一性』的萌芽，它馬上便變成『亂』和『分裂』的狀態。其實，《莊子》外雜篇裡有『雜』這個字，關於『「雜」之意味與〈雜篇〉來由』，上文說過，『雜』的意思是『聚集不純粹的東西，以後，再配合』，筆者覺得這是一種『多樣性』。還有，『再配合』的意思是本文討論的『統一』的意思。筆者已經說過『雜家學派的特點是綜合各個學派或者個人的理論、思想、著作』。『雜家的作品』的中心思想不強，規律性很弱。《莊子》外雜篇不同於一般的雜家作品，《莊子》外雜篇』裡有《莊子》全書的中心的思想，有規則，它們是以莊周的思想為中心而發展起來的。」參閱金德三，《《莊子》外雜篇研究》，頁68。

〔註68〕王叔岷說：「晚近注釋《莊子》，收輯資料最備者，當推錢穆先生之《莊子箋

而且評點郭慶藩撰、王孝魚校點《莊子集釋》郭象注和成玄英疏的部分存在所謂玄義佛理，未盡符《莊子》之旨，並補注適當見解則頗詳實，確實有許多值得參考的地方。〔註69〕

二、《神學大全》現代文獻評述

以《神學大全》研究為主的現代文獻，產出最可觀的學界專家，則是天主教輔仁大學哲學系潘小慧教授。筆者的論文研究，對於《神學大全》這部分的知識涵養與文獻資料專業能力，完全得自潘小慧博士的授業解惑。

（一）以德行倫理學研究為主的現代文獻

（1）尤淑如發表〈多瑪斯對倫理行為分析〉一文，談到理智、意志與自然律三者之間的關係。〔註70〕

（2）吳瑞珠發表〈多瑪斯「意志」觀析論——以哲學提綱二十四論題「第二十一條」為例〉一文，結論作出多瑪斯哲學應歸為「形上的理智主義」。〔註71〕

（3）潘小慧發表〈《荀子》中的「智德」思想〉一文，提到智德是傳統西方古典倫理學首重的一種德行主體。〔註72〕

（4）潘小慧發表〈中西「智德」思想比較研究——以先秦孔、孟、荀儒家與多瑪斯哲學為據〉一文，指出多瑪斯在《神學大全》這部著作裡，以無比嚴謹、周詳的論述方式而又利用廣大篇幅面並處理 prudentia，肯定它是實

篡》，次則王孝魚校補之《莊子集釋》，亦差可觀。錢書采擷成說，凡一百五十八家，以清末馬其昶《莊子故》為藍本。」請參閱王叔岷，《中央研究院歷史語言研究所專刊之八十九·莊子校詮·序論》，頁1。

〔註69〕王叔岷說：「1981年秋，經十七年斠證之《史記》已脫稿，乃擬定《莊子校詮》題目，仍據《續古逸叢書》。影宋刊本為底本，參驗其他寫本及刻本。（見《校詮·附錄》三《莊子管窺》中第肆，《莊子》古寫本及重要刻本。）於郭象《注》及成玄英《疏》，取錢先生《箋篡》方式，僅擷取其較切實者，（王氏《集釋》於《注》、疏》已有所選擇。）或須辯證者。蓋郭義深玄，別成體系；成《疏》又益以佛理，不盡符《莊子》之旨也。」參閱王叔岷，《莊子校詮·序論》，頁1。

〔註70〕尤淑如，〈多瑪斯對倫理行為之分析〉，《哲學與文化》，第30卷第8期，2003年8月，頁59～78。

〔註71〕吳瑞珠，〈多瑪斯「意志」觀析論——以哲學提綱二十四論題「第二十一條」為例〉，《哲學與文化》，第30卷第8期，2003年8月，頁79～93。

〔註72〕潘小慧，〈《荀子》中的「智德」思想〉，《哲學與文化》，第30卷第8期，2003年8月，頁95～114。

踐理智的「明智」，也是倫理德行之首的「智德」。多瑪斯雖重視本性之德
（natural virtue）的智德，而「向天主之德」亦即超性之德（supernatural virtue）
的「愛德」，也是多瑪斯重視的人類德行。因為，多瑪斯的倫理學是哲學倫理，
也是神學倫理。〔註 73〕

（5）張傳發表〈亞里斯多德倫理學與現代德性倫理學的建構〉一文，指
出以亞里斯多德為代表的古希臘德行倫理學，對於德行形成的行為的道德性
未加界定，德行規定的主觀性與相對性，以及德行倫理學賴以生存的社會歷
史境況的變遷，則是可能造成邊緣化的根本原因。〔註 74〕

（6）唐代興發表〈倫理學踐行哲學的基本路向〉一文，指出倫理學的理
論訴求，源於它對哲學的形上回歸；倫理學的實踐指向，源於它對哲學達向
實踐的自覺實現。〔註 75〕

（二）以《神學大全》研究為主的現代文獻

（1）潘小慧發表〈「仁愛」與倫理：以多瑪斯的「仁愛」思想為據〉一
文，文中作者以「愛」的課題在哲學史上不分中西皆頗受重視。在中國儒家
講「仁愛」、墨家講「兼愛」皆沒有離開「愛」此一主題；西方開始於柏拉圖
〈饗宴〉篇論愛，一直到聖若望用「天主是愛」之言而道出了《聖經》之愛的
本質達到高潮，後繼思想家則更給予詮釋發揚。因此，「愛德」在倫理哲學和
倫理神學兩方面皆深具舉足輕重之份量。〔註 76〕

（2）潘小慧發表〈多瑪斯德行倫理學系統建構中的自然法〉一文，文中
作者主要以《神學大全》中文版第六冊為據，立基在多瑪斯德行倫理學系統
之上，對於「法律」、「自然法律」、「自然道德律」的定義與本質內涵作詳細解
析，以及把良知、良心、智德與自然道德律之間的關係異同清礎釐清。〔註 77〕

（3）潘小慧發表〈多瑪斯論習慣之本性〉一文，文中作者主要探究多瑪

〔註 73〕潘小慧，〈中西「智德」思想比較研究：以先秦孔、孟、荀儒家與多瑪斯哲學
　　　　為據〉，《哲學與文化》第 30 卷第 8 期，2003 年 8 月，頁 115～137。
〔註 74〕張傳，〈亞里斯多德倫理學與現代德性倫理學的建構〉，《社會科學》，第 7 期，
　　　　2009，頁 115～119。
〔註 75〕唐代興，〈倫理學踐行哲學的基本路向〉，《陰山學刊》，第 29 卷第 1 期，
　　　　2016 年 2 月，頁 5～15。
〔註 76〕潘小慧，〈「仁愛」與倫理：以多瑪斯的「仁愛」思想為據〉，《哲學與文化》，
　　　　第 22 卷第 6 期，1995 年 6 月，頁 522～531。
〔註 77〕潘小慧，〈多瑪斯德行倫理學系統建構中的自然法〉，《哲學與文化》，第 38 卷
　　　　第 4 期，2011 年 4 月，頁 25～43。

斯德行倫理學之「德行」基礎之「習慣」概念。〔註78〕

（4）潘小慧出版《德行與倫理——多瑪斯的德行倫理學》著作，是一部以系統性的方式論析多瑪斯德行倫理學。〔註79〕

（5）潘小慧出版《多瑪斯倫理學的當代性》著作，是一部以多瑪斯倫理哲學為主題兼論多瑪斯幸福論的作品。〔註80〕

（6）潘小慧出版《四德行論——以多瑪斯哲學與儒家哲學為對比的探究》著作，這部著作作者則是先從 Virtue Ethics 的適當譯名與德行倫理學中的人文主義精神作論述，作者引經據典，第一點，從「德」的字源學來看；第二點，從追溯中國文化傳統來看；第三點，從 virtue 的西方哲學意涵來看，以為 Virtue Ethics 的適當譯名：「德行」倫理學較為恰當。〔註81〕

（7）張傳有發表〈托瑪斯：德性倫理學向規範倫理學轉化的中介〉一文，文中作者指出多瑪斯的倫理思想在倫理思想發展史上具有重要的地位。在中世紀，多瑪斯的倫理思想既起著使宗教倫理世俗化，世俗倫理宗教化的作用；同時又起著使倫理學由德性倫理學向規範倫理學轉化的中介作用。〔註82〕

第四節　論文架構

本論文以《神學大全》作為線索，當成研究工具，只是一種借用西方倫理學理論的策略運用。採取這種研究策略的現代論文研究頗為普遍。因為，許多不同領域的研究者使用不同切入的視角來詮譯《莊子》文獻。但是，研究者所採用的研究進路皆不盡相同，這其中以中世紀宗教哲學或神學領域的研究進路更為熱門。譬如，林修德透過冥契主義，調整與改良《莊子》體道工夫的研究向度。〔註83〕

〔註78〕潘小慧，〈多瑪斯論習慣之本性〉，《哲學與文化》，第 33 卷第 7 期，2006 年 7 月，頁 103～117。

〔註79〕潘小慧，《德行與倫理——多瑪斯的德行倫理學》，頁 3。

〔註80〕潘小慧，《四德行論——以多瑪斯哲學與儒家哲學為對比的探究》，臺北：哲學與文化月刊社，2007，頁 1。

〔註81〕潘小慧，《多瑪斯倫理學的當代性》，臺北：至潔有限公司，2018，頁 15。

〔註82〕張傳有，〈托馬斯：德性倫理學向規範倫理學轉化的中介〉，《華中科技大學學報‧社會科學版》，第 5 期，2005，頁 18～23。

〔註83〕林修德說：「筆者十分推崇史泰司在《冥契主義與哲學》中所採取的分析哲學進路，因為本論文的根本研究目的在於透過冥契主義的協助來調整與改良《莊子》體道工夫的研究向度，而關於研究方法進路的探討與設計，本來就

　　西方倫理學起源甚早，在蘇格拉底和柏拉圖時代，哲學討論就深入德行（virtue）和惡行（vice）問題核心作倫理學的探究。柏拉圖（Plato）於《國家篇》就曾提出「智」、「義」、「勇」、「節」四種德行的概念。〔註 84〕

　　但是，西方德行倫理學的創立者是亞里斯多德。〔註 85〕而繼承亞里斯多德德行思想理論而集大成的哲學家則是多瑪斯。多瑪斯將亞里斯多德《尼可馬科倫理學》的「道德德行」與「理智德行」承接起來之後，發揚光大而著書立說，努力完成《神學大全》和《駁異大全》兩部巨作，因而更系統化，確立「本性倫理」與「超性倫理」之系統規模。本論文研究則專注於本性倫理方面。

　　現代倫理學的研究有兩個方向：規範倫理學與非規範倫理學。包含四樞德的德行倫理學屬於規範倫理學的一種。〔註 86〕德行倫理學（Virtue Ethics）〔註 87〕是以德行為基的倫理學，所關心的問題是德行的種類，是對於有道德者應具備哪些美德的探討。相對於以德行為基的倫理學則是以行為為基的倫理學。〔註 88〕

　　　屬於後設層次的分析性研究，所以此種分析式的研究進路，正符合本論文所
　　　要透過冥契主義來反省與重構《莊子》體道工夫研究向度的研究策略。」參
　　　閱林修德，《透過冥契主義重構《莊子》體道工夫的研究向度》，東華大學中
　　　國語文學系博士論文，2015，頁 27。
〔註 84〕柏拉圖，《柏拉圖全集》，王曉朝譯，臺北：左岸文化，2003，頁 393。
〔註 85〕潘小慧，《德行與倫理——多瑪斯的德行倫理學》，頁 23。
〔註 86〕「研究倫理道德的方式，大抵有兩種：一為非規範的方式，即只描述和分析
　　　道德，並不採取特定的道德立場；『描述倫理學』（descriptive ethics）及『後
　　　設倫理學』（mata-ethics，或稱為『批判倫理學』critical ethics 或『分析倫理
　　　學』analytical ethics）屬之。一為規範的方式，即採取一定的道德立場；『（一
　　　般）規範倫理學』（normaltive ethics）及『應用倫理學』（applied ethics）屬之。」
　　　參閱潘小慧，《德行與倫理——多瑪斯的德行倫理學》，頁 15。
〔註 87〕關於 virtue 的中文譯名問題，潘小慧參考多部著名英漢辭典較普遍的譯法；和
　　　分析兩岸多位哲學學者著作的譯法；並提出深刻具有說服力的意見，將 virtue
　　　譯為「德行」、Virtue Ethics 譯為「德行倫理學」的理由，發表於期刊與專書。
　　　期刊參閱潘小慧，〈德行倫理學中的人文主義精神——從 Virtue Ethics 的適當
　　　譯名談起〉，《哲學與文化》，第 33 卷第 1 期，2006 年 1 月。頁 17。專書參閱
　　　潘小慧，《多瑪斯倫理學的當代性》，臺北：至潔有限公司，2018，頁 15。
〔註 88〕「在西方，自從蘇格拉底和柏拉圖的時代，德行（virtue）和惡行（vice）就
　　　主宰了道德的哲學討論。哪些是最重要的德行？我們如何將德行和惡行教導
　　　給孩子和學生？這些都是長久以來倫理學者關心的議題。不論宗教或世俗觀
　　　點都將對德行的正確理解及其反論視為倫理生活及正義社群的核心。這樣以
　　　德行為基的倫理學（virtue-based ethics）其實與古代希臘哲學家亞里斯多德
　　　（Arestotle, B.C.384～322）同久遠，直到近代，大約於十八世紀而有所改變。

　　西方德行倫理學起源於希臘時期的柏拉圖（Plato）、與亞里斯多德（Aristotle）；到中世紀多瑪斯更將德行倫理學的範圍自哲學本性倫理智、義、勇、節四樞德擴及神學超性倫理信、望、愛三超德的領域，而形成更完整的德行倫理學系統。〔註 89〕亞里斯多德的《尼各馬科倫理學》（Etheca Nicomachea）和多瑪斯的《神學大全》（Summa Theologicae）都是將倫理學當作一門獨立研究領域的學門而完成的系統性倫理學論著。

　　柏拉圖對話錄《理想國篇》（Republic）所提出「善理念」形上學概念，就是作為倫理學幸福論的真理基礎。在《理想國篇》第六卷（508E～509A）蘇格拉底和阿狄曼圖對話裡，以眼睛視物比喻靈魂所認識具有生滅的知識界，而以太陽之光比喻善的理型，沒有善的理型便沒有真理與知識。〔註 90〕泰勒解讀《理想國篇》主旨則是最根本的問題：「人具有一個能夠取得永恆的至福的靈魂，獲得這種至福正是人生的大事」。〔註 91〕對於「善」出現「特殊的善者」

　　　　十九、二十世紀的哲學家普遍忽略德行，取而代之的是討論普遍律（universal law）或道德原則（moral principles）、基本權利（basic rights）、直覺善（intuitive good）、功利（utilitarian benefits），以之視為理解及追求倫理生活及正義社群的核心，這是以行為為基的倫理學（conduct-based ethics）。」參閱潘小慧，《德行與倫理——多瑪斯的德行倫理學》，頁 16。

〔註89〕「多瑪斯把「四樞德」排在「信望愛」三超德之後，為表明人的德行是植根於超性的德行，三超德以天主為根源、動機和對象，只有從根源的連結，能使人性具備倫理智和意志的堅決態度、穩定的傾向、習性的完美，進而有德行可依照理性和信德的面向，規範行為、管理情慾、引導舉止，為使人的官能適於分享天主的性體，達到天人合德的至高真善美聖的意境。這樣的排列層次引導人循序漸進，教會舊制的要理講授課程，都一直沿用此種方式。」參閱宮高德，〈四樞德的宗教信仰意涵〉，第 36 卷第 3 期，2009 年 3 月。頁 82。

〔註90〕柏拉圖說：「那麼你必須說，把真理賦予知識對象的這個實在，使認知者擁有認識能力的這個實在，就是善的『型』，你必須把它當作知識和迄今為止所知的一切真理的原因。真理和知識都是美好的，但是善的『型』比它們更美好，你這樣想才是對的。至於知識和真理，你絕對不能認為它們就是善，就好比我們剛才在比喻中提到光和很像太陽的視力，但絕不能認為它們就是太陽。因此，我們在這裡把知識和真理比作它們的相似物是可以的，但若將它們視為善，那就不對了。善的領地和所作所為具有更高的榮耀。」參閱柏拉圖，《柏拉圖全集‧卷二‧國家篇第六卷》，王曉朝譯，新北：左岸文化出版，2003，頁 482。

〔註91〕泰勒說：「《理想國篇》以一個老人關心日益迫近的死亡和憂慮死後可能發生什麼情景的議論開場，以報應的神話結束，貫穿整個談話的中心題目，是一個比最好的行政管理形式或最好的優生繁殖的方法更為根本的問題；這問題就是：一個人如何取得或喪失永生？不論好歹，這絕對是『另一個世界的事』。人具有一個能夠取得永恆的至福的靈魂，獲得這種至福正是人生的大事。使他有資格取得這種至福的社會制度或教育，是正確的制度或教育；其它一切

與「善的理型」如何統一的難題，牟世晶舉亞里斯多德對柏拉圖將善的普遍性與善的特殊性兩者「分離」提出強烈批判。〔註92〕但是，柯普斯登對於亞里斯多德的「分離」批判，〔註93〕提出三點意見辯護柏拉圖理型論的立場：

　　第一點，語言只限定於感覺經驗作為對象的使用，不足以精確表達形上學的真理。〔註94〕

都是錯誤的。『哲學家』是已經找到通向這種至福道路的人。同時，沒有人過孤獨的生活，因此，自身正在向著至福邁進的人，不可避免地受到傳教士那樣為整個社會謀福的精神激勵，因此哲學家不成為哲王，就是不忠於自己的理想；他不把永生帶給社會，自己就不能獲得永生，這就是《理想國篇》考慮倫理學和治國之才之間的關係的看法。」參閱泰勒（A.E.泰勒），《柏拉圖——生平及其著作》，謝隨知、苗力田、徐鵬譯，濟南：山東人民出版社，1996，頁378。

〔註92〕牟世晶說：「因此在亞里士多德的認識中，善理念是與『特殊的善者』不可分的，善理念也就體現在『特殊的善者』之中，如果沒有了『特殊的善者』我們也就不會知道什麼是善。在《形而上學》中，亞里士多德就通過對理念論的追尋，而指出『這種觀念（理念論）是由蘇格拉底通過定義而提出來的，不過他並沒有把普遍和個別相分離，使它們不分離是對的。事實很明顯，離開了普遍就可能獲得科學知識，分離是理念論所遇種種困難的原因。』也就說蘇格拉底並沒有將善理念與『特殊的善者』相分離，將二者分離的做法不過是柏拉圖。而亞里士多德所否定的就是柏拉圖將理念與具體事物相分離的做法，認為正是這種方法構成了理念論的癥結所在。」參閱牟世晶，〈對柏拉圖善理念的探尋〉，《成都紡織高級專科學校學報》，第26卷第1期（總第91期），2009年1月，頁17。

〔註93〕柯普斯登說：「感覺世界並非全屬幻象，只是其中包含了不真實的成分。但是無法否認的，這種立場由於明確區分個別物體的形式成分與質料成分，終究無法真正解決可知世界與可覺世界之間的『分離』問題。亞里斯多德所抨擊的，就是這個『分離』。亞氏認為確定形式與具體質料是不可分離的，兩者都屬於真實的世界；在他看來，柏拉圖就是因為忽略了這個事實，才引進一個無法確證的分離，隔開了這兩個成分。亞里斯多德認為，真實的共相就是『確定的』共相，而確定的共相是真實事物不可分隔的一面：它是體現於質料中的定義。柏拉圖未見及此。」參閱柯普斯登，《西洋哲學史‧卷一》〈希臘與羅馬〉，傅佩榮譯，臺北：黎明文化事業股份有限公司，2004，頁230。

〔註94〕柯普斯登說：「語言所指主要是我們感覺經驗的對象，往往不足以用來精確表達形上學的真理。例如，我說『上帝預見一切』，似乎暗示了上帝存在於時間中，但是事實上我們知道，上帝是永恆的，不在時間中。我們無法適當地討論上帝的永恆性，因為我們自己沒有永恆的經驗，我們的語言也不是用來表達這一類事情的。我們是人，就只能使用人的語言；這個事實提醒我們對於柏拉圖討論形上學的語言文字，不要過於沾滯。我們必須設法領悟這些語文背後的意義。我這樣說，並不是在暗示柏拉圖不相信普遍本質的恆存性，而只是要指出：當我們發現柏拉圖確實主張這種學說時，不要咬文嚼字地抓住

第二點，柏拉圖清楚知道理型之分離需要某種合一原理，他也試圖解決這個問題，沒有可靠證據之下勿輕易斷言他憑空幻想。〔註95〕

第三點，柏拉圖常講理型與可覺事物「分立獨存」，卻不是指它自成一個世界。〔註96〕

徐學庸評論古希臘倫理學亦具有一鬆散之結構性，此一結構性由如德性（arete）、幸福生活（eudaimonia）及生命的目的（telos）等等基本的概念構成，雖不如現代倫理學結構之嚴謹；但行為者（the agent）對整體生命之反省卻是現代倫理學所闕如。〔註97〕

他的字面意思。而忽略了他的真正含意。」參閱柯普斯登，《西洋哲學史‧卷一》〈希臘與羅馬〉，頁216。

〔註95〕柯普斯登說：「這些批評都忽略了一項事實，就是：柏拉圖清楚知道理型的『多』需要某種合一原理，並且他曾試圖解決這個問題。這些批評也忽略了另一項事實，就是：我們不僅由對話錄本身，並且由亞里斯多德對柏氏學說與講學的引述，都可以看出柏氏『如何』試圖解決這個問題——就是重新詮釋及應用埃利亞學派的論『一』之說。柏拉圖是否真正解決了這個問題，固然尚有爭論餘地；但是要說他完全沒有看出亞里斯多德稍後所質疑的困難，那就不近實情了。事實正好相反，柏拉圖早就看出亞里斯多德的某些質疑，並且認為他已經作了相當滿意的解決了。亞里斯多德對這些解決不以為然，但是，即使他的看法更對，也絕不能說柏拉圖笨得連他的質疑都看不出。此外，即使柏拉圖真正給自己製造了許多難題，我們在沒有可靠的證據之前，也不能輕易斷言他憑空幻想。」參閱柯普斯登，《西洋哲學史‧卷一》〈希臘與羅馬〉，傅佩榮譯，頁218。

〔註96〕柯普斯登說：「對於本質屬於精神的東西，像時間、空間、方位區分之類的範疇，根本用不上。就它超越時間、空間的拘限來看，我們甚至不能合理地質問它在『何處』。就空間方位來看，它一無所在（但這決不表示它不真實）柏拉圖所謂『分離』，是說這些本質所具有的實性，超越抽象概念的主觀實性之上——是一種實存的實性，但卻不含空間的分離。因此我們可以說：本質是超越的，但也是內在的；這裏的要點是：它是『真實的』，不受個別事物的影響，常存不變。假使堅持柏拉圖所謂的本質是真實的，因而必須在某處；那就完全誤解了。」參閱柯普斯登，《西洋哲學史‧卷一》〈希臘與羅馬〉，頁225。

〔註97〕徐學庸說：「當然古希臘的倫理學也有一些基本的概念，如德性（arete）、幸福生活（eudaimonia）及生命的目的（telos）等等。但這些基本的概念並不意味著，所有的倫理行為都可藉著它們獲得解釋，而是意味著，對倫理生活與行為的探討及瞭解，它們是『入門』的基本觀念，它們幫助我們如何來看待自己的倫理生活，而不是解釋我們倫理生活中所發生的一切。古希臘倫理學藉著這些基本的概念也有著一結構，但這一結構並不如當代倫理學思想那般嚴謹，它是一鬆散的結構，即，以德性、幸福生活、及生命目的為三支柱。在這一結構中行為者（the agent），你／我，須不斷地對我們生命的整體（life as a whole）做反省，怎麼活對你／我最好。也就是這樣一個鬆散的結構，古

　　因此，由以上西方古典倫理學歷史發展軌跡觀察，本性倫理之智德、義德、勇德、節德四德是德行倫理學非常主要的部分。多瑪斯倫理學的主要論述，主要是在《神學大全》第二集的第一部分和第二部分。亦即《神學大全》中文版第四冊至第十二冊。其中，第二集第一部的第四冊〈論人的道德行為與情〉、第五冊〈論德行與惡習及罪〉；第二集第二部的第九冊〈論智德與義德〉、第十一冊〈勇德與節德〉等內容是本論文最需要引用之文獻資料。

　　透過西方古典倫理理論，因具備不同文化背景思考方式與統一清晰語詞概念諸多優點的條件之下所提供的線索，確實可能協助並促成開闢《莊子》研究新的詮釋方向。

　　《神學大全》是多瑪斯最主要的代表作品。全書共分三部和一卷補遺。第一部（Prima Pars）完成於多瑪斯在義大利任教廷顧問期間（1266～1268），第二部的第一部分（Prima Secundae）和第二部的第二部分（Secunda Secundae）都是完成於多瑪斯在巴黎大學任教期間（1269～1272），第三部（Tertia Pars）則是完成於多瑪斯在義大利那不勒斯大學任教期間（1272～1273），補遺（Supplementum）是早期的一些作品所集成。〔註98〕

　　鄭維亮以為《神學大全》三部就是「天主聖化人類歷程」的基本架構。

　　　希臘倫理思想能夠讓我們在對生命做反省後做適當的調整。反之，當代倫理
　　學的嚴謹的結構，似乎禁錮了我們對我們生命整體做思考與調整的機會。」
　　參閱徐學庸，〈古希臘倫理思想的特色——評包利民《生命與邏各斯——希臘
　　倫理思想史論》一書〉，《華梵人文學報》，第3期，2004年6月，頁230。

〔註98〕潘小慧說：「全書第一部（Prima Pars）細分為119個問題，討論上帝的存在，
　　　　上帝的特性，上帝三位一體，上帝創造世界、創造天使、創造人類。有時論
　　　　及人性，論及人的知性能力和極限，還有天使和人類共同擁有的善惡問題。
　　　　第二部篇幅超過全書的二分之一，第二部的第一部分（Prima Secundae），探
　　　　討人生的目的、人性行為、人類感性生活、法律（誡命）和恩寵，共有114個
　　　　問題。第二部的第二部分（Secunda Secundae）析論人性在倫理學上的各種德
　　　　行，像三種超性之德信、望、愛，四種本性之德（四樞德）智、義、勇、節
　　　　等；同時亦探討人生的各種生計、各種職業及生活方式，共有189個問題。
　　　　第三部（Tertia Pars）則進入神學啟示部分，首先就是上帝降凡成人的耶穌基
　　　　督其人其事，再來就是人性的完美如何透過教會，以及教會中的聖事，達到
　　　　天人合一之境。在和種種聖事中，特別關懷洗禮、成年禮、聖體聖事（聖餐）、
　　　　悔罪等。此部計有90個問題，是全書最短的，也是多瑪斯未能親筆寫完的一
　　　　部。前後三部，共512個問題。補遺（Supplementum）則主要為神學問題，
　　　　繼續探討四項聖事，涉及來生來世，尤其注重復活奧秘。」參閱潘小慧，〈士
　　　　林哲學的集大成者：聖師多瑪斯及其代表作《神學大全》〉，《歷史月刊》，第
　　　　230期，2007年3月，頁126。

他以「天主聖化人類歷程」為主題切入《神學大全》而將中文版本十七冊的主要內容連貫起來。以下就是三部的基本架構。

第一部：探討天主，「天主聖化人類歷程」必然的「始源」、「目標」及「準則」等等。

第二部：探討人，「天主的肖像」，在「天主聖化人類歷程」及回歸到天主的路途中，應留意及實踐的「重要事項」。

第三部：探討基督，「人類」聖化自己及回歸到「天主」的「必然道路」。〔註99〕

《莊子》德行倫理學研究，即是以多瑪斯《神學大全》造物者天主、智德、義德、勇德、節德、法律、恩寵、幸福諸主題作為研究線索。

「四樞德」是「智」、「義」、「勇」、「節」四德。多瑪斯以「智德」最為尊貴，其他依序是「義德」、「勇德」、「節德」。宮高德說：

> 教宗額我略一世在《倫理叢談》卷二第四十九章上說：「全部行善之建樹，是以四個德行為根基。」多瑪斯註解四樞德是以「形式根本」、「主體」來區分，奧斯定在《論天主聖三》卷六第八章上說：在那些不以體積來論的大事上，更大的與更善的相同。多瑪斯將其意義引用在論樞德的排列秩序上，認為德行的大小是按照善的性質，而非困難的性質；「智德」是理性的成全，較嗜欲的涵養性德性為高貴，其本質就具備足夠的善；「義德」是把這種善在人們往來互動上的付諸實行，即在一切事物上確立理性的秩序，其他德行都是要維護並努力去追求此善。
>
> 其他德行的順序是以「勇德」為主，是因對死亡危險的畏懼最有效力，不致引人背離理性之善；勇德之後有「節德」，因為人性的軟弱易於沉溺在觸覺的快樂，這比其他的快樂更妨礙理性秩序之善。故此，多瑪斯說：涉及一物之本質的優於那涉及其效力的；而後者又優於那藉排除障礙以提供其維護的。依此原則來說，在各樣樞德之間，智德最先，其次為義德，勇德第三，節德第四。〔註100〕

基於以上理由，本論文依序最先切入的地方，應是《莊子》倫理學的始

〔註99〕 鄭維亮，〈《神學大全》：天主聖化人類歷程〉，《哲學與文化》，第 37 卷第 4 期，2010 年 4 月，頁 163。
〔註100〕 宮高德，〈四樞德的宗教信仰意涵〉，頁 84。

源——「造物者」。可是，既然是將倫理學作為研究的主要對象，則無法深入討論關於造物者；以及某些更基本的形上學理論之概念和原則，以論證造物者存在等等這些內容。因此，倫理學的始源——「造物者」就僅能利用一個章節討論造物者理性位格的問題。

原則上，本論文基本架構，就直接從倫理學的理論開始，接著才是倫理學的實踐部分。因此，第一部是討論倫理的人學基礎，第二部則是討論倫理的德行實踐。第二部初始即先證立道德主體的理論基礎，以及「情」之議論、人性的「心」之議論、位格「造物主」之議論等內容，以便有能力處理接下來的德行實踐之各種問題。所以，本論文架構就有二部，共十章。

另外，本論文包含第一部倫理的人學基礎（第一章至第五章），和第二部倫理的德行實踐（第六章至第十章）。以上這些部和章的標題和編排，都是依據多瑪斯倫理學體系的精神和內涵而採用的專門用詞和次序。主要旨意即在劃分倫理學的範圍（以部區分）和內容（以章區分）而分別論述。雖然，這些部和章的標題所使用的名詞，好像僅僅使用關鍵詞，而並非是緊扣內容的複合詞或問題意識為主的部和章標題。但是，倫理學主要論述的東西，都是離不開理論和實踐這兩個最重要的內容。本論文第一部倫理學的人學基礎，主要論述內容就是理論方面。本論文第二部主要論述內容就是實踐方面。而且，部和章的每一節標題就已經符合上述的要求。因此，部和章只要簡單明白的使用標題和次序，而且，符合倫理學邏輯性思考的要求，應該是可以被接受的。所以，基於以上理由，本論文在部和章沒有使用上述所要求內容的標題。

第一部第一章至第五章，探討倫理的人學基礎。

《莊子》與多瑪斯論人的觀點頗為一致，即人是由靈魂和肉體組成的複合體。人的倫理行為來自於靈魂機能。多瑪斯靈魂機能包含理智的思考、理解、判斷等能力和意志的抉擇能力。關於「氣」、「精」、「神」與「理智」、「意志」、「憤情」、「欲情」之關係，就如第二部第六章第一節所論證的，《莊子》「氣」蘊涵靈魂理智機能部分，「神」蘊涵靈魂理性嗜慾機能部分，「本生於精」之「形」的「惡情」和「好情」蘊涵靈魂非理性部分之「憤情」和「欲情」。本文「蘊涵」，所指的是狹義的「語義蘊涵命題」，簡稱「語義蘊涵」（semantic entailment）。〔註101〕因此，《莊子》與多瑪斯的倫理行為即是一種人性行為

〔註101〕「語義蘊涵」理論脫胎於「實質蘊涵」（implication）理論，本質上是對實質蘊涵理論的應用。王躍平說：「一個語句的理性意義是一組命題的集合。在

（actus humani）。因為，包含天主在內；在這個世界沒有任何一個具體的善，能使人的意志不能不選擇它。所以，倫理行為就是一個人發自理性和意志的行為。「夫莫之命而常自然」（〈老子‧五十一章〉）與「莫之為而常自然」（〈繕性〉）皆是此義。

提出「吾所謂臧者，非所謂仁義之謂也，任其性命之情而已矣」（〈駢拇〉）一段，說明自然律（Natural Law）是有理性動物所應遵守分享永恆法的部份。

提出「且夫待鉤繩規矩而正者，是削其性者也；待繩約膠漆而固者，是侵其德者也」（〈駢拇〉）一段，說明人性行為即是一種倫理行為。

提出「是故駢於明者，亂五色，淫文章，青黃黼黻之煌煌非乎」（〈駢拇〉）一段，說明意志有自由抉擇權利，因而人是一切行動的主宰，人也必須為自己的行為負完全責任。

提出「雲將東遊，過扶搖之枝而適遭鴻蒙」（〈在宥〉）一段，說明人性行為之最後目的是完善之幸福。

提出「彼正正者，不失其性命之情」（〈駢拇〉）一段，說明德行的本質。而關於德行之定義，則提出「故曰：悲樂者，德之邪；喜怒者，道之過」（〈刻意〉）一段給予說明。

《莊子》倫理學研究是探討倫理實踐的問題，人是道德的主體，必然要有自然法律作為倫理德行實踐之基礎。因此，在這一節裡首先便提出「故足之於地也踐」（〈徐无鬼〉）一段，因為此處文本係承前文「不知問是也」（〈徐无鬼〉）而來。人是有理性的動物，自然本性於本性倫理德行方面的疑惑，必須於行動之前，反省本性內在理智的趨向和外在慾望的需求，從而認識人自然本性所固有的自然道德律。「大」指天道之永恆法則，人憑藉分有永恆法則之自然道德法則，便可妥善解決人性倫理方面的一切問題。關於自然律是倫理的標準，包含兩個重點，即自然律內在於人性和自然律分有永恆律。「蒙蔽

該組命題中，有些是脫離語境從該語句本身推出的，叫「語義蘊涵命題」（簡稱『語義蘊涵』）；有些是結合語境從該語句中推出的，叫『語用蘊涵命題』（簡稱『語用蘊涵』）。『語義蘊涵』有廣義和狹義之分。史密斯（N‧Smith）和威爾遜（D‧Wilson）給出了廣義的界定：『一個陳述句的蘊涵命題就是離開任何語境可以從句子本身推導出來的那些命題。』顯然，文獻中所謂的『語義蘊涵』，一般是指狹義的。本文的討論亦從狹義。」他又說「實質蘊涵是對包括語義蘊涵在內的各種蘊涵（或必然性推理）的抽象，語義蘊涵是實質蘊涵的具體化。」參閱王躍平，〈試析語義蘊涵的基本特徵〉，《徐州師範大學學報‧哲學社會科學版》，第 5 期，2005 年 9 月，頁 42、46。

之民」（〈繕性〉）與「以恬養知；知生而无以知為也，謂之以知養恬。知與恬交相養，而和理出其性」（同上），以解釋自然律內在於人性。「樂全之謂得志」（〈繕性〉）與「喪己於物，失性於俗者，謂之倒置之民」（同上），以解釋自然律分有永恆律。

關於「自然法律」的定義，包括「天下將安其性命之情」（〈在宥〉），以解釋理性之光能知道什麼是善什麼是惡。「外立其德而以爐亂天下者也，法之所無用也」（〈胠篋〉），以解釋理性之光乃天主之光在我們內的印記。「聞在宥天下，不聞治天下也」（〈在宥〉），以解釋自然法律乃理性受造物分有永恆法律。

關於「自然法律」的內容，包括「有虞氏之藥瘍也，禿而施髢，病而求醫」（〈天地〉），以解釋自然道德律的首要誡命是行善避惡且是其他誡命之根據。「寓言十九，重言十七，巵言日出，和以天倪」（〈寓言〉），以解釋自然道德律的其他誡命。

第二部第六章至第十章，探討倫理的德行實踐。

關於道德主體部分，提出「水之性，不雜則清，莫動則平；鬱閉而不流，亦不能清；天德之象也」（〈刻意〉）一段，論證「氣」、「神」、「本生於精之惡情」、「本生於精之好情」蘊涵「理智」、「意志」、「憤情」、「欲情」。另外，還包括「情」之議論、人性的「心」之議論，則提出「人故无情乎」（〈德充符〉）一段、「萬物无足以鐃心者」（〈天道〉）一段，和「今且有言於此」（〈齊物論〉）一段分別解釋。

倫理之德包括智德、義德、勇德、節德四節。其中智德、義德、勇德三節引用〈人間世〉三篇寓言，分別解釋三種德行之意義。節德一節則引用〈德充符〉六種形體醜陋虧缺但德全之人，解釋節德之意義。

智德引「顏回將之衛」（〈人間世〉）一段，即顏回將至衛國勸化衛君，說明莊子在道德行動方面，就是關於「氣」、「精」、「神」方面的工夫實踐之行動。又引「心齋也」（〈人間世〉）一段，即「心齋」的目的是「唯道集虛」，卻是包含本性和超性的倫理實踐。

義德引「葉公子高將使於齊」（〈人間世〉）一段，說明「神」是義德行動的主體。

勇德引「顏闔將傅衛靈公太子」（〈人間世〉）一段，解釋顏闔面對凶惡的衛靈公太子蒯聵，隨時都有生命受到死亡威脅的危險。

節德引「魯有兀者王駘」（〈德充符〉）、「申徒嘉，兀者也」（〈同上〉）、

「魯有兀者叔山无趾」（〈同上〉）、「衛有惡人焉，曰哀駘它」（〈同上〉）、「闉
跂支離」（〈同上〉）和「甕瓷大癭」（同上）五段六種形缺醜陋之人，分別解
釋節德。

第一部　倫理的人學基礎

　　戰國中期的莊子，是先秦時期最偉大的思想家，才華橫溢，文采瑰麗。因此，創作出《莊子》這樣一部「上究天人之際」與「下放四海皆準」之鉅著。《莊子》思想博大精深，思辨縝密細緻，理論基礎堅實完備。這種氣勢磅礴的哲學系統，完全彰顯先秦道家中流砥柱集大成之精神。這種崇高壯麗華貴之精神，不僅繼承《老子》完整思想體系，也容納先秦道家其他派系的學說菁華，熔合鍛鍊，融會貫通，才能發揚光大。蓋莊子總評宋鈃尹文「以禁攻寢兵為外，以情欲寡淺為內」（〈天下〉）；惜彭蒙田駢慎到「不知道，雖然，概乎皆嘗有聞者也」（〈天下〉）；尊老子關尹「古之博大真人哉」（〈天下〉）；自視「彼其充實不可以已」（〈天下〉），足以見證他面對戰國中期烽火燎原，社會動盪不安，百姓生活潦倒，以及諸子蜂擁而起的歷史情勢，所謂「天下大亂，賢聖不明，道德不一，天下多得一察焉以自好」（〈天下〉），遂以發明「內聖外王之道」（天下）為己任。先秦道家皆言道，但老子重道之本體，宋鈃、關尹偏道之認識，田駢、慎到好道之政治，楊朱喜道之養生，以及百家各有所往，唯皆道之析判，非道之備全。然而，莊子則以「各為其所欲焉以自為方」（〈天下〉）為鑑，故能「其於宗也，可謂稠適而上遂矣」（〈天下〉）。雖然，莊子對於將為天下所裂之「道術」（〈天下〉），自認未達到理想的境域，但是，也足夠了。《莊子》哲學較《老子》更宏大高深，嚴北溟之論頗精闢：

> 「老莊」並提，始於魏晉玄風，講道家哲學，也就是講老莊哲學。應該承認老和莊是有區別的，但不是根本性質的區別，老莊哲學實際上是一個完整的道家哲學體系。具體研究表明：莊子思想根本精神和主要觀點，是從老子那裡出發的，不過因為老子時代在前，

問題還只是初步提出；《老子》一書的文字又寫得特別概括、簡練，所以許多觀點只有到莊子，才運用其「汪洋自恣」的生花妙筆予以廣泛的發揮，精細的論證，並給以生動的、有時是誇大的、浪漫的、幻想式的內容。畢竟莊無老無以溯其源，老無莊無以揚其波，老莊二人，相依為命，是哲學史上長期存在的事實。[註1]

老莊道家的哲學體系都以崇尚道德為主。但老學的道，本體論與宇宙論的成分較濃厚，重視聖人與王侯的清靜無為甚於一般平民百姓。莊學則天道與人德並重，人德絕不分別至人、神人、真人、聖人與一般之人，即「天與人不相勝」（〈大宗師〉）之義。諄諄善誘而使一般之人皆能實踐倫理德行修養工夫，達到「性脩反德，德至同於初」（〈天地〉）之理想境界。莊子最高理想境界就是使一般之人皆能完成與道合真獲得永恆幸福之最高目的。因此，老莊哲學都有超世思想，周紹賢指出宗教一定都具備超世思想，這種境界尤屬佛教為最高。然而，莊子更具有「出世入世」之間，「將遊於物之所不得遯而皆存」（〈天下〉）之最高理想，故莊子具備一種能與佛教空觀境界相埒的超凡思想。[註2]

多瑪斯倫理學跨越倫理哲學（moral philosophy）與倫理神學（moral theology）兩重領域。[註3]因為，他的倫理學是綜合柏拉圖和亞里斯多德的哲學，並且吸納中世教父和回教哲學家的思想。在某方面而言，多瑪斯的學說體系，基本上是繼承亞里斯多德的科學和哲學與奧斯定神學兩者思想而統貫融合所形成的倫理學系統。而在另一方面而言，多瑪斯設法擷取亞里斯多德哲學裡的精髓和方法來支持基督教的神學教義。縱然多瑪斯將歷史的神學與哲學兩支溪流匯集在一起而成為未來歷史發展的一條巨大洪流，在哲學與神學之間，多瑪斯仍把兩門學問的界線劃分十分嚴格而清楚。這即是說在倫理學方面，屬於哲學部分是理性的；神學部分是超性的、信仰的。所以，多瑪斯的倫理學實際上已區分為本性的、即哲學的倫理學；超性的、即神學的倫理學。本性的倫理學以獲得今生的幸福為目的，以亞里斯多德的實踐理性來

〔註1〕嚴北溟，〈從道家思想演變看莊子哲學〉，《社會科學戰線（哲學）》，第1期，1981，頁12。

〔註2〕佛教以空觀為入理正門，空觀就是否定一切固定觀念，使思想淨化，入於主客未分無差別境界，徹悟不貳真理。參閱周紹賢，《莊子要義》，臺北：臺灣中華書局，2015，頁5。

〔註3〕潘小慧，《德行與倫理——多瑪斯的德行倫理學》，頁30。

處理便可；超性的倫理學以獲得永世的幸福為目的，則必需要有信仰和恩寵的補足才能實現，因此，神學倫理部分又有信、望、愛三超德的超性倫理實踐課題必需面對。〔註4〕

〔註4〕鄔昆如說：「吾人可以用理性去理解哲學諸原理，但是信仰則不是理性可以理解的，這點是中世哲學中，教父哲學與士林哲學根本不同處，教父哲學設法融通哲學和神學，設法調和理性和信仰，而士林哲學要把理性和信仰分開，把哲學和神學分開。」參閱鄔昆如，《倫理學》，頁42。

第一章　論　人

　　人是倫理實踐的主體，《莊子》論「人」則是承襲《老子》哲學的道德理論基礎，更有莊子自己無比細膩的道德理論發揮，而順著天道創造世界的這條路徑，以「獨有之人，是謂至貴」（〈在宥〉）、「有天道，有人道」（〈在宥〉）、「无聽之以心而聽之以氣」（〈人間世〉）和「形體保神」論說他的「人」觀。天道之「氣」、「精」、「神」、「一」乃無限美善之純形式和純現實，人的「氣」、「精」、「神」、「德」，則是分享了天道純粹精神性部分，但是，人是有限美善，而且，「氣」、「精」、「神」、「德」之形式和現實，也要與形體「性」、「情」之質料和潛能合而為一。依此而論，也可以視為人就是「靈魂與肉體結合而成」的複合體。天道無限的「氣」、「精」、「神」蘊涵「理智」與「意志」，人有限的「氣」、「精」、「神」則蘊涵有限的「理智」與「意志」。因此，人有限的「理智」與「意志」分享天道無限的「理智」與「意志」。因為，「氣」蘊涵靈魂「理智」，而「氣」、「精」、「神」蘊涵靈魂理性部分的「理智」與「意志」和靈魂非理性部分。由此推論，則「氣」蘊涵「理智」，「精」、「神」蘊涵靈魂理性部分的「意志」和靈魂非理性部分。靈魂理性部分的意志行動主要是「神」次要是「精」，靈魂非理性部分的運轉主要是「精」次要是「神」。

　　人是倫理實踐的主體，從語源學的角度「人」（man, homo）與「思想」和「泥土」有關。〔註1〕人的起源最早始自神話故事，因年代久遠，逐漸被遺

────────────────

〔註1〕潘小慧說：「從語言學上語源的角度深求西文的『人』：『man』在英文字根發源的定義上是與『思想』有關的。希臘文的『anthropos』是指『向前看者』（現今譯為『男人的臉』），而拉丁文的『homo』（與 humus 一字有關）則是意謂『由泥土生成』，由這三個發源定義我們可看出不同文化時間背景對『人』

忘，只有希伯來的神話「創造說」結合基督信仰而傳播各地。〔註2〕多瑪斯論「人」則是接受西方哲學傳統，並沿著天主創造世界的這條神學路徑，以「上帝的肖像」、「位格」和「靈魂與肉體結合而成」論說他的「人」觀。人的靈魂分享了上帝純粹精神性的部分，因此，人也分享了上帝有限的理智與意志。〔註3〕靈魂分為理性部分和非理性部分，理性部分的理智是一種「理性認識」（intellectual apprehension），有別於身體感官的「感性認識」（sensitive apprehension）。〔註4〕理性部分的意志是一種「理性嗜慾」（rational appetite or intellectual appetite），有別於身體感官的「感性嗜慾」（sensitive appetite），但兩者的追求對象都是善（bonum, good）。〔註5〕

第一節　人與位格

　　人的含義，在許慎《說文解字・人部》的說法，「人，天地之性最貴者也」。人和萬物的區別，就是人分享天道的無限美善而具備「理性」，人即是理性的動物。因此，古代經典不乏出現對人本質論述之記載，譬如：「惟人萬物之靈」（《尚書・泰誓》）；「天生萬物，惟人最貴」（《尚書・泰誓》）。甲骨文中「人」的形象，就是一個神靈意志的符號，人在「天地和諧」中的地位和狀態，於殷商時期，根本沒有脫離神靈世界與血緣宗法氏族社會的約束與限制。直到春

的解釋的不同出發點。」參閱潘小慧，〈邁向整全的人：儒家的人觀〉，《應用心理研究》，第 9 期，2001，頁 118。

〔註2〕尤煌傑說：「……。以上所列舉的神話故事，大都已經封存於歷史的文獻中，而和該發源的民族失去真實生活上的聯繫。但是唯獨希伯來人的創造說至今仍然『活』在該民族的現實生活中，而且也結合基督信仰而遍行於世界各地，透過信仰活動而被接受，更透過哲學的思辯為其找尋理性的基礎。」參閱尤煌傑，〈引頸企盼的思維者：關於人的意義的考察〉，《應用心理研究》，第 9 期，2001，頁 94。

〔註3〕潘小慧說：「人之所以超越普通生物及其他動物的主因，即在於人的靈魂是個理性靈魂（rational soul），具有他物所沒有的精神性的內在官能及能力：理智及意志。而人之所以被視為『上帝肖像』，即分了上帝純粹精神體的精神性之故；然不同的是：上帝的理智與意志其實為『一』（Identity），為無限的，而人的理智與意志為同一靈魂的不同能力，都是有限的，可合稱為人的『理性能力』（rational power）。」潘小慧，《德行與倫理——多瑪斯的德行倫理學》，頁 58。

〔註4〕潘小慧，《德行與倫理——多瑪斯的德行倫理學》，頁 59。

〔註5〕潘小慧，《德行與倫理——多瑪斯的德行倫理學》，頁 61。

秋以降，人的理性和精神才重新得到原有的能力與價值。〔註6〕

　　人有限的「氣」、「神」、「精」、「性」分享了天道的無限的「氣」、「神」、「精」、「一」。人因為擁有不朽性的「位格」而偉大。「位格」（Person）被賦予形上學意義始自中世紀初的教父思想，多瑪斯「位格」的定義為「具有理性本性的個別自立體」。「位格」蘊涵「實體」的「基體」是 suppositum，不是 hypostasis；「自立物」是 subsistentia，不是 substantia；「自然本性之物」（res naturae）是「具有理性本性之物」，不是「非理性的自然本性之物」。因為，「自立物」（subsistentia）、「自然本性之物」（res naturae）、「實體或基體」（substantia）三個表示實物的名稱來命名，則「位格」即是三個實物的名稱的總合。但「位格」只能是理性以上的自立體才能擁有。因此，「自然本性之物」必須更換為「具有理性本性之物」，才能是「位格」的總合。〔註7〕位格的優先性與完美性，使得每一個人未來與天道合真以獲得永恆幸福充滿無限希望。然而，每一個人對於這種真實的希望卻都相當陌生和輕視。西方哲學位格理論因天主三一神學而得到重視，而且，中世紀初拉丁教父神學家與中世紀士林哲學哲學家的努力研究，也給予位格理論奠定深厚的基礎。先秦諸子對於位格這個哲學概念似乎沒有提出任何學說理論。但是，或許從另外一個角度觀察這個問題，更可以得到一些這方面思想的某些啟示。

　　　　匠石之齊，至於曲轅，見櫟社樹。其大蔽數千牛，絜之百圍，其高臨山十仞而後有枝，其可以為舟者旁十數。觀者如市，匠伯不顧，遂行不輟。

　　　　弟子厭觀之，走及匠石，曰：「自吾執斧斤以隨夫子，未嘗見材如此其美也。先生不肯視，行不輟，何邪？」

　　　　曰：「已矣，勿言之矣！散木也，以為舟則沈，以為棺槨則速腐，以為器則速毀，以為門戶則液樠，以為柱則蠹。是不材之木也，無所可用，故能若是之壽。」

〔註6〕龔培說：「孔子的『仁』所解釋的宇宙論和主體性，後世的莊子則進一步表達為：『獨與天地精神相往來。』也就是說，人終於從混沌的原始文明和氏族群體中『獨』出來、『立』起來，『天地精神』就是陰陽哲學體系中的宇宙論和世界觀，『相往來』，就是天人合一，就是『德』配天地，『知』曉天地：天以其內在規律與邏輯理性決定和產生了人；人以同樣的內在規律和邏輯理性探索和知曉了天。」參閱龔培，〈孔子「仁」學宇宙論的「人」學解釋〉，《貴州社會科學》，總242期，第2期，2010年2月，頁20。

〔註7〕《神學大全》第一冊，第二十九題，第二節，正解。

匠石歸，櫟社見夢曰：「女將惡乎比予哉？若將比予於文木邪？夫柤棃橘柚，果蓏之屬，實熟則剝，剝則辱；大枝折，小枝泄。此以其能苦其生者也，故不終其天年而中道夭，自掊擊於世俗者也。物莫不若是。且予求无所可用久矣，幾死，乃今得之，為予大用。使予也而有用，且得有此大也邪？且也若與予也皆物也，奈何哉其相物也？而幾死之散人，又惡知散木！」

匠石覺而診其夢。弟子曰：「趣取無用，則為社何邪？」

曰：「密！若無言！彼亦直寄焉，以為不知己者詬厲也。不為社者，且幾有翦乎！且也彼其所保與眾異，而以義喻之，不亦遠乎！」（〈人間世〉）

「匠石之齊」一段，陳懿典云：「曲轅，山名。櫟，木名。社之中有此櫟木，其樹身之大可以蔽千牛，以手量之得百圍焉，又以兩手合而圍之為一圍，百圍大之極，十仞高之極，其旁枝尚可為舟，其大可知。觀者甚眾，匠石不顧而行，知其無用也」。〔註8〕

櫟社樹以其「無用」，才能長成遮蓋千牛蔽天成蔭之大樹。

成玄英疏：「欲明處涉人間，必須以無用為用也」（〈人間世〉）。

處人間世，以「無用為用」，始能「終其天年而不中道夭者，是知之盛也」（〈大宗師〉）。

「弟子厭觀之」至「故能若是之壽」，陸西星云：「夫櫟社大樹，匠石不顧而弟子則飽觀之，蓋不知其無用也。故匠石因其走報而語之曰：散木也，以為舟則沉，為棺槨則速朽，為器則速敗，為門戶則液樠然而泚，為柱則蠹，不適於用，以故歷年多而成形大也」。〔註9〕

因此，櫟樹有了五種「無用」，乃不成材之散木，無一可以適合於用，才能生長至久以至於至大。

「匠石歸」至「不亦遠乎」，陳懿典以櫟社樹語匠石，人亦物，凡物皆以有用之才而殘生害性，故不能全生而中道夭折。〔註10〕

〔註8〕陳懿典，《南華經精解》，頁140。

〔註9〕陸西星，《莊子副墨》，頁53。

〔註10〕陳懿典云：「匠石既歸而櫟社遂見於匠石之夢，汝謂予不材，惡乎比予哉！汝將比予於文理可觀而可為用之木耶！則天下之木不以文伐者無幾矣。夫柤等之屬，皆文木而可適人用，然至成熟時，則剝則辱而枝盡為人摧折。是以其可用之才能而害其生，故不壽而中道夭折。自掊擊，自傷也，此其可用自傷，

藏雲山房主人云：「人間世之正文，俱是性與天道。恐人錯會其意，誤以為入世之法，在人情物理上用心，拋卻無上至真之大道也。故又說此數段以解其惑。此段託於櫟社樹，以言無用於世，所以能成其大。人即以為社為有用，而彼自以為寄跡於社，總無翦伐之患，是仍以無用成其用也。夫能成其大，能以無用成其用，言天道乎，言人事乎，不待智者而辨之矣」。〔註11〕

　　筆者觀點，凡物皆以有用，而中道而夭。可是，萬物以無用而免中道而夭者之目的，卻僅僅只是全生久壽而已。無理性之萬物的自然本性，趨向於自然之目的，並沒有自由抉擇的能力。莊子寓言中之「無用以為大用」乃引以為喻，以寄寓成全世人而成其大用。櫟社樹乃自然本性之物（res naturae），樹木則是「實體或基體」（substantia），櫟社樹本身是不材之木，則是「各別自立物」（subsistentia）。櫟社樹即是這三個名稱在整個 substantia 之類內所共同表示的。而櫟社樹換為某一確定之人士，也就是「位格」（persona）這個名稱在具有理性之 substantia 一類內所表示的。因為，位格僅能是具有理性之本性之物（res naturae），因此，莊子是以櫟社樹為引喻，目的則指向人間世的眾生。莊子對於位格的重視，在〈逍遙遊〉數段文章有精彩的論述。

　　　　惠子謂莊子曰：「魏王貽我大瓠之種，我樹之成而實五石，以盛水漿，其堅不能自舉也。剖之以為瓢，則瓠落無所容。非不呺然大也，吾為其無用而掊之。」

　　　　莊子曰：「夫子固拙於用大矣。宋人有善為不龜手之藥者，世世以洴澼絖為事。客聞之，請買其方百金。聚族而謀曰：『我世世為洴澼絖，不過數金；今一朝而鬻技百金，請與之。』客得之，以說吳王。越有難，吳王使之將，冬與越人水戰，大敗越人，裂地而封之。能不龜手，一也；或以封，或不免於洴澼絖，則所用之異也。今子有五石之瓠，何不慮以為大樽而浮乎江湖，而憂其瓠落無所容？則

豈惟木哉！凡物莫不如是。予求無用久矣！向為人睥睨者數，幾瀕於死。乃今始得以無用為大用，所以全其生也。使我若有用，則人伐之，安能至此大乎！且汝雖人，我雖櫟樹，皆天地間一物，汝何獨以物相識。又況凡物之理有用者，皆不能自全，汝雖有用，亦幾死之散人耳，又焉知予不死之散木。診，占也。弟子謂此木，若果無用，不為社可也，為社何耶！汝尚密而勿言，彼直寄跡焉耳，非托社以求全也。而今乃為汝不知己者詬厲。且彼縱不為社，亦豈有人翦伐之。良以彼之自保者，獨與眾異焉耳。而汝乃以社譽之，失之遠矣！」參閱陳懿典，《南華經精解》，頁141。
〔註11〕藏雲山房主人，《南華大義解懸參註》，頁203。

夫子猶有蓬之心也夫！」（〈逍遙遊〉）

筆者觀點，大瓠為自然本性之物（res naturae），大瓢則是「實體或基體」（substantia），大樽本身則是「各別自立物」（subsistentia）。大瓠即是這三個名稱在整個 substantia 之類內所共同表示的。而大樽換為某一確定之人士，也就是「位格」（persona）這個名稱在具有理性之 substantia 一類內所表示的。因為，位格僅能是具有理性之本性之物（res naturae）。因此，莊子是以大瓠為引喻，目的則是指向位格之「大用」。

莊子又以「善用」能不龜手之藥為喻，一樣是能不龜手，或者「裂地而封之」；或者「不免於洴澼絖」，「則所用之異也」。此處莊子雖沒說明位格這回事，可是，「大用」必然是與「天道合真獲得永恆幸福」之最高目的，有極密切的關聯。

> 惠子謂莊子曰：「吾有大樹，人謂之樗。其大本擁腫而不中繩墨，其小枝卷曲而不中規矩，立之塗，匠者不顧。今子之言，大而無用，眾所同去也。」
>
> 莊子曰：「子獨不見狸狌乎？卑身而伏，以候敖者；東西跳梁，不辟高下；中於機辟，死於罔罟。今夫犛牛，其大若垂天之雲。此能為大矣，而不能執鼠。今子有大樹，患其无用，何不樹之於无何有之鄉，廣莫之野，彷徨乎无為其側，逍遙乎寢臥其下。不夭斤斧，物无害者，无所可用，安所困苦哉！」（〈逍遙遊〉）

「惠子謂莊子曰」一段，林希逸云：「此惠子戲以喻莊子之大言無用也」。〔註12〕

眾人對於「大而無用」的東西，大蓋都轉頭拂袖而去，因此，「眾所同去」。

「莊子曰」至「死於罔罟」，劉鳳苞云：「歎物之以有用致患，轉以無用免害，又莊子應世之妙用也，當與《人間世》「曲轅」、「商邱」等篇參看。良材多夭於斤斧，而惡木乃終其天年，想見世途之險，炫才矜智，動觸危機，玉剖於石，珠竭於川，膏火自煎，山木自寇，鸚鵡以能言賈禍，越雉以文采縲身，物之中於機辟而死於罔罟者，千古何多也！狸狌其顯焉者耳」。〔註13〕

狸狌「候敖」好像具智者之謀；「跳梁」也好像有勇者之敏捷。智、勇者，都是人所欽慕之才能。然而，才具者之爭競，所召來之災患，卻是禍不旋踵。

〔註12〕林希逸，《莊子鬳齋口義校注》，頁12。
〔註13〕劉鳳苞，《南華雪心編》，頁18。

勢必得到「中於機辟」、「死於罔罟」，這類毀壞生命的應驗。

「今夫斄牛」至「安所困苦哉」，陸西星云：「斄牛，旄牛也。斄牛大矣，而用之以執鼠，則非其所宜，以況有此大樹，則不當更以規矩繩墨斲而小之，何不樹之廣莫之野，無何有之鄉？無何有之鄉，廣莫之野，寂寞虛曠之地，喻道之本鄉也。言有此大樹，自合歸根本鄉，處蔭休影，足以自樂，且免更斧牛羊之患，故曰：不夭斤斧，物無害者」。〔註14〕

人處人間世而有為，必如「狸狌」、「文木」，得到「機辟」，「斤斧」的戕害。人猶如不材之材而無用，必是大用。因為，人最高價值部分是精神層次的人性，絕對不是那些知識才能所施展而經營有成的事業、財富及社會政經地位物質層次的東西。精神層次的人性就是具體的人，具備完美性、優先性和不朽性。亦即能夠往來六合的人，才是「至貴」（〈在宥〉）。因此，「大樹」、「斄牛」之「大而無用」，以喻人「無形精神」之「大」；「有形物質」之「無用」。可是「大樹」、「斄牛」，何患其「無用」，何不將樹種之「无何有之鄉」。

「无何有之鄉」、「廣莫之野」，陸氏已指此為天道，也就是精神到達天鄉而與天道合而為一。與天道合真，才是真正獲得永恆幸福之最高目的。人具備完美性、優先性和不朽性，最具體的用法，似乎沒有別的指稱可以適用，只有「位格」（Person）最恰當。所以，筆者才在論述《莊子》文中的名句，「人皆知有用之用，而莫知无用之用也」（〈人間世〉）代表精神的東西，援引「位格」來作為論述《莊子》人與位格能夠會通之指標。

若由「人」的字源意義考察，通常有幾個說法。西文的'man'這個字乃源自梵文的字根 manu，這個字根最早的定義與「思想」有關。希臘文的'anthropos'這個字沒有最早的確切解釋，另外有人認為這個字指「向前看者」，今日則譯為「男人的臉」。有人認為這個字指「從下往上看（即諸神）的個體」，這個所指隱含著人與神之間具有差別，但是又有親近關係。拉丁文的'homo'這個字最早的意義較為確定，這個字源自 humus，其義有二，人的根源來自塵土或用塵土造成，是生成的意義；人在本性上類似塵土，則是普遍的意義。〔註15〕若由本質意義的角度探求，則「人」與萬物皆是來自大地的產物，然而，他超越大地的所有一切。因此，人的本質值得深入探究。〔註16〕「人」分享了上

〔註14〕陸西星，《莊子副墨》，頁9。
〔註15〕潘小慧，《德行與倫理——多瑪斯的德行倫理學》，頁42。
〔註16〕布魯格說：「英文 Man 源自盎格魯撒克遜（Anglo-Saxon）語 Mann 一字，其

帝純粹精神體的精神性部分，擁有不朽性的「位格」因而偉大。〔註17〕「位格」（Person）被賦予形上學意義始自中世紀初的教父思想；但定義「位格」一詞為「理性本體的個別實體」則是波其武（480～525）。〔註18〕依照多瑪斯『位格』的定義為「具有理性本性的個別自立體」。〔註19〕因此，基本上多瑪斯也採取波其武的觀點。多瑪斯說：

> 就其本然或自立存在而非存在於他物內而言，稱為「自立物」（subsistentia），因為那不是存在於他物內，而是存在於自己內者，才稱為自立存在（subsistere）。就其為某物之共性作底或支撐者而言，則稱為「具有某自然本性之物」（res naturae），例如：這個人是

字根至今無從稽考，大約與思想有關。希臘文 Anthropos 字源如何，也不甚確切：以前解釋成「向前看者」，今日則釋為「男人的臉」。拉丁文 Homo 則指「由泥土生成」（與 Humus 一字有關）。這些有關字源的考察可以幫助我們對人的本質稍有瞭解。一方面人是大地的產物，另一方面他超出大地的一切，而接觸到更高的世界。無論如何，人的問題最耐探究，也最值得探究。對人作最嚴謹的追究會使我人重新發現人之莫可名言的偉大。」參閱布魯格編著，《西洋哲學辭典》，頁 319。

〔註17〕布魯格說：「人的精神特性使人有特殊的尊嚴，並使位格（269）成為不可侵犯。人之個體特性（Uniqueness）尤其表顯於位格之不死性（168）；人由於他的不死性才能透過現世生命而追求那祇屬於他個人的、超現世的目標（例如康德從人的精神之『無限進步』的需要，推斷出人靈魂的不死）。因此人不能祇作為方法，而具有不可轉讓的基本權利（外在的自由與完整、良心自由、宗教自由、私產權等）。人的真價值不在於他可見的貢獻，而在於他的道德生活；但外在世界也是他用以完成道德生活的場地。人的精神性表顯於歷史性文化（68）的創造與轉變。」參閱布魯格編著，《西洋哲學辭典》，頁 320。

〔註18〕潘小慧說：「外文當中還有一個字和『人』也密切相關，就是‘person’——『位格』。『位格』一詞，源於古希臘之‘prosopon’與拉丁文之‘persona’，前者指『臉孔』，後者指『面具』。在早期的希臘文學中，prosopon 指戲劇中演員所戴的面具；由於面具象徵演員所扮演的角色，故又指稱『角色』。後期斯多亞（Stoicism）學派的學者艾比克德都斯（Epictetus of Hierapolis, 50～138），首先為 prosopon 一詞賦予哲學意涵，prosopon 不僅是『臉孔』和『面具』，更表示出『角色』和『主體』；此主體具有內在性，能對其行為及對神明賦予他的職務負責。拉丁文之 persona 出現較晚，對於此詞的原始意義傳說紛紜，多與哲學無關。『位格』一詞的形上學意義，始於中世早期的教父思想。這些基督宗教的神學家，以『位格』一詞，表達上帝內在生活的奧秘。至於『位格』一詞的確定意涵，則始於波其武（Manlius Severinus Boethius, 480～525），他說：『位格是理性本性的個別實體』（Naturae rationalis individua substantia.）。」參閱潘小慧，《德行與倫理——多瑪斯的德行倫理學》，頁 44。

〔註19〕《神學大全》第一冊，第二十九題，第一節，正解。

具有人之共性或人性之物。就其支撐著依附體而言，則稱為「實體或基體」（希臘文 hypostasis 或拉丁文 substantia）。這三個名稱在整個 substantia 之類內所共同表示的，也就是「位格」（persona）這個名稱在具有理性之 substantia 一類內所表示的（按：即三個名稱所表示的不變，只須把一般所說的 substantia 範圍縮小為具有理性之 substantia 範圍）。〔註20〕

　　希臘文 hypostasis 和拉丁文 substantia 兩者義同。中文譯名可為「自立體」、「實體」、「本體」。但是，substantia 譯「自立體」特別強調「自立」的意義時，中譯名稱宜改為「自立、自立性或自立物」，恰當的拉丁文則以 subsistentia 較適合。以上的用法，自立的下面基礎則是主體（subjectum）或基體（suppositum）。以這個用法來表示概念的名稱來命名，則可稱為基體（suppositum）。因此，前述三個名稱：即「自立物」（subsistentia）、「自然本性之物」（res naturae）、「實體或基體」（substantia）三個表示實物的名稱來命名，則「位格」即是三個實物的名稱的總合。但「位格」只能是理性以上的自立體才能擁有。因此，「自然本性之物」必須更換為「具有理性本性之物」，才能是「位格」的總合。另外一個用法，是指定義所表示的物，以拉丁文 essentia 稱之，即是代表「本質」意義。因此，一般人也習慣用 substantia 來指「本質」（essentia）。多瑪斯說：

　　　　按哲學家在《形上學》卷五第八章所說，substantia 一字有兩種說法。一種是指定義所表示的物之「是什麼」（quidditas rei），我們據此而說：「定義表示物之 substantia」；具有這種意義的 substantia，希臘人稱之為 ousia，而我們（拉丁人）可以稱之為 essentia（本質）。另一種是指「在 substantia 這一類中那自立於下面的主體（subjectum）或基體（suppositum）」。而這種主體或基體，可按一般的說法，並用表示意念或概念的名稱來命名；如此則可稱為基體（suppositum）。此外，實際也用三個表示物或實物的名稱來命名，它們是：具有某自然本性之物（res naturae）、自立物或自立性（subsistentia），及實體或基體（hypostasis），這是按第二種說法之 substantia 的三種不同討論觀點。〔註21〕

〔註20〕《神學大全》第一冊，第二十九題，第二節，正解。
〔註21〕《神學大全》第一冊，第二十九題，第二節，正解。

基於上述說法，「位格」是否與實體、自立性及本質相同？多瑪斯的解答是否定的。按照多瑪斯「位格」與本質（essentia）不同，「位格」蘊涵「實體」的「基體」是 suppositum，不是 hypostasis；「自立物」是 subsistentia，不是 substantia；「自然本性之物」是「具有理性本性之物」，不是「非理性的自然本性之物」。

第二節　人是天主的肖像

《莊子》哲學追隨《老子》「是以聖人抱一，為天下式」（〈老子·二十二章〉）思想，也具有幸福論與目的論的色彩。可是，這種幸福論與目的論，並不用等到來世。像多瑪斯倫理學系統，視今生幸福為不完美幸福而只是來世最高幸福的進階而已。而《莊子》享見天道的這種最高目的，在今世即可實現「見獨」（〈大宗師〉）而獲得永恆幸福。

人可以被理解為「天主的肖像」（Imago Dei, Image of God），因為，天主分施祂的無限美善與萬物，而人的理性卻可以實現天主的善。

多瑪斯倫理學系統雖然明顯表現跟隨著亞里斯多德倫理學的步調，也採取幸福論與目的論的觀點：人性行為的普遍性趨向，在於追求人生最高幸福的這個目的。然而，這種相同的幸福論與目的論很快地就產生變化，吾人可以清楚地看出這種變化所產生的極大差異。這種差異在於多瑪斯把亞里斯多德的人生最高幸福當成是不完美的幸福；而且只是多瑪斯人生最高幸福的進階而已。多瑪斯的人生最後目的則是來世的享見天主，這是多瑪斯倫理學所追求普遍的最高幸福。潘小慧說：

> 哲學的本務在於建構世界觀（Weltanschauung），對「人」（human being）的理解也奠基於對世界的理解之上。在哲學的傳統中，由於哲學家身為人之故，對「人」這類存有的意義探討不遺餘力。長達二千多年的西洋哲學史中，受到古希臘哲人亞里斯多德（Aristole, 384～322B.C.）「人是有理性的動物」命題的影響頗鉅，這個觀點幾乎成了哲學人觀的基調。「理性」的有無成為人與其他動物同類（同屬動物類）異種間的種差（specific difference）；人被理解為能思考、能判斷、能認識的一種特殊動物。中世紀基督宗教哲學（Christian Philosophy）由於福音的到來，人被理解為「上帝的肖像」（Imago Dei,

Image of God），多瑪斯（St. Thomas Aquinas,1224/5～1274）的神哲學亦然；雖然人的理智是有限的、不完全的，但人還是「理性的動物」。〔註22〕

人為何要被理解為「天主的肖像」（Imago Dei,Image of God）？因為，天主欲意分施祂的善與萬物，尤其人的理性可以實現天主的善。潘小慧說：

> 由於上帝創造人，也由於上帝要分賜祂的善（perfection and goodness），於是上帝的善就成了所有受造物的目的。所有受造物都是某種程度地相似上帝，人也是如此，人相似於他的始源——上帝，也以獲取相似上帝為最終目的（last end），人在這種相似意義（resemblance）上，可說是「上帝的肖像」。〔註23〕

一、「肖像」的意義

「肖像」，即是對於另一類的對象之摹擬。「摹擬」的東西，不是和摹擬的對象之間是相同的一類事物。相同一類事物之間的相似和相等，不能稱為摹擬。因此，相同一類事物之間的相似和相等，不適合使用「肖像」這種名詞。所以，相似可以是肖像的內涵之一，但有相似不一定就有肖像；相等可以是完美肖像的內涵，但有相等不一定就有肖像。〔註24〕

> 今且有言於此，不知其與是類乎？其與是不類乎？類與不類，相與為類，則與彼无以異矣。（〈齊物論〉）

成玄英疏：「類者，輩徒相似之類也」（〈齊物論〉）。

劉鳳苞釋「是」為「已齊之物論」。〔註25〕

宣穎訓「是」為「我」；訓「類」為「無是非則與我類，有是非則與我不類」。〔註26〕

宣氏所訓，異於成氏與劉氏，筆者認為宣氏為誤。

憨山大師釋「今且有言」為「謂世之立言以辯論者」；釋「是」為「滑疑之聖人」；釋「類與不類」為「言辯之人，參合聖人之心，即是妙契玄同，彼

〔註22〕潘小慧，〈多瑪斯神哲學中作為「上帝肖像」的人之理解〉，《哲學與文化》，第36卷第9期，2009，頁23。
〔註23〕潘小慧，〈多瑪斯神哲學中作為「上帝肖像」的人之理解〉，頁25。
〔註24〕《神學大全》第三冊，第九十三題，第一節，正解。
〔註25〕劉鳳苞，《南華雪心編》，頁44。
〔註26〕宣穎，《南華經解》，頁18。

字，即是字，皆指聖人」。〔註27〕

「是」，即前文「因是」；「因是」即前文「照之於天」、「以明」、「道樞」、「道通為一」、「天鈞」、「兩行」之義。

馬其昶指出前文「馬」、「指」以喻，皆是「今且有言」之類，以人智鑿已開，天機日淺，故「言」非「吹」，言與鷇本相等，人當於芸芸萬物反復變化之世界「識取真宰」，「非指」、「非馬」，即是真宰。〔註28〕

筆者觀點，「類與不類」已涉及到名詞概念的問題，人與真宰之間的相距無法以類或共類（genus）相提並論，人與真宰相似或相等也不可能。那麼，為何聖人與真宰可以相似或相等，這部分使用語詞概念就必需特別謹慎。為此，引入聖經一章26節「按照神的肖像造人」的「肖像」這個語詞概念，便沒有這類的問題產生。因為，「肖像」之理或性質，會有某些特徵的限定，即類或共類（genus）的兩者之間之相似或相等不能使用「肖像」這個語詞。譬如鴨蛋和另一個鴨蛋的相似或相等不能稱為此是彼的「肖像」，別類之間的相似或相等，才能使用「肖像」指稱兩者之間的相似或相等關係。而且，別類之間的相似或相等，必需具備「種」或別類（species）內涵的相似。〔註29〕

所謂「肖像」，依照多瑪斯即根據另一個東西的摹擬。多瑪斯說：

> 即肖像是根據另一個東西摹成並為表示那東西的；稱之為「肖像」，是因了它是摹擬另一個東西的。〔註30〕

「摹擬另一個東西」，則不是相同的一類之間的相似和相等。譬如雞蛋雖和另一個雞蛋具備相似和相等的條件，也不能說雞蛋是另一個雞蛋的肖像。因此，相似不一定有肖像，如奧斯定在《雜題八十三》第七十四題說：「哪裡有肖像，便也有相似（similitudo）；但哪裡有相似，並不一定也有肖像。」而且，相等不一定也有肖像，如奧斯定在同處所說的：「哪裡有肖像，並不一定就相等」。所以，相似是肖像的內涵之一，相等則是完美肖像之內涵。

二、人是天主肖像的意義

一般肖像的理或性質之限定，必需具備「種」或別類（species）的相似。

〔註27〕憨山大師，《莊子內篇憨山註》，頁238。
〔註28〕馬其昶，《莊子故言》，頁11。
〔註29〕《神學大全》第三冊，第九十三題，第二節，正解。
〔註30〕《神學大全》第三冊，第九十三題，第一節，正解。

相似天主的東西，同時還要符合存有、生命和理性三種相似。形體物的種別表記，主要是形狀（figura）。但是，只有種別或形狀的相似，仍然不足，還需要起源，才符合肖像之理或觀念。所以，真正的肖像，必需此物出自另一物，而且，此物與另一物在種別或至少在種別表記方面必需相似。

　　　　夫言非吹也，言者有言，其所言者特未定也。果有言邪？其未
　　嘗有言邪？其以為異於鷇音，亦有辯乎，其無辯乎？道惡乎隱而有
　　真偽？言惡乎隱而有是非？道惡乎往而不存？言惡乎存而不可？
　　道隱於小成，言隱於榮華。故有儒墨之是非，以是其所非而非其所
　　是。欲是其所非而非其所是，則莫若以明。（〈齊物論〉）

　　「夫言非吹也，言者有言，其所言者特未定也」，成玄英疏：「夫名言之與風吹，皆是聲法，而言者必有詮辯，故曰有言。雖有此言，異於風吹，而咸言我是，僉曰彼非。既彼我情偏，故獨未定者也」（〈齊物論〉）。

　　成氏以言乃出於解釋後的辯論，見解相異而立場相左，沒有一致的結論。雖然，言與吹皆是聲法，而兩者並不相同。

　　《經典釋文》：「崔云：吹，猶籟也」（〈齊物論〉）。即指天籟、地籟與人籟，眾竅與比竹而吹萬不同。

　　陸樹芝指人有是非之言，不僅非天籟，也非若吹萬之地籟。〔註31〕

　　是非之「言」，是「大言炎炎，小言詹詹」（〈齊物論〉）之「言」，而「人籟則比竹是已」（〈齊物論〉）之「夫吹萬不同」（〈齊物論〉），則人籟所產生的「言」，並不是是非之「言」。

　　因為，地籟與人籟乃摹擬天籟，兩者是天籟的肖像，「怒者其誰邪」（〈齊物論〉），已隱約指出地籟與人籟的「起源」出處。「言者有言」之言則不同，它「起源」於「大知閑閑，小知閒閒」（〈齊物論〉）之「知」，非摹擬天籟，故不是肖像。

　　「果有言邪？其未嘗有言邪？其以為異於鷇音，亦有辯乎，其無辯乎」，沈一貫以言異於吹，則落入世法之義，是非乃生，人各執是與非，故所言特未定；以言同於吹，則循道法之義，曩以為是，則我是我非，亦特未定。既未定則果有言抑未嘗有言，便猶鷇音特天機之自鳴，何嘗是與非之有。〔註32〕

　　落入世法之義，則言非吹，其起源於人「知」；循道法之義，則言無異於

〔註31〕陸樹芝，《莊子雪》，頁18。
〔註32〕沈一貫，《莊子通》，頁54。

吹，其起源於天籟，摹擬天道而符合肖像之理。

「道惡乎隱而有真偽」至「則莫若以明」，宣穎釋此分四層：第一，道與言本無隱何處不是。第二，偏見之人以浮誇之說言道，而言道始隱。第三，儒墨自負言道宗匠，憤其隱而正彼之是非。第四，正是非未得，而聽之以本明。〔註33〕

憨山大師指「明」就是大道，是非之端乃因當時處士橫議，楊墨固失仁義而儒亦未明大道，故濫觴於儒墨，傍及諸子，惠子總結，皆喪道不明之人。〔註34〕

天道之無限美善，欲分施予以萬物，而萬物屬人最能分享與實現天道無限美善。「言」與「吹」「類與不類」，「則莫若以明」，道與言不隱，言與吹便無異，言便是吹的肖像。因為，只有種別或形狀的相似，仍有欠缺，還要具備起源關係，才符合肖像之理或觀念。〔註35〕所以，言既與人籟無異，而言是起源於天道，而人即是天道的肖像。

《聖經》記載天主在第六天創造了魚、鳥、牲畜和地上一切爬行動物便說：「我們要照著我們的形像，按著我們的樣式造人，使他們管理海裏的魚、天空的鳥、地上的牲畜和全地，以及地上爬的一切爬行動物。」〔註36〕這裡的「形像」（Image），即是「肖像」。多瑪斯說：

> 在人內顯然有一種與天主的相似，它來自天主好似來自模型；但二者之間沒有相等的相似，因為這個模型與做造物之間有無限的距離。所以說，在人內有天主的肖像，但不是完美的肖像，只是不完美的肖像。聖經上說，人是「按照天主的肖像」造的，便是這個意思；因為「按照」表示接近，只用於有距離的東西。〔註37〕

人是智性且有生命的存有，這些條件則構成肖像的理或性質。雖然，肖像的理或性質，需要具有「種」或別類（species）的相似。但嚴格來說，只有智性或有靈受造物才是按照天主的肖像造的。依照多瑪斯縱使符合種或別類方面的相似，仍要看最後的差別。因為，相似天主的東西成為肖像是因有了以下三點：第一，它是存在，這是最普通的相似。第二，它有生命。第三，它

〔註33〕宣穎，《南華經解》，頁15。
〔註34〕憨山大師，《莊子內篇憨山註》，頁216。
〔註35〕《神學大全》第一冊，第三十五題，第一節，正解。
〔註36〕《聖經·創世紀1：26》
〔註37〕《神學大全》第三冊，第九十三題，第一節，正解。

有認知或領悟活動。因此，無靈類並非是天主的肖像。〔註38〕

三、每個人包括男女都有天主的肖像

　　每個人包括男女都有天主的肖像。但是，肖像程度的水平也是根據理智或有靈的天性之程度而決定。因此，每個人的肖像等級必須視其理智或有靈之天性，擬似天主認識和愛慕行動的多寡而有高低的鑑別。這種等級的鑑別，原則上可以區分為以下三種。第一種，肖像來自創造，所有的人不分男女都有這種肖像；這是來自於人心靈之天性。因此，每個人不分男女都有認識和愛天主的自然本性。第二種，肖像來自再造，義人才有這種肖像；這是得自恩寵的肖像。因此，義人有認識和愛天主的活動或習性，但不完美。第三種，肖像來自模樣，天鄉的聖人才有這種肖像；這是根據榮福之相似的肖像。因此，聖人有認識和愛天主的完美現實活動。

> 　　物无非彼，物无非是。自彼則不見，自知則知之。故曰彼出於是，是亦因彼。彼是方生之說也，雖然，方生方死，方死方生；方可方不可，方不可方可；因是因非，因非因是。是以聖人不由，而照之於天，亦因是也。是亦彼也，彼亦是也。彼亦一是非，此亦一是非。果且有彼是乎哉？果且无彼是乎哉？彼是莫得其偶，謂之道樞。樞始得其環中，以應无窮。是亦一无窮，非亦一无窮也。故曰莫若以明。以指喻指之非指，不若以非指喻指之非指也；以馬喻馬之非馬，不若以非馬喻馬之非馬也。天地一指也，萬物一馬也。（〈齊物論〉）

　　「物无非彼」至「是亦因彼」，沈一貫以眾注疏釋「是」為「此」，即是以「彼」攝「此」字；以「是」攝「非」字，據此解莊而謂莊行文奇處，「乃大拙耳，莊子之奇不在一字之間」。沈氏言物本於大同，人皆「著物而論不能見物而有同異」，知者「超物而論何有同異乃真知」，彼此互出，「豈非代謝而不可分」。〔註39〕

　　眾人理性或有靈的天性雖起源於天道，但以有限之自然本性，雖有認識真理和愛真理之自然本性，卻限於認識淺薄，且為表面之善所蒙蔽而不自知。故堅持己是彼非之見，而使得言論與大道脫離本源關係。

〔註38〕《神學大全》第三冊，第九十三題，第二節，正解。
〔註39〕沈一貫，《莊子通》，頁58。

「彼是方生之說也」至「亦因是也」，憨山大師釋「方」為「對待」，憨山指「是非本無，因人之對待，無有了期」；「比之生死，生死循環，無有了期」；「是者為可，不是者為不可，終無兩可」；「此是因彼非，彼是因此非，皆無自知自明之過」，「聖人獨照明於大道，是為真是，不由世人之是非，此即老子人法天」。〔註40〕

眾人皆因對待而我是彼非，反復無已。可是，世間是非瞬息萬變，譬如生而死，死而生；可而不可，不可而可，往復無常，其實是非彼此相待，此是彼非，彼是此非，往來無窮。故聖人不以物觀而以道觀，即「知常曰明」（〈老子·二十二章〉）。故能虛靜觀照於常道之明，即「不自見故明」（〈老子·五十五章〉）。

「是亦彼也」至「故曰莫若以明」，沈一貫釋「是」為「此」；「蓋人各得道之一偏，故執東笑西，執西笑東，吾無彼無此，不執偶對，第從道樞，得其虛中，環轉以應無窮。是非皆一無窮，故莫若以明」。〔註41〕

彼一是非，此一是非，各執道之一偏而對待無已。彼與此相同，無有對待而不耦。而且，果有或無彼此乎哉？是與非皆一無窮系列，惟依循大道樞紐，始得環中以應無窮。聖人絕待，不由是非，因循天道光芒之照耀，以獲因是之真知。

憨山大師言此乃老子「天法道」之義；「聖人照破，合於大道，則了無是非。欲人悟明即為真是，則物論不待齊而自齊」。〔註42〕物論之不齊，因眾人各憑己見，以此非彼，相是相非，此非真知，則「言非吹也」。

「以指喻指之非指」至「萬物一馬也」，徐常吉云：「公孫龍有白馬指物二篇，莊子蓋據此立論」。〔註43〕

沈一貫與憨山皆釋為，人皆以己指、己馬為指、馬；以彼指、彼馬為非指、非馬；莫若反而比之，彼指為指，己指為非指，彼馬為馬，己馬為非馬。〔註44〕

憨山與呂惠卿皆釋為「以道觀之」，「天地與我並生，萬物與我為一」，則己指、彼指不出於同體；己馬、彼馬不離於同類，故「天地一指」；「萬物一馬」。〔註45〕

〔註40〕憨山大師，《莊子內篇憨山註》，頁218。
〔註41〕沈一貫，《莊子通》，頁59。
〔註42〕憨山大師，《莊子內篇憨山註》，頁222。
〔註43〕馬其昶，《莊子故言》，頁13。
〔註44〕沈一貫，《莊子通》，頁61。
〔註45〕呂惠卿，《莊子義》，頁28。

　　人皆謂己，言之有物，且善言以服人，遂爭辯不已。故物論之不齊，乃由人之理智為有限且不能自知之故。人不自見則不明，不明則知非真知。眾人皆憑己知，言之滔滔，不絕於耳，隨之而起即是永無止盡的執迷不悟和是非妄見。因此，人處於流變不已的世間，天機愈見淺薄，僅存浮誇之知見。故虛靜工夫之修養，對人而言，即是最切身的倫理實踐，即「俗人昭昭，我獨昏昏」（《老子‧二十章》）之謂。天道之聞見唯在虛靜工夫之修養及實踐，此即「唯道集虛」（《人間世》）之義。「集虛」，即是「虛而待物者也」（同上）之工夫實踐，不斷地自我修養虛靜工夫，累積起來才能見聞大道，故能達到「萬物芸芸，吾以觀復」（《老子‧十六章》）之工夫境界。真知所見，才是真是。

　　　　可乎可，不可乎不可。道行之而成，物謂之而然。惡乎然？然於然。惡乎不然？不然於不然。物固有所然，物固有所可。无物不然，无物不可。故為是舉莛與楹，厲與西施，恢恑憰怪，道通為一。其分也，成也；其成也，毀也。凡物无成與毀，復通為一。唯達者知通為一，為是不用而寓諸庸。庸也者，用也；用也者，通也；通也者，得也；適得而幾矣。因是已。已而不知其然，謂之道。勞神明為一而不知其同也，謂之朝三。何謂朝三？狙公賦芧，曰：「朝三而暮四，」眾狙皆怒。曰：「然則朝四而暮三，」眾狙皆悅。名實未虧而喜怒為用，亦因是也。是以聖人和之以是非而休乎天鈞，是之謂兩行。（〈齊物論〉）

　　「可乎可」至「无物不可」，陳懿典云：「故人曰可，吾因而可之。人曰不可，吾因而不可之。道無精粗，行之即成。物無彼此，說底便是。我何所然乎！因其然者而然之。我何所不然乎！因其不然者而不然之。物固自有然者，物固自有可者。不持一物，物物如是也」。〔註46〕

　　物無非「是」與「然」而「可」，物無非「非」與「不然」而「不可」。「是」與「非」、「然」與「不然」、「可與不可」，卻流變不常，反復往來。故執道樞於環中以應無窮之變，因是而泯除是非之爭。

　　「故為是舉莛與楹」至「謂之道」，成玄英以「為是義故」，而舉「莛，屋梁；楹，舍柱；厲，病醜人；西施，吳王美姬；恢者，寬大之名；恑者，奇變之稱；憰者，矯詐之心；怪者，妖異之物等」八事以破除是非之執迷不悟。因人「縱橫美惡，物見所以萬殊；恢憰奇異，世情用為顛倒，故有是非之迷執」。

────────────

〔註46〕陳懿典，《南華經精解》，頁67。

而達道之人與聖人，則以「玄道觀之，本來無二，故道通為一」（〈齊物論〉）。

成氏以眾人無真知，故「物或此散彼成，聚散無恆」、「或此成彼毀，涉物用兩端，譬如伐木為舍」等，而「成毀不定，是非無主」（〈齊物論〉）。

成氏以「達道之人」寓諸愚庸，故「寄用羣材，能去彼二偏」、「因是非而無是非，循彼我而無彼我」，「故道通而一，則不生偏滯」（〈齊物論〉）。

成氏以「聖人和之以是非」，而「推功於物，靈通不滯，故能冥道」、則「內不資於我，外不資於物，故能絕待而得」，故能「因循萬物，影響蒼生，不知所以然，不知所以應，無情於臧否，不繫於利害，可謂之道」（〈齊物論〉）。

萬物如環無端，而無窮無盡。道樞得其環中，通而為一，以應萬物之流轉變動。雖有縱橫美惡尋常詭怪各種差別，以道觀之，皆可通而為一。物之成毀乃氣之散聚，其分合成毀，以道觀之，無分合成毀，惟有「復通為一」。只有「達者」，即往道之途的知者，知「道通為一」之理，故捨棄眾人皆為持守「我是彼非」之執著，不用表達己見這種堅持執見的態度，而把隨附眾人之意見寄寓愚庸之中。眾人對於愚庸隨附及順任他人意見之行徑，皆認為是卑賤的人格和作為。但是，誰知這種愚庸姿態常常可用，卻絕對不會被人反對。因為，人善好高貴而厭惡低賤。然而，卑下低賤始終而一，必有大用，則愚庸故有用。以愚庸為常，就是以常為「用」，而常「用」皆「通」，「用」至於「通」乃是「得」，「得」與「德」義同，「適」與「至」義同，至於「得」就接近「道」了。只是異於眾人為是而彼非，僅僅因真是而無是非之爭而已。往道之途，寓諸愚庸而貫徹始終，自然水到渠成，「無心插柳柳成蔭」，而不知其然。沒有一廂情願地寓諸愚庸，「達者」怎能接近「道」。因為，「道」是「夷、希、微」（〈老子‧十四章〉），而「不可致詰」（同上）。「道」不是感官經驗層次的東西，故謂之「道」。憨山言「適得而幾」，即是老子「道法自然」之義。〔註47〕

「勞神明為一而不知其同也」至「是之謂兩行」，羅勉道言「勞苦心神一偏之見者，即是不知通之為一者」；「如眾狙喜怒，狙公順其所欲，名實無虧，亦因是之道」；「以聖人因其是而是，因其非而非，調和使之不爭而息乎天理之均平，此謂是非兩行不相悖」。〔註48〕

「物論者」，勞神思慮以為一，乃不知其本。「同」，是「通而為一」，故以

<hr>

〔註47〕憨山大師，《莊子內篇憨山註》，頁226。
〔註48〕羅勉道，《南華真經循本》，頁31。

「朝三」典故比喻。狙公賦芋給予狙，說：「朝三暮四」，眾狙皆惱怒。換說：「朝四暮三」，眾狙皆歡喜。名實未見盈虧，卻轉惱怒為歡喜，亦因狙「是而是之」。聖人「和同」是非，猶「天之陶鈞」，則是非休止矣。藏雲山房主人釋「天鈞」為「天之陶鈞」。〔註49〕

聖人「因是」而「泯是非」，眾人「為是」而「生是非」。各行其「是」，則「是」之謂「兩行」。

筆者觀點，具備理性或有靈的天性，雖有認識真理和愛真理的自然本性，可是，這是對真理有限的認識和有限的愛而已。因為，這種認識和愛的自然本性，僅獲得自然之光照。聖人有完美的認識真理和愛真理之超性，乃得自與天道合真的「榮福」，擁有根據天道之相似的「模樣」；而愛真理的行動，則是得自天道之光照，故具有洞察真理的「真知」這種能力。因此，眾人侷限自然本性乃有限的理性，雖也普遍共同擁有認識真理和愛真理之行動或習性這種能力，可是，認識的範圍僅僅拘限於這種隱藏在經驗世界底下，已為流轉不已之現象所承攬之真理。所以，人人憑己所見之「是」，只能為有限理性所認識到的「是」這種真理，畢竟不是「真是」，僅是一種假象而已。人人卻為這種「是」，爭論不止。「勞神明為一」這種愛真理的習性或行動，也不是「道通為一」的「真一」，這是天道創造行動中，以「肖像」造人的效果。「達者」，欲到達與道合真目的途中之「義人」則不同，由於天道已提供超性基本機能與配備之「恩寵」，而有認識與愛真理的行動或習性，但只獲得初步的天道光照，使得這種活動或習性並不完美，這是獲得「恩寵」所重新再造的「肖像」。「彼且擇日而登假」（〈德充符〉）之「聖人」，則是根據天道之相似「模樣」而來之「肖像」，故有完美認識與愛天道的現實活動。

《聖經》記載：「神就照著他的形像創造人，照著神的形像創造他們；他創造了他們，有男有女」。〔註50〕

因此，每個人不管男女都有天主的肖像。但是，依照多瑪斯肖像的程度，也根據智性或有靈的天性而判定。所以，人之肖像程度，則是視其智性或有靈之天性，擬似天主理解並愛慕自己的地方多寡而定論。因此，可以從三方面看人內的天主肖像程度。多瑪斯說：

第一，人有認識和愛天主的自然才能，而這種才能在於人心靈

〔註49〕藏雲山房主人，《南華大義解懸參註》，頁116。
〔註50〕《聖經・創世紀1：27》

之天性，是眾人所共有的。第二，人有認識和愛天主的活動或習性，但不是完美的；這是由恩寵促成的肖像。第三，人有認識和愛天主的完美現實活動；這是根據榮福之相似來看肖像。為此針對《聖詠》第四篇 7 節那句：「上主，你光輝的儀容已印在我們身上」，「註解」（拉丁通行本註解）將肖像分為三種，即創造之肖像，再造之肖像，及相似（或模樣）之肖像。每人都有第一種肖像；只有義人有第二種肖像；天上的聖人們才有第三種肖像。〔註51〕

多瑪斯分肖像為三種：「創造之肖像」，人人都有且不分男女。「再造之肖像」，義人才有。「模樣之肖像」，天鄉之聖人才有。

雖然，多瑪斯肖像的說法，就某種肖像的次要因素來看，男人有肖像，女人沒有肖像，因為，女人是男人的根本和目的。然而，聖經所記載的文字，確實是男女都有天主的肖像。而且，從肖像的理或性質的條件來論斷，男女的肖像條件並無不同。因此，無法排除女人有天主之肖像的權利。〔註52〕

第三節　人是靈魂與身體的結合

靈魂是肉體的形式原理，這是亞里斯多德的理論創見。可是形式和質料不可分離的理論，對於〈福音〉所宣講的或天主教教義所教導的而言，卻已形成理論的內在困難。因為，人是靈魂形式與肉體質料的結合，人一旦死亡，則靈魂離開肉體，位格也被取消。

如果如亞氏理論所言，形式與質料無法分離，人的死亡，使靈魂回到天國，再與精神性的肉體合而為一而獲得永世幸福這種神學理論，便無法成立。所以，多瑪斯一方面，僅僅接受人的靈魂是肉體的形式原理這部分的理論。另一方面，靈魂不繫屬於肉體，靈魂離開肉體，人與肉體便都死亡，位格也取消，但是靈魂仍是不朽的。雖然，靈魂不朽原理來自亞里斯多德的心理學理論，但多瑪斯的原創性原理，則是把亞里斯多德的哲學與天主教會的神學兩者與予協調與聯繫，使哲學理論與神學啟示不會產生衝突與矛盾。

《莊子》以萬物之生死乃「一氣」（〈知北遊〉）之流行，「天地與我並生，萬物與我為一」（〈齊物論〉），故「天地一指也，萬物一馬也」（〈齊物論〉），即

〔註51〕《神學大全》第三冊，第九十三題，第四節，正解。
〔註52〕《神學大全》第三冊，第九十三題，第四節，釋疑1.。

天地與我同體，萬物與我同類之義。

　　天道自永恆自由地創造，意欲無限美善分施萬物。人亦萬物之一而具備理性位格，乃天道按照無限美善之肖像所完成之造人行動。因此，人熱愛天道，是由於天道自身是至高之善的緣故。人對理性或有靈天性之物，可以建立友誼關係而產生友愛之情；對於無靈之萬物，因為和它們不可能產生任何友愛之情，所以要愛它們，乃是依循天道愛萬物的方式，為光榮天道和人們有所用途所使然。〔註53〕

　　　　　夫昭昭生於冥冥，有倫生於无形，精神生於道，形本生於精，
　　而萬物以形相生，故九竅者胎生，八竅者卵生。（〈知北遊〉）

　　《經典釋文》：「『无形』謂太初也。『形本生於精』謂常道也」（〈知北遊〉）。此即「泰初有无无」（〈天地〉）、「形體保神」（同上）之義。

　　「昭昭有倫」之天下萬物，皆「生於有，有生於無」，此即「天下萬物生於有，有生於無」（〈老子・四十章〉）之義。「無」即「有无名」（〈天地〉）之「无」，亦即「道」。「道之為物，惟恍惟惚。惚兮恍兮，其中有象；恍兮惚兮，其中有物」（〈老子・二十一章〉），「神、氣、精」，與「夷、希、微」三者義同，「此三者不可致詰，故混而為一」（〈老子・十四章〉），「一」即道，故氣、精、神皆生於道。

　　成玄英釋「倫」為「理」；「昭明」生於「窅冥」；「人倫有為」生於「無形之內」；「精智神識之心」生於「重玄之道」；「有形質，氣之類」生於「精微」；「有形之物」生於「無形之道」，故「形質氣類相生」，「人獸胎生，禽魚卵生」，「稟之自然不可相易」（〈知北遊〉）。

　　筆者觀點，此處雖沒有提到人是靈魂與肉體組成的複合體，但道的「氣、精、神」，已達到蘊涵人類之位格、靈魂之理性部分和非理性部分、肉體三方面總合整體之幅度。因此，從《莊子》論人的深度而言，人是靈魂與身體的結合，提出這種見解在理論上應該沒有疑義。

　　靈魂與肉體關係的論述，從早期希臘的哲學思想至文藝復興以後的哲學思想裡，始終都存在著極端的二元論與直言無隱的一元論爭辯。〔註54〕不過，

―――――――――――

〔註53〕《神學大全》第八冊，第二十五題，第三節，正解。
〔註54〕柏拉圖的極端二元論是公認的史實，柏拉圖的對話錄說過：「我們發現靈魂是運動的源泉，是一切事物中最先出現的，我們的證明是絕對完善的」（〈法篇・第十卷（896B）〉）。只有零星片段留存下來的早期的亞里斯多德作品裡，仍深受柏拉圖二元論的思想影響，亦曾發表過比柏拉圖所主張的更為深刻

由歷史發展可以證明，亞里斯多德的思想已經走回介於極端的二元論與一元論之間的中間立場，稱靈魂為肉體的「形式原理」（entelecheia）。然而，亞里斯多德的形式與質料二者的不可分離，已經對人這種由靈魂與肉體組合而成的實體，產生了理論內部的困難，亦即永世幸福如何實現的理論矛盾。面對這種內在困難，基督教義和〈福音〉所宣講的啟示真理內容是無法應付異端所提出各種強烈的質疑。直到多瑪斯完成原創性系統理論，這種難題才真正得到圓滿的解決。潘小慧說：

> 在多瑪斯之前，中世紀天主教哲學界對西方哲學史上人之哲學詮釋一直相當遲疑。希臘哲學傳統所提供的兩種選擇——柏拉圖（Plato, 427～347 B.C.）及亞里斯多德，均被天主教思想家嘗試引用過，然對於〈福音〉所宣講的或天主教教義而言，總在理論上稍嫌欠缺、不夠圓滿。直到多瑪斯，中古哲學史才在這個問題上超越了柏拉圖和亞里斯多德，展現出系統的原創性來。〔註55〕

人的靈魂在多瑪斯理論裡與亞里斯多德的《論靈魂》之間是有明顯不同的。多瑪斯一方面使用亞里斯多德的形式原理。在另一方面，多瑪斯又主張，靈魂的存在不繫屬於肉體；即肉體死亡，靈魂仍然能存在。雖然，這種原理的應用即是把亞里斯多德的心理學，與天主教會的神學立場，兩者協調而聯繫起來。但是，多瑪斯在發展亞里斯多德學說的同時，還是必須解釋得非常

的二元論。而像柏羅丁這位新柏拉圖主義者，也完全強調人的靈魂，是預先存在（reincarnation）而後才與肉體結合的，東方哲學和宗教當然也表示與這種二元論相同的觀念。同樣在基督教會早期的思想家，像深受新柏拉圖主義影響的奧利振（Origen，182～254 年）仍持二元論的想法，他與柏拉圖的想法一樣，認為人的靈魂是一個圓滿的實體，它與肉體是偶然的結合。奧斯定曾說過：「人是一個有理性的靈魂，使用一個能死的和現世的肉體」（《論天主教道德》*De moribus eccl.*壹，二十七，52）；又說過：「人是一個分有理性，而適於管制肉體的實體」（《論靈魂之偉大》*De quantitate animae*, 十三，21）。由這些話中可以窺見到近乎柏拉圖的觀念。在文藝復興以後的哲學思想裡，也還有笛卡爾的哲學含有二元論的觀念。但嚴格來說，基本上在基督教會的思想裡，除非像奧利振這種早期的思想家，卻是沒有出現這種先有靈魂的觀念。另一方面，在希臘的哲學裡，那些主張原子論的學者，則是企圖清除這種二元論，想把靈魂化為肉體，以及後來的伊壁鳩魯派人士（Epicureans）都曾主張靈魂就像肉體，是由原子組成的，他們稱靈魂只是比較「高級的」原子。參閱柯布登（F. C. Copleston），《多瑪斯思想簡介》，頁 157～158。

〔註55〕潘小慧，《德行與倫理——多瑪斯的德行倫理學》，頁 53。

清楚才行。

一、人是靈魂與肉體組成的實體

有形體之物並不是都有生命，有生命的形體物，必然是有「魂」（希：ψυχή，psyche；拉：anima；英文：soul）與此有形物組成實體，才能稱為有生命的形體物。「生魂」（vegetative soul）與植物有形物體組成的實體，稱為「植物」。「覺魂」（sensitive soul）與動物有形物體組成的實體，稱為「動物」。「靈魂」（rational soul）與人有形物體組成的實體，稱為「人」。因此，魂是有生命的形體物之原素或原理。在自然本性之物（res naturae）（包括有生命的形體物）當中，最特別的是人，具體之人不僅是靈魂與肉體組成的一個實體（one substance），而且，還擁有「位格」。然而，人的實體，對組合該實體的靈魂與肉體而言，都是最完圓滿的實體。雖然靈魂是第一實體可以單獨存在而且永恆不朽，但是單獨存在的靈魂實體並不是最圓滿的實體，因為，單獨存在的靈魂沒有具有完美性和優先性之位格。沒有靈魂的肉體不僅不圓滿，更只能是一團會腐朽的物體而已。

老聃曰：「……。

人生天地之間，若白駒之過郤，忽然而已。注然勃然，莫不出焉；油然漻然，莫不入焉。已化而生，又化而死，生物哀之，人類悲之。解其天弢，墮其天袠，紛乎宛乎，魂魄將往，乃身從之，乃大歸乎！不形之形，形之不形，是人之所同知也，非將至之所務也，此眾人之所同論也。彼至則不論，論則不至，明見无值，辯不若默。道不可聞，聞不若塞。此之謂大得。」（〈知北遊〉）

褚伯秀云：「夫物之出機入機，亦其常理，而世人不免乎悲哀，未離乎自然之弢袠也。若以理燭破，則弢袠自解。魄往身從，乃大歸耳，何足哀耶！不形之形，出而生也；形之不形，入而死也。是人之所知，非將至而難明之事，眾所同論也。然理至則忘言，可言則未至，故辯不若默，聞不若塞。若塞若默，此謂大得，則辯之與聞，失可知矣」。〔註56〕

「注然勃然，莫不出焉；油然漻然，莫不入焉」，與「出生入死」（〈老子・五十章〉）兩者義同。成玄英疏：「注勃是生出之容，油漻是入死之狀」（〈知北遊〉）。

〔註56〕褚伯秀，《南華真經義海纂微》，頁910。

「已化而生，又化而死」，與「萬物皆出於機，皆入於機」（〈至樂〉）兩者義同。出於機，則物化而生；入於機，則歸返道沖而死。

「生物哀之，人類悲之」，雖僅言人生於天地之間，但主要內容關聯到「氣」和「物化」（〈齊物論〉）之主題，是概括所有萬物在內的。因此，無靈之生物，即死去的人與物是不會悲哀的，但是，迎送的人與物，有靈的悲傷，無靈的哀嚎。

「解其天弢，墮其天袠，紛乎宛乎，魂魄將往，乃身從之，乃大歸乎」，多數注疏家皆言「弢袠」為人之累，「解墮」則使人不受累拖。其實莊子並不強調肉體的累贅，人悅生惡死，多少也反應人的「魂魄」與肉體結合是最圓滿的合而為一。因為，這是天道創造行動分施美善給予萬物，此即「天地有大美而不言」（〈知北遊〉）之效果。

「不形之形，形之不形」，諸注疏家皆以生與死為解，這樣解釋無誤，可是不夠深入。

「是人之所同知也，非將至之所務也，此眾人之所同論也。彼至則不論，論則不至，明見无值，辯不若默。道不可聞，聞不若塞。此之謂大得」，此處「至」，眾注疏家皆解為「至人」，只有褚伯秀以「理至」為釋，忘言則理至，有言則理未至。

筆者觀點，靈魂是實體，人則是靈魂與肉體的結合，共同組成一個實體，同時是具備位格的條件，並不是成為靈魂與人兩個實體。靈魂與肉體分離，靈魂雖不朽也仍是實體而位格則是被「保存」，靈魂不繫屬肉體，位格也不繫屬靈魂，肉體沒有靈魂則成為會腐朽的物質。「不形之形」之「不形」指靈魂，「不形之形」之「形」指肉體。「不形」的「形」在何處？即在「不形」的實體上，這時即靈魂與肉體組成一個有位格的實體，故諸家以「生」解釋。「形之不形」之「形」指肉體，「形之不形」之「不形」指靈魂。「形」的「不形」在何處？已不在「不形」的實體上，這時即靈魂與肉體分離，靈魂離開的肉體會腐朽，靈魂雖不朽，但位格被「保存」，故諸家以「死」解釋。因此，「不形之形，形之不形」，已表達人是靈魂與肉體組合而成的實體。

莊子魂魄與有形物體組合而成一實體的概念，與莊子「物化」概念，皆是莊子生死理論的範疇，必須合觀，此即「不以生生死，不以死死生。死生有待邪？皆有所一體」（〈知北遊〉）之義。

筆者觀點，「物化」之義，即是萬物安於天道造化安排，這是萬物自然之

趨向，以實現天道分施美善之初衷。天道美善是純粹現實，毋庸再領受萬物任何美善之回饋。萬物美善之現實，受到天道理念之推動，萬物自然具有傾向於純現實之天道美善之嗜慾與動能。這個理念之推動最具關鍵的部分，即是擁有自由抉擇能力的人類。因此，人的嗜慾能力，不僅異於無靈的自然之物，只是自然嗜慾能力，而且，人是有靈的自然之物，具有理性之嗜慾能力。死生之大事，人皆昧於「善生惡死」之不知，而不能明「善生善死」之至理，此即「特犯人之形而猶喜之」（〈大宗師〉）之義，眾人就是沉溺於可以成為能夠享受肉體物之「人」而「悅生惡死」。可是，這種成為「人」的喜悅，到底能維持多久呢？其實，「萬化未始有極也」（〈大宗師〉），人「入夢」而成為「人」，「覺醒」而返回這個萬物始元一氣道沖之老家。眾人怎知所謂的「悅生」不是迷惑！又怎知所謂的「惡死」不是少小離家而老大不知歸鄉！

因此，「物化」乃繫屬天道之理念，人隨一氣流行，任道沖之化，「且汝夢為鳥而厲乎天，夢為魚而沒於淵」（〈大宗師〉），人為追求最高永恆幸福，與道合真，則「安排而去化，乃入於寥天一」（同上）。至人「死生无變於己」（〈齊物論〉），則是由「物化」開始，聖人「參萬歲而一成純」（〈齊物論〉）也是由「物化」開始，故「萬物皆然，而以是相蘊」（同上）。

所以，「物化」即是莊子生死理論的核心概念。萬物以「魂魄」（〈知北遊〉）之「種」，寄於「天下一氣」，而產生別類種差之變化。植物僅有生魂，動物包含生魂和覺魂，但生魂和覺魂都是物質性的東西，離開形體則不能獨自進行光合作用和產生行動能力而無法再生存。故無靈的植物和動物，從出生到死亡，就是全部個體生命自然演化之完成。對於無靈生命而言，物種繁衍屬於自然嗜慾方面的能力，它們自然傾向於生命的保存與世代的繁殖，與「物化」不相干。

形式與質料是組成一個物質的東西或實體。這與《莊子》的「機」與「種」概念十分相同。

> 種有幾？得水則為䗇，得水土之際則為䵷蠙之衣，生於陵屯則為陵舄，陵舄得鬱棲則為烏足，烏足之根為蠐螬，其葉為胡蝶。胡蝶胥也化而為蟲，生於竈下，其狀若脫，其名為鴝掇。鴝掇千日為鳥，其名曰乾餘骨。乾餘骨之沫為斯彌，斯彌為食醯。頤輅生乎食醯，黃軦生乎九猷，瞀芮生乎腐蠸。羊奚比乎不箰，久竹生青寧；青寧生程，程生馬，馬生人，人又反入於機。萬物皆出於機，皆入於機。（〈至樂〉）

　　「種」與「實體形式」（substantial form）是實體所定形（inform）或所限定的原因，是使物質的東西不成為他物的要素。「機」與「原初質料」（materia prima）是可以成為個體化的潛能要素，「入於機」即是「原初質料」；「出於機」即是從「可以成為個體化的潛能」到「成為個體化的現實」的過程。

　　每一個物質的東西或實體，都有兩種組成要素（constitutive principles）〔註57〕。第一種是「實體形式」（substantial form）〔註58〕，是實體所定形（inform）或所限定的原因，是使物質的東西不成為他物的要素，第二種是「原初質料」（materia prima）〔註59〕，是可以成為個體化的潛能要素，成為現實的質料，則是「第二質料」（secondary matter），是已經成形的物質。按照多瑪斯：「在物質與性理合構而成的實體內，物質或性理，單獨的說，不能說是生存的主體，也不能說是實體的生存，而兩者同是實體生存必備的因素。性理是生存的憑藉。（物質是性理的寄託或是性理的來源，又是實體所由生的原料）。生存的主體卻是那個實體全整的自身。那裡，生存的現實，乃是那個實體，為能叫作『實有物』，必須具備的憑藉。物因有生存而是實有物」。〔註60〕此處「物質與性理合構而成的性體」即是「原初質料」；「生存的主體」即是「實體形式」，兩種要素組成每一個物質的東西或實體。

　　「物化」是人死生變化流轉的法則，人包含生魂、覺魂、靈魂和位格，

〔註57〕「要素」（principles）並不是「元素」（element），按照多瑪斯它們是構成物質東西的首要成分。這個名詞的用法顯然與邏輯「原理」的意思是不同的；它也不是指可以觀察的化學元素。原初質料（materia prima）和實體形式（substantial form），是「實有的要素」（principia entis），不是物質的東西。參閱柯布登（F. C. Copleston），《多瑪斯思想簡介》，頁81，注釋5。

〔註58〕柯布登說：「是一個限定性的要素，是它使橡樹成為橡樹。當然，不可把這種形式，與樹的外面的形狀相混；它是一種內在的動的組成要素，使橡樹成為橡樹，好像給它蓋上了一個印，使它成為這一類的有機體，並限定它以某種特定的方式去從事整體的行動。」參閱柯布登（F. C. Copleston），《多瑪斯思想簡介》，頁81。

〔註59〕柯布登說：「可是多瑪斯認，我們最後一定會得到一個純然尚未確定，具有潛能性的因素的概念；這個因素沒有什麼它自己的形式，也沒有什麼確定特點。多瑪斯把它叫做『原始或第一質料』（materia prima）。能見的質料，亦即所謂（secondary matter）。是已經成形的物質，具有一定的特點。不過，如果我們在思想上除去所有的形式和固定特點，我們就會設想出一個純然未定的組成要素；這要素，可以先後與無定數的種種形式結合而存在。」參閱柯布登（F. C. Copleston），《多瑪斯思想簡介》，頁82。

〔註60〕聖多瑪斯·阿奎那（St. Thomas Aquinas），《論萬物》，呂穆迪譯述，高凌霞審校，臺北：臺灣商務印書館，2010，頁226。

能在植物、動物和人三個物種別類方面產生變化，而未參與變化之覺魂、靈魂和位格可受到道沖一氣之保存。別類種差的分別，在於「種有幾」（〈至樂〉）之「種」，即西洋哲學由「元初形式」所決定；個體化差異，在於「萬物皆出於機，皆入於機」（〈至樂〉）之「機」，即西洋哲學由「元初質料」所決定，因此，「氣機」即指個體化之「魂魄」。

「魂」是生命的原素或原理。〔註61〕依照多瑪斯靈魂沒有質料而為肉體的形式，所以，靈魂是使那一個人的肉體成為那一個人的那樣東西，亦即靈魂與肉體一起成為一個實體（one substance），人不是由兩個實體組合而成的。人只有一個實體，靈魂與肉體無法分開，因為，靈魂與肉體成為一個人，才是圓滿的實體，只有靈魂或肉體則兩者都是不圓滿的實體（incomplete substance）。肉體沒有靈魂，它只是一堆會腐爛的物體，並非是真正的實體；靈魂沒有肉體，雖然它在人死後依然能生存，但它不是「一個人」（有位格的人 one humam person）。指一個有位格的人，是指具備靈魂與肉體的圓滿實體而言的。〔註62〕多瑪斯說：

> 身體生活首先所憑藉者，顯然是魂。既然在不同等級的生活中，生命有不同的行動表現，我們藉以行生命之各種行動的，首先是魂：我們是首先憑藉魂生存、感覺和在空間行動；同樣，也是首先憑藉魂理解。我們藉以理解的這第一個根本，稱之為智性或理智也好，稱之為智魂或靈魂也好，乃是身體的形式。這是亞里斯多德在《靈魂論》卷二第二章所提出的證明。〔註63〕

〔註61〕潘小慧說：「為何生物有生命理象？因為生物體內有著決定生命的原素或原理（vital principle），稱為『魂』（希：φύχή，psyche；拉：anima；英文：soul）。多瑪斯認為『魂』分三種，即『生魂』（vegetative soul）、『覺魂』（sensitive soul）及『靈魂』（rational soul）。魂的表現是生命，按不同的魂所表現而出的『生命模式』（modes of living）有四種，即：植物性（vegetative）生命、感覺性（sensitive）生命、移動性（locomotive）生命及理智性（intellectual）生命。魂所表現的生命力量（the power of the soul）有五種，即：生長（vegetative）、感覺（sensitive）、欲求（appetitive）、移動（locomotive）及理性（intellectual）。就以上生命的等級而言，一級比一級高，生物最基本的生命是植物性生命（如植物），具有生魂的生命原素或原理；再上一級是感覺性生命（如動物），具有覺魂的生命原素；最高級者為理性生命（例如人），具有靈魂的生命原素。」參閱潘小慧，《德行與倫理——多瑪斯的德行倫理學》，頁51。

〔註62〕柯布登（F. C. Copleston），《多瑪斯思想簡介》，頁162。

〔註63〕《神學大全》第三冊，第七十六題，第一節，正解。

人的肉體是質料，在同種當中，它是個體化的根由。靈魂在與肉體結合之前並非就已存在，靈魂按照自然本性，沒有與肉體合成一實體，乃是一不圓滿之實體，但靈魂並不繫屬於肉體，肉體沒有與靈魂合成一實體，則肉體既不圓滿且會腐朽損壞。然而，靈魂的自然本性，必須與肉體合一，才能獲得感官經驗的知識；理智本來就如一塊蠟板什麼也沒有，必先藉由感官經驗的知識，才能獲得普遍抽象的知識。因此，每個人對於自己又是理解又是感覺，則不憑藉靈魂的理智，即無法理解；不憑藉身體感覺經驗，即無法感覺。所以，智性的靈魂與感性的身體是同屬一個實體的人所擁有。〔註64〕

二、靈魂是非物質性或精神性的實體

人的靈魂不繫屬於肉體，這與無靈的動物和植物相異。生魂和覺魂是物質性的東西，它繫屬於植物和動物的形體，離開形體的生魂和覺魂不能自己生長和動作而無法單獨存在。因此，人的靈魂是非物質性或精神性的實體，離開肉體的靈魂，仍然可以單獨存在而不死。

人具有理智能力，這種能力是由理性靈魂和肉體共同組成複合實體始能圓滿具備。靈魂和肉體則有兩重關係，他們的外在關係亦即靈魂和肉體感官經驗之間的合作關係，靈魂藉由肉體的感官經驗而獲得自然知識，這樣的外在關係，靈魂是繫屬於肉體。他們的內在關係即靈魂能夠離開肉體而永存不朽；而且，可以不必依賴肉體靈魂自己就能進行心智活動，所以，就內在這層關係而論，靈魂不繫屬於肉體。雖然，靈魂有自己永恆存在的能力，可是靈魂自己存在，並不是靈魂最圓滿的存在狀態；由靈魂與肉體組合而成的複合實體，具有認識自然知識的能力；並且能使理性位格之人完成獲得永恆幸福的最高目的，這種複合實體狀態的結合，才是靈魂最圓滿的存在。

> 道通，其分也，其成也毀也。所惡乎分者，其分也以備；所以
> 惡乎備者，其有以備。故出而不反，見其鬼；出而得，是謂得死。
> 滅而有實，鬼之一也。以有形者象无形者而定矣。（〈庚桑楚〉）

筆者觀點，天道自永恆中自由地創造，這個世界的誕生，則是天道創造活動的外在效果，但這個世界並不是經常存在。對於這個世界的全體受造物來說，世界經常存在的保證，就在於與天道的關係，必須是一種「存在繫屬」（existential dependence）關係。「分」，其大者是天道對於這個世界之保存與

〔註64〕《神學大全》第三冊，第七十六題，第一節，正解。

維續；其小者是天道對於人死生流轉變化之「復通為一」（〈齊物論〉）與「適得而幾」（同上）。但是，這也是「達者」與道合真享有永恆幸福所必需努力實踐的工夫修養。人的死生流轉變化，即是「成然寐，蘧然覺」（〈大宗師〉），謂之「物化」的一體分賦。「達者」知「復通為一」，即有所「得」。不用眾人「為是」的「悅生惡死」而「寓諸庸」，以「善生善死」，「稠適」天道安排去化，而「復通為一」，此即「一化之所待」（〈大宗師〉）之義。

「故出而不反，見其鬼」，人靈魂「出」而離開死亡肉體，卻「惡死」不歸返「一氣道沖」，而化於道，遂變成「孤魂野鬼」幽遊在外。

「出而得，是謂得死」，人不用「悅生惡死」之「為是」而用「通」，靈魂離開肉體，返回道沖之鄉，即是安心地「得死」，此即「以待其所不知之化」（〈大宗師〉）之義。

「滅而有實，鬼之一也」，形體滅亡，靈魂離開肉體而不成為孤魂野鬼，便是「鬼得一以靈」之謂。

「以有形者象无形者而定矣」，萬物「有形」，天道「无形」，有形萬物享見天道而獲得永恆幸福，完全是由天道決定。有形萬物必然具備肖似天道美善之本性和超性德行，始有資格取得天道賜恩超性之「恩寵」，也才能精神與天道結合為一。所以，只有人的靈魂是精神性而非物質性的實體。

無靈的植物或動物，它們的魂必然繫屬於它們的形體。因為，植物沒有形體，即無法進行光合作用而生長。動物沒有形體，即無法進行視聽而動作。因此，生魂和覺魂它們是物質的東西，它們不能脫離形體而存在。但是，人的理智可以設想和認識不是物質的東西，它有超越物質的能力。所以，人的靈魂是非物質性的或精神性的實體。多瑪斯說：

　　　　凡是有智力的實體，無一是形體。〔註65〕

這裏的「智力的實體」，即指靈魂而言。人有理智，因為人有理性靈魂，並且，靈魂與身體結合而成為一個實體。但是，靈魂不是肉體的一部分，而靈魂也沒有形體。理性行動，即表示理性靈魂或生命原理的本身，而理性靈魂的本質，可由理性行動顯示出來。

依照多瑪斯靈魂不繫屬於肉體，並不是說靈魂離開了肉體將會更好。靈魂是肉體的形式，它的自然本性是更適合與肉體合成一個實體，這樣才能與

〔註65〕聖多瑪斯·阿奎納（St.Thomas Aquinas），《論萬物》呂穆迪譯述，高凌霞審
　　　校，頁205。

肉體的感官合作，獲得自然知識。

因此，多瑪斯把靈魂「外在繫屬」（extrinsic dependence）與「內在繫屬」（intrinsic dependence）區分開來。即是說靈魂必須依賴肉體感官經驗獲得自然知識，因而它們是外在關係而繫屬於肉體。但是，靈魂進行最高級的活動，是不用依賴肉體即可獨自完成理智的行動，因而它們是內在關係而不繫屬於肉體。由於，靈魂離開肉體仍然永久存活，它仍然可以獨自進行心智活動而不需要肉體配合，但這不表示它在這種情況之下是更好的，它自然本性就是肉體的形式，與肉體結合為一是靈魂的目的。

然而，依照多瑪斯神學的說法，靈魂與肉體合一，是一種實現的活動，在獲得恩寵的狀態肉體自然死去的人，已經完成了拯救靈魂的工作。雖然，這樣的結果，比起與肉體合一時經常需要遇到倫理方面的危險，總會更好不會更壞。可是，靈魂的本性在於它的目的就是與肉體合一為最好的結果，它是肉體的形式，沒有與肉體結合就是違反它的本性。因此，這樣就進入多瑪斯神學領域的論述。多瑪斯說：

> 一證：卷二，（章七十九），證明瞭：人的靈魂長生不死，所以，肉身死後，靈魂脫離肉身，長存不歿。卷二，（章八十三），又討論證明瞭：靈魂和肉身，有本性自然的結合：因為靈魂天生的本質，是作肉體的性理：（就是以性理結合物質的方式，結合肉身，作肉身生存行動的內在因素）。所以，靈魂孤存而無肉身，是違反靈魂本性的。
>
> 然而違性者，必不久。（參考大哲《天體論：宇宙學》，卷一，章二，事反物性之自然，都是暫有而稀有，不是多見而常有）。足見：靈魂孤存，必不永久沒有肉身。靈魂既長存不歿，必須重新恢復和肉身的結合，這就是（肉身死後）復活（的本義）。
>
> 由此可見：眾人靈魂的長生不死，需要肉身將來復活。〔註66〕

多瑪斯認為「肉身復活」，單純以這樣論證，而沒有與基督的復活以及啟示參看，確實是無法達到「證明」肉身復活的水準。然而，這個主題不是單純的哲學問題。因為，對於靈魂不死，與亞里斯多德的靈魂不能與肉體分離而單獨存在的說法大相逕庭。而且，亞里斯多德雖然承認有一個不會死的理

〔註66〕聖多瑪斯·阿奎納（St.Thomas Aquinas），《論奧理》呂穆迪譯述，高凌霞審校，頁383。

智，但這個心智是永遠的，不管在靈魂與肉體結合以前、現在或以後，它都是存在的。至於多瑪斯的靈魂則是按照自然程序，當肉體成為一個人的肉體時，靈魂即由天主創造而成為肉體的形式，並在人死後仍能繼續存活。柯布登對於這樣解讀亞里斯多德和多瑪斯的靈魂說法並不是為人們所公認的解釋，但他對於這樣的解釋則是抱持正確而自信的態度。但柯布登也提到奧坎的意見：「人之認識以上這兩端真理，都是由於天主的啟示，而不是根據哲學的推理」。〔註67〕

三、靈魂是不朽性的實體

　　莊子道論的最高目的，就是人最後皆能「見獨」（〈大宗師〉）而獲得永恆幸福；這種思想與亞里斯多德今世不圓滿幸福的思想不同，卻與多瑪斯來生享見天主的圓滿幸福思想一致。莊子與道合真而得永福的論調和多瑪斯享見天主而得至福的理論一樣，基本上都超越倫理哲學範疇，而進入倫理神學的領域。雖然不可否認這些真理的來源，都是來自神學啟示，而不是由哲學理智的推論取得。但是莊子和多瑪斯的立場相同，也企圖從哲學的理性推理方面，尋求理論根據以建立這種啟示神學的合理基礎。莊子對於靈魂是不朽性的實體合理的說明，即下文提到的「陳迹」與「所以迹」。物質性的東西都是會腐朽的「陳迹」，如下文無靈生物自然之「化」，與有靈生物「與化為人」，都是「所以迹」。「與化為人」，即是人與天道合真，既然，人能與天道合真而得真福，從這個事實來看，只能是不朽性的靈魂，不是物質性的實體。

　　　　孔子謂老聃曰：「丘治詩書禮樂易春秋六經，自以為久矣，孰知其故矣；以奸者七十二君，論先王之道而明周召之迹，一君无所鉤用。甚矣夫！人之難說也，道之難明邪？」

　　　　老子曰：「幸矣子之不遇治世之君也！夫六經，先王之陳迹也，豈其所以迹哉！今子之所言，猶迹也。夫迹，履之所出，而迹豈履哉！夫白鶂之相視，眸子不運而風化；蟲，雄鳴於上風，雌應於下風而風化；類自為雌雄，故風化。性不可易，命不可變，時不可止，道不可壅。苟得其道，无自而不可；失焉者，无自而可。」

　　　　孔子不出三月，復見曰：「丘得之矣。烏鵲孺，魚傅沫，細要者化，有弟而兄啼。久矣夫丘不與化為人！不與化為人，安能化人！」

〔註67〕柯布登（F. C. Copleston），《多瑪斯思想簡介》，頁171～174。

老子曰：「可。丘得之矣！」（〈天運〉）

「孔子謂老聃曰」一段，劉鳳苞云：「孰同熟。奸同干，求也。鉤，取也。豈世果難說哉？抑或己之道尚未明邪」。〔註68〕

孔子治六經，自以為久，熟知典故，以此求七十二君，君中則無一取而用我者。

陳懿典云：「治者專治而欲精之也。自以為久而深於道，世莫知我之所以然矣。以此六經干求於七十二君，與之陳說王道而闡明往迹。七十二君之中無一君能取而用我者。甚矣邦君之難以言語說也，抑道之不明於天下，故六經之說不入耶」。〔註69〕

陳氏解「孰」為「世莫」，即「誰」之謂，此與眾注疏家解為「熟」，即「成熟」之謂相異。

「老子曰」一段，《經典釋文》：「『白鶂』三蒼云：鶂鷁也。司馬云：鳥子也。『子不運而風化』司馬云：相待風氣而化生也。又云：相視而成陰陽。『蟲雄鳴於上風雌應於下風而化』司馬云：雄者，黿類；雌者，鱉類。『類自為雌雄故風化』或說云：方之物類，猶如草木異種而同類也。山海經云：亶爰之山有獸焉，其狀如狸而有髮，其名曰師類；帶山有鳥，其狀如鳳，五采文，其名曰奇類，皆自牝牡也」（〈天運〉）。鶂以眸視，蟲以聲應，俱不待合而生子，故曰風化。

陳壽昌云：「言遇之則必為彼所笑，譬則人所踐之迹耳，此喻大道不在粗迹。鶂，水鳥。眸子不運，定睛注視也。牝牡相誘曰風，風化者，蓋相誘而化生也。傳聲而孕。萬物各以其類，自為雌雄，故能相誘而化生也。此蓋喻物之相感不同，而各以神運，以示因物付物，未可徒循其粗迹也。其真常者，其變化者」。〔註70〕

「傳聲而孕」，指雄雌之蟲。「其真常者」，指性與命之不可易與變。「其變化者」，指時與道之不可止與壅。

「孔子不出三月」一段，陳壽昌云：「孺，交尾而孕也，此卵生者。魚不交，但傳沫而生子，此濕生者。要，通腰，蜂取桑蟲，祝為己子，此化生者。有弟則兄失乳，故啼，此胎生者。不能與造化合一，夫交尾傳沫及祝為己子，

〔註68〕劉鳳苞，《南華雪心編》，頁342。
〔註69〕陳懿典，《南華經精解》，頁416。
〔註70〕陳壽昌，《南華真經正義》，頁236。

物類各有所宜，有弟兄啼，宜於此或不宜於彼，此造化之自然也，化物而不順其自然，物亦安能強化哉」。〔註71〕

烏鵲交尾生子為卵生。魚相濡以沫生子為濕生。細腰之蜂雄而無雌生子為化生。同母兄弟乳絕後生因母孕無乳而啼為胎生。孔子所學只知人而不知天，不能與天道合真。不與天道合真，則化人以迹而不以所以迹。己不化，豈能化人。

「老子曰」一段，陳壽昌云：「道本於一，而一不可執，神而明之，無感不通矣」。〔註72〕

無靈生物之與道化，為自然之化，此自然之迹即所以迹。人與道化，非於能見之迹象，而在於精神性不朽之所以迹。故陳壽昌以人求道則入道有序，覓有於無，索之名言迹象之外，方能有得。〔註73〕

筆者觀點，道不在六經，因六經為古人「陳迹」。道在「所以迹」。

劉鳳苞指窮經即以為道，則失道之真。道在於「神」不在於迹。〔註74〕人與道合真非化於迹，是神與道合而為一。

藏雲山房主人謂「風化者」在「氣」。〔註75〕此「氣」為「道沖之氣」蘊涵精神。「道沖之氣」蘊涵「靈魂」和「身體」，「精」、「神」、「氣」蘊涵靈魂。

「精」蘊涵「形體」，但是，「精」不能蘊涵「靈魂」，而「精」、「神」和「氣」，則蘊涵「靈魂」。「靈魂」非理性部分的「生魂」一定涵蘊於「精」；「覺魂」部分則有「神」的成分在裡面。

因此，「靈魂」理性部分，涵蘊於「氣」、「神」、「精」內，與「氣」、「神」較密切，但也有「精」的參與。

「靈魂」非理性部分，涵蘊於「氣」、「神」、「精」內，與「精」較密切但也有「神」的參與。

前一小節談到多瑪斯由靈魂的精神性推論出靈魂的永生不死。由這種靈魂在肉身死亡之後仍然存在的理論探究裡，多瑪斯持續對於靈魂的不朽性提

〔註71〕陳壽昌，《南華真經正義》，頁237。
〔註72〕陳壽昌，《南華真經正義》，頁238。
〔註73〕陳壽昌云：「陰陽運行，皆以道為主宰。而入道有序，則以不知不識為始基。求道者覓有於無，須索之迹象名言之外，因其自然，有定而至無定，庶幾變動不居，偃偃乎與化為人也。」參閱陳壽昌，《南華真經正義》，頁238。
〔註74〕劉鳳苞，《南華雪心編》，頁323。
〔註75〕藏雲山房主人，《南華大義解懸參註》，頁491。

出哲學的考察與論證。關於這種不朽性，因為這是當時多瑪斯所處的社會之一般民眾所切身的問題；絕大部分具有基督信仰的民眾都相信：人的生命死亡是否代表人的一切真正結束。以當時許多具有信仰的民眾都相信天主所啟示的人超自然的幸福，就是享見天主這件事來看，人追求最終幸福，在於人過道德生活固然擁有今生幸福，更重要是必然能夠獲得天主的恩寵而得到永恆的真正幸福這個人生最高目的之實現，人才能沒有遺憾。所以，人並不關心靈魂離開肉體仍然能存在這件事，更關心的則是靈魂的不朽與人死復活而獲得長生不滅的這個真理。多瑪斯說：

> 智性的根本，即所謂的靈智或理智，有其本然的活動，與身體無關。但除非它是本然自立的，無物能有其本然的活動，因為除非有現實的存在，便不能有活動。故此，一個東西怎樣存在，便怎樣活動。〔註76〕

多瑪斯舉舌頭為例，說明舌頭被苦澀的味道所佔據，則無法再嚐到其它的味道。靈智或理智的道理也是相同，當理智的根本是形體之物，則理智即被形體之物所佔據，它便無法再認識其它的形體之物，所以理智的根本，不能是形體之物。〔註77〕

靈魂是純粹形式的東西，依照多瑪斯純粹形式自立的東西即具有不朽性質。多瑪斯說：

> 實在或存在本然就屬於形式，因為形式是現實。而質料之能獲得現實的實在或實際存在，是因了它獲得形式；而其所以有腐朽，是由於形式與它分離。但是形式不可能與自己分離。所以自立的形式不可能停止存在。〔註78〕

另外，多瑪斯以人願望得到永生，不可能會是徒然的，作為靈魂不朽的旁證：一種存有物的願望是隨著知識而來，認識具體有形之物，只知此時此地的存在，則有時空的限定；但理智卻能認識絕對而超越時空的存在。所以，理智的東西，自然有永久常在的願望，這是理智的本性所固有，所以，不可能是徒然的。多瑪斯說：

> 本性自然的願望不能是虛妄的。然而人本性自然的願望是長存

〔註76〕《神學大全》第三冊，第七十五題，第二節，正解。
〔註77〕《神學大全》第三冊，第七十五題，第二節，正解。
〔註78〕《神學大全》第三冊，第七十五題，第六節，正解。

不滅。明見於萬物的公律：萬物共有的願望是生存。人之為物，具有智力，領悟絕對生存（的可欲），不但如同無理智的禽獸，只賞識現時。從此可知，人既因靈魂而知絕對生存之可欲，不受時間的限制，人便因靈魂而得長生，永不滅亡。〔註79〕

　　從理性「自然的願望」得到長生，而推論靈魂不朽性，單獨使用這個論證是無法達到靈魂不朽論證有效性的目的。所以，多瑪斯把這個論證放在輔證地位。而靈魂不朽性最基本的論證，即是以靈魂最高級活動中表現它的自然本性為根據的論證。

第四節　人的理智與意志

　　莊子的倫理學基本上是傾向幸福論和目的論。他對於人類行為趨向最後目的，是以「化而為鳥」（〈逍遙遊〉）這樣的「物化」（〈齊物論〉）理論去講工夫境界。因為，莊子於「命物之化而守其宗」（〈德充符〉）之前提之下，論及「稠適而上遂」（〈天下〉）的工夫修養。而且，莊子也講理智與意志的理性能力，故在某方面而言也是主知主義（intellectualist）。

　　筆者觀點，莊子倫理學在理智與意志也有很清楚的劃分，理智認識高於感官認識，「若一志，无聽之以耳而聽之以心，无聽之以心而聽之以氣」（〈人間世〉），此處「志」是理智之「志願」，即「願意」相信天道。「耳」是外感官的認識，而「心」是內感官的認識，只能認識具體個別之對象，不能認識抽象普遍之對象。「氣」則是人的理智，在認識過程中，氣完全佔有自己的對象，這個對象涵蓋具體個別與抽象普遍之所有對象。莊子在意志部分也將理性嗜慾和感官嗜慾區分開來，理性嗜慾的意志高於感官嗜慾的欲情。「臣以神遇而不以目視，官知止而神欲行」（〈養生主〉），此處「目視」仍是感官嗜慾的欲情作用，只能認識具體個別之對象，不能認識抽象普遍之對象。此處「神」則是人的意志，在認識過程中，神只傾向於自己的對象，此即善和目的。所以，莊子的氣是最為卓越，氣的地位則更高於神。

　　多瑪斯的倫理學屬於幸福論以及目的論，而他對於人類行為目的的理論在某方面則是主知主義（intellectualist）。在理性靈魂（rational soul）所有的特

〔註79〕聖多瑪斯・阿奎納（St.Thomas Aquinas），《論萬物》呂穆迪譯述，高凌霞審校，頁393。

殊能力（the specific powers of the soul）方面，多瑪斯確信理智最為卓越，它的地位更高於意志。因為，在認識的過程中，理智完全佔有自己的對象；意志卻只傾向於自己的對象。〔註80〕

依照多瑪斯靈魂的機能共有五大類，但實際來講，卻是三種魂和四種生活形態或方式。〔註81〕所以，認識分有感性認識與理性認識，一般動物是感性認識；人除了含有一般動物的感性認識，另外也特別擁有理性認識，亦即理智。嗜慾能力也分為感性嗜慾與理性嗜慾，一般動物是感性嗜慾；人除了含有一般動物的感性嗜慾，另外也特別擁有理性嗜慾，亦即意志。

一、理智

「理智」可以分為「思辨／鑑賞理智」與「實踐理智」。這兩種理智在質料部分是同一個理智；在形式部分才因行動對於目的所採取的方法不同而產生區別。對於最高目的，思辨理智的行動則純粹鑑賞；實踐理智則採取實際行動去獲取。

> 子列子問關尹曰：「至人潛行不窒，蹈火不熱，行乎萬物之上而不慄。請問何以至於此？」
>
> 關尹曰：「是純氣之守也，非知巧果敢之列。居，吾語女！凡有貌象聲色者，皆物也，物與物何以相遠？夫奚足以至乎先？是色而已。則物之造乎不形而止乎无所化，夫得是而窮之者，物焉得而止焉！彼將處乎不淫之度，而藏乎无端之紀，遊乎萬物之所終始，壹其性，養其氣，合其德，以通乎物之所造。夫若是者，其天守全，

〔註80〕柯布登說：「多瑪斯深信理智的地位最為卓絕。因為他認為，理智在認識中佔有自己的對象，意志卻祇是傾向於自己的對象；而佔有勝於傾向。他曾說，在認識的時候，知者與被知者成為一體；就是說，知者因理智的或精神的同化，而成為被知者，但仍然保持它自己原有的身份。這樣，自然的知識，是將來在天上享見天主的一個模糊的預象；而人的目的，就是將來在天上享見天主。」參閱柯布登（F.C. Copleston），《多瑪斯思想簡介》，頁190。

〔註81〕靈魂的機能共有生理性的，感官性的，嗜慾性的，空間性的，和智性的五大類。三種魂則是屬於植物性的生魂；屬於動物性的覺魂；屬於人類的靈魂。四種生活形態或方式則是：包含感性認識（sensitive apprehension）和理性認識（intellectual apprehension），以上二種認識的關係完全同化在靈魂內；包含感性嗜慾（sensitive appetite）和理性嗜慾（rational appetite or intellectual appetite），以上二種嗜慾的靈魂本身傾向並趨向外在物。參閱《神學大全》第三冊，第七十八題，第一節，正解。

其神无郤，物奚自入焉！

　　夫醉者之墜車，雖疾不死。骨節與人同而犯害與人異，其神全也，乘亦不知也，墜亦不知也，死生驚懼不入乎其胷中，是故遻物而不慴。彼得全於酒而猶若是，而況得全於天乎？聖人藏於天，故莫之能傷也。復讎者不折鏌干，雖有忮心者不怨飄瓦，是以天下平均。故无攻戰之亂，無殺戮之刑者，由此道也。

　　不開人之天，而開天之天，開天者德生，開人者賊生。不厭其天，不忽於人，民幾乎以其真！」（〈達生〉）

「子列子問關尹曰」一段，成玄英疏：「子列子，即列禦寇也」（〈達生〉）。

《經典釋文》：「『關尹』李云：關令尹喜也」（〈達生〉）。

劉鳳苞釋「潛行不窒，蹈火不熱」，為「入水而行，行而無迹故不礙」。〔註82〕

「潛行不窒，蹈火不熱」，與「大澤焚而不能熱，河漢沍而不能寒」（〈齊物論〉）兩者義同。

林希逸釋「行乎萬物之上而不慄」，與列子「夫御風而行」（〈逍遙遊〉）兩者義同。〔註83〕

此處已將「氣」襯托而出，「氣」非下文「貌象聲色者，皆物也」，會受到形迹限定的東西，沒有形迹故不受物之侵害。

筆者觀點，氣蘊涵靈魂之理智，德行之質料因部分，本性之智德是以靈魂之理智為其主體。在形式因部分則是表現於行動方面，可以區分為對最高目的這個目標所採取行動而產生兩種理智，即純粹鑑賞行動的思辨理智，與付諸實際行動去獲得目標的實踐理智。因此，氣蘊涵靈魂之思辨理智與實踐理智。

「關尹曰」一段，林雲銘云：「蓋至人純守元氣，而成身外之身，故能如此。非知巧果敢，有心以勝物也。若以形論，則我與物皆為物也，物之相去幾何？亦何能立乎物先而獨勝之乎？蓋以其不離於形色故耳。則物之中，有生於無生，死而不死者，得是道而窮盡之，自能離形超化，至於物先也，外物何得而禦止焉？不淫之度，適當而不過也。無端之紀，循環而不窮也。皆純氣之用也。處之藏之，以遊於萬物所藉以終；所藉以始之處，即所謂『造乎形，

―――――――――――――

〔註82〕劉鳳苞，《南華雪心編》，頁418。
〔註83〕林希逸，《莊子鬳齋口義校注》，頁287。

止乎無所化』是也。壹其性則不二，養其氣則不耗，合其德則不散。由是以通乎物，斯能與造物者遊也。如是則其自然之天所守既全，其神自無間隙可乘矣，外物何能入其舍乎」。〔註84〕

「純氣之守」，即恆守「真氣」、「純氣」之謂，與「專氣致柔，能嬰兒乎」（〈老子‧十章〉）義同。因此，「真氣」、「純氣」、「沖氣」（〈老子‧四十二章〉）三者義同。

藏雲山房主人釋此段為守真純之氣而成，非知巧果敢有心以勝物。不離於形色，則不能立乎無物之先。物造乎非物之不形，止乎無所化，則真宰在我。萬物之所終始，即至陰至陽之原。〔註85〕

至人守真純之氣，即是守純一不雜之元氣，守此純一不雜之元氣，則非知巧之容心；果敢之容力所能為，因不離形色所限定於物之層次，故不能為。

呂惠卿云：「壹性則不二，養氣則不耗，合其德以通乎物之所造，則性修反德而與造物者同之乎不形。若是者守全而無郤，物奚事入焉」。〔註86〕

「壹性」即是「性脩反德，德至同於初」（〈天地〉）之義。性純一即是「无情」（〈德充符〉）之義，肉體好惡之物情摻雜於內，則精神受到干擾，致使精神勞頓離散，即莊子譏惠子「今子外乎子之神，勞乎子之精」（〈德充符〉）之謂。因此，「壹其性」與「形體保神」（〈天地〉）義同。

筆者觀點，氣蘊涵靈魂之理智，精神蘊涵靈魂之意志。理智即是理性認識，是普遍抽象之認識，有別於感官認識，是個別具體之認識；意志即是理性嗜慾，是普遍抽象之嗜慾，有別於感官嗜慾，是個別具體之嗜慾。因為，真正之目的與善，才是理性認識與理性嗜慾之對象；表面之目的與善，則是感官認識與感官嗜慾之對象。感官嗜慾即是靈魂之情，而情有兩個機能，即是憤情與欲情，只有情會受到形體感官之目的與善之吸引，從而產生生理機能方面的慾望。

「夫醉者之墜車」至「不開人之天」，陸西星釋此段，墜車者因醉酒「神全」，「神全則氣全，氣全故雖病不死」。「聖人藏於天」，「天」是一個「虛靜恬淡寂寞無為」，聖人藏神於此，故「守氣」即是「藏神」。故「藏神於天」即是「純氣之守」。「鏌干」、「飄瓦」無心，故「復讎」、「忮心」者，「不折」、「不

〔註84〕林雲銘，《莊子因》，頁192。

〔註85〕藏雲山房主人，《南華大義解懸參註》，頁552。

〔註86〕呂惠卿，《莊子義》，頁189。

怨」。而「天下平均」、「无攻戰之亂」、「无殺戮之形」者，皆「由此道」使然，
則「虛靜恬淡寂寞無為」則是「天下平均」的「道德本質」。因此，「開天者」
即是「虛靜恬淡寂寞無為」而「德生」，德謂「全其天德之真」；「開人者」即
是「知巧果敢」而「賊生」，賊謂「加以人為之害」。「天以此理善吾生」、「賊
生」則是「厭其天」；「吾得此理以為生」，不能「德生」則是「忽於人」。「不
厭其天，不忽於人」，人幾於返於真。〔註87〕

　　「是以天下平，故无攻戰，无殺戮者，由此道也」，諸注釋家皆言「天
下平」，但藏雲山房主人則指「以上等語總是純氣之守以喻一身之內非言天
下」。〔註88〕

　　陳懿典釋「不厭其天，不忽於人」，為「若能不棄其天理而人事之有為未
嘗忽之而不為，但為之而無容心耳，如此則近於真實之理」。〔註89〕

　　筆者觀點，「純氣之守」即是「藏神於天」，氣蘊涵靈魂之理智，精神蘊
涵靈魂之意志。「凡有貌象聲色者，皆物也」，物之感官嗜慾屬於靈魂之情，
是相對於理性嗜慾之意志。意志之善，嚴格地說即是意志之對象，對於這個
對象，能夠提供與意志相稱的適當對象，只有理性所知覺的對象，才是意志
所要追求的真正的善與目的。因此，意志是導致目的者，而理性即是導向目
的者。因為，意志能追求普遍性的善與目的，理性則能知覺這種普遍性的善
與目的。沒有理性提供其所知覺到的普遍性的善與目的，意志則只能接受感
官嗜慾所提供的善與目的。可是，感官性或想像性的嗜慾知覺，都是對於個
別具體之嗜慾對象所產生的知覺，這些都是表面的善與目的，都是與意志不
相稱的對象。所以，意志之善與目的，繫於對象，即先要繫於理性之善與目
的。〔註90〕為此，純氣之守，即是真正之目的與善，是理性認識與理性嗜慾
之對象，這些對象已排除表面之目的與善，表面之目的與善，則是感官認識
與感官嗜慾之對象。「无思无慮始知道」（〈知北遊〉），「是以天下平均」、「由
此道也」，此即「夫恬惔寂漠虛无无為，此天地之平而道德之質也」（〈刻意〉）
之義。「守氣」即是遵循靈魂理智之指導，則「故其德全而神不虧」（同上），
故曰「純氣之守」即是「藏神於天」，此聖人之道。

〔註87〕陸西星，《莊子副墨》，頁207。
〔註88〕藏雲山房主人，《南華大義解懸參註》頁555。
〔註89〕陳懿典，《南華經精解》，頁501。
〔註90〕《神學大全》第四冊，第十九題，第三節，正解。

「理智」（拉丁文 Intellectus；英文 Intellect）是指理解活動（act of understanding）。依照多瑪斯的解釋可區分為鑑賞或思辨理智（intellectus speculativus）和實踐理智（intellectus practicus）。「思辨理智」之名稱意謂理智應用於真理目標的純粹求取而不指向行動；「實踐理智」之名稱寓意理智應用於真理目標並指向行動而用實際行動去求取。多瑪斯說：

> 「思辨理智」不將其所知覺者指向行動，而以鑑賞真理為目標；「實踐理智」則將其所知覺者指向行動。這就是哲學家在《靈魂論》卷三第十章所說的：「思辨理智與實踐理智的差別在於目的」。因此二者之名稱也是由目的而來，一個是思辨的或鑑賞的，一個是實踐的，即行動的。〔註91〕

「思辨理智」和「實踐理智」在質料方面是同一個理智；在形式方面則同一個理智因著對於目的的行動採取的方法不同而產生區別。「思辨理智」對於真理目標則純粹鑑賞；「實踐理智」對於真理目標則採取實際行動去獲致。〔註92〕

多瑪斯說：

> 就如「善」指的是嗜慾之所向者，同樣「真」指的是理智之所向者。而嗜慾與理智或任何認知之間，有這一區別，即認知是根據被認知者存在於認知者內，而嗜慾則是根據欲求者傾向於被欲求者。因此，嗜慾的終點，即善，是在被欲求之事物內；而認知的終點，即真，則是在理智內。〔註93〕

這裡雖然是在比較「理智」和「意志」兩個不同的靈魂機能，但人認知活動的思辨理智主要是心靈內的活動；而實踐理智則配合意志，對於對象採取行動，以致於帶動意志趨向於外，並指向所欲求之對象事物。

依照多瑪斯「理智」（Intellect/Intellectus）和「理性」（Reason/Ratio）兩者並非不同的機能，它們是相同的一種機能，只是因應不同的運作與目標而有不同的稱謂。「理智」是因應智性機能所引申的理解活動（Act of Understand）；「理性」是因應智性機能的思考活動（Act of Reason），分有「高級理性」和「低級理性」兩種作用。多瑪斯說：

〔註91〕《神學大全》第三冊，第七十九題，第十一節，正解。
〔註92〕關永中，《知識論（一）——古典思潮》，臺北：五南圖書出版公司，2000，頁336。
〔註93〕《神學大全》第一冊，第十六題，第一節，正解。

在奧斯定的思想中，高級理性和低級理性，絕對不能是靈魂的兩個機能。因為他說，高級理性是「為認知和究詢永恆事物的」。其所謂「認知」，是指看永恆的事物本身；所謂「究詢」，是指從它們獲得行為之規範。至於低級理性，他說是「為處理有時間性之事物的」。此二者，即有時間性的和永恆的，對我們之認知的關係是這樣的：其中之一是認知其他之媒介。因為按發現之過程，我們是從有時間性之事物而達到認知永恆之事物，正如宗徒在《羅馬書》第一章20節說的：「祂那看不見的美善（即祂永遠的大能和祂為神的本性），都可憑祂所造的萬物，辨認洞察出來。」〔註94〕

這裡的「永恆之事物」（Eternal Things），例如神學觀念等，如理性專注思考這類事物則稱為「高級理性」（Higher Reason/Ratio Superior）。

這裡的「有時間性之事物」（Wordly Things），例如世俗觀念等，如理性專注思考這類事物則稱為「低級理性」（Lower Reason/Ratio Inferior）。〔註95〕

至於理智表現於行動上，除了理智是因應智性機能所引申的理解活動，理性是因應智性機能的思考活動之外，還有其它的不同名稱。例如「靈智」（intelligence）、「意識」（consciousness）、「記憶」（reminiscence）、「良心」（conscience）、「良知」（synderesis）等等。〔註96〕

二、意志

「意志」指「理性嗜慾」，亦即「理性慾望」的能力。「嗜慾」機能可分為感官嗜慾與理性嗜慾，它是一種靈魂的特殊能力。感官嗜慾和感官認識的對象都是善或目的個別具體的性質或理。理性嗜慾和理性認識的對象都是善或目的普遍抽象的性質或理。因此，理性嗜慾和理性認識的機能並不像感性嗜慾分為兩種機能；或感性認識分為許多種不同的機能。感性嗜慾可分為兩種肉情或肉慾（肉體的嗜慾 sensualitas），即欲情（concupiscibilis）和憤情（irascibilis）；它們屬於感官嗜慾兩種不同的機能。

　　夫子曰：「夫道，於大不終，於小不遺，故萬物備。廣廣乎其无不容也，淵乎其不可測也。形德仁義，神之末也，非至人孰能定之！

〔註94〕《神學大全》第三冊，第七十九題，第九節，正解。
〔註95〕關永中，《知識論（一）——古典思潮》，頁332。
〔註96〕潘小慧，《德行與倫理——多瑪斯的德行倫理學》，頁60。

夫至人有世，不亦大乎！而不足以為之累。天下奮棟而不與之偕，審乎無假而不與利遷，極物之真，能守其本，故外天地，遺萬物，而神未嘗有所困也。通乎道，合乎德，退仁義，賓禮樂，至人之心有所定矣。」（〈天道〉）

陸西星解釋此段文本如下，「夫子，老子也」。「有物混成，先天地生，聖人不得已而名之曰道」。「道無不在，名之曰神；無假，名之曰真」。「神為本，形為末，實則為一，非至人孰能定之」。「道，大包無外，細入無倫，於大不終，於小不遺，而萬物備」。「廣廣乎其大容，淵淵乎其莫測，沖漠無朕之中萬象森羅已具」。「至人神之定，一切外物不足以為之尚，有撫世之責而不足以為之累，操威福之柄而心不與之偕」。「至人審乎無假則極物之真而守其本」。「至人外天地，遺萬物，而神未嘗有所困。故通於道，合於德，退仁義，賓禮樂，心有所定，此謂神之定」。〔註97〕

「至人有世」，「而神未嘗有所困也」，乃「至人之心有所定矣」使然，即以下四段文本之義。

此即「夫道，覆載萬物者也，洋洋乎大哉！君子不可以不刳心焉」（〈天地〉）之義，郭象注：「有心則累其自然，故當刳而去之」（〈天地〉）。

此即「夫王德之人，素逝而恥通於事，立之本原而知通於神。故其德廣，其心之出，有物採之」（〈天地〉）之義，郭象注：「物採之而後出耳，非先物而唱也」（〈天地〉）。

此即「感而後應，迫而後動，不得已而後起」（〈刻意〉）之義。

此即「萬物无足以鐃心者，故靜也。水靜則明燭鬚眉，平中準，大匠取法焉。水靜猶明，而況精神」（〈天道〉）之義。

陳壽昌云：「包無窮，入無間。形，耳目之類。德，聰明之類。鮮不為世情所惑。撫有天下。棟，通柄。奮者，爭執之意。退，後之也。賓，不以為主也。於道體見得精，自於世情看得徹。常人迷於幻相，目假為真，宜其神動精搖，而去道日遠也」。〔註98〕

此處「形德」，則是「知巧果敢之列」（〈達生〉），非「純氣之守也」（同上），則神不「藏於天」（〈達生〉），故「外乎子之神，勞乎子之精」（〈德充符〉），「神動精搖」而「去道日遠」。

〔註97〕陸西星，《莊子副墨》，頁159。
〔註98〕陳壽昌，《南華真經正義》，頁214。

　　理性嗜慾真正追求之善與目的，必須是由理性認識所提供之善與目的，這些與理性嗜慾相稱的善與目的，才是理性嗜慾必然地依附的對象。所以，理性嗜慾先要繫於理性之善，即導向目的者，才能使導致目的者之意志趨向真正的善與目的。

　　氣蘊涵靈魂理性認識能力，這種認知能力是使理性嗜慾與最後目的產生必然地聯繫的唯一來源。因此，藏神於天，就是使神不與物接，亦即不依附感官嗜慾所提供的表面善與目的。「不與物交，惔之至也」（〈刻意〉），此即「无聽之以耳」（〈人間世〉）、「无聽之以心」（同上）之義。「夫恬惔寂漠虛无无為，此天地之平而道德之質也」（〈刻意〉），此即「聽之以氣」（同上）之義，因為「氣也者，虛而待物者也」（同上）。

　　神繫於氣所提供之善，乃是理性認識之善與目的，這些善與目的都是抽象普遍的善與目的，是思辨理性所認識永恆不變的最後目的，不是有形之物所認識變動不居的短暫目的。「一而不變，靜之至也」（〈刻意〉），此即「若一志」（〈人間世〉）之義。故理智所認識的永恆不變真理，對於這個永恆真理，理智「志願」相信，而使意志「意向」這個最後目的，視此目的為能獲得者而追求之，故使人因此能如「水停之盛」（〈德充符〉）所呈現「靜止」的「必靜必清」（〈在宥〉）狀態。因為，「水靜猶明，而況精神」（〈天道〉），故能澄明心性而達到「致虛極，守靜篤」（〈老子‧十六章〉）的修養境界，這是思辨理性純粹鑑賞行動的真正目的。

　　「无聽之以心」之「心」，是與物交而累於物之「心」；是依附感官嗜慾而波動不已之「心」，此「凡有貌象聲色者，皆物也」（〈達生〉）之義。至人「神之定」，乃使「心有所定」。因此，至人之「心」，是「遊心於德之和」（〈德充符〉）之「遊心」；是「得其常心，物何為最之哉」（〈德充符〉）之「常心」；是「是接而生時於心者也」（〈德充符〉）之「靈府」；是「德者，成和之脩」（〈德充符〉）之「成和之心」即「成心」（〈齊物論〉）；是「靈臺者有持，而不知其所持，而不可持者也」（〈庚桑楚〉）之「靈臺」。以上這些「心」，都是「至人神之定」之「心」。此「心」必然地是達到「平者，水停之盛也。其可以為法也，內保之而外不蕩也」（〈德充符〉）之修養境界，是「宇泰定者，發乎天光者」（〈庚桑楚〉）之「有恆者」（同上）的工夫境界。

　　「意志」（拉丁文 Voluntas；英文 Will）是指「理性慾望」（rational appetite or intellectual appetite）的能力。因為，嗜慾（appetitus）機能是一種靈魂的特

殊能力；可分為感官嗜慾（appetitus sensitivus）和理性嗜慾（appetitus intellectuvus）。〔註99〕依照多瑪斯自然嗜慾（appetitus naturalis）屬於無認知能力的自然傾向。多瑪斯說：

> 在沒有認知能力的東西內，只有限定每個東西於其固有存在的形式，這也就是每個東西的自然天性。這個自然形式有一種自然傾向，即所謂的「自然嗜慾」（appetitus naturalis）。在有認知能力的東西內，每個東西也因自然形式，而被限定於固有的自然存在，但卻能容納其他東西之物象；就如感官容納一切可感覺之東西的物象，智能容納一切可理解之東西的物象。因而人的靈魂按感官和智能多少可以說是一切東西。〔註100〕

在無認知能力的存在物，只有限定每個存在物於其固有存在物的形式，這即是每個無認知存在物的自然天性。無感覺的植物自然形式內具有自然天性，這種自然天性即是自然傾向，譬如向光性。無理性的動物自然形式內具有自然天性，這種自然天性即是自然傾向，譬如估量力。有理性的動物自然形式內具有自然天性，這種自然天性即是自然傾向，譬如思量力。

感性嗜慾可分為兩種肉情或肉慾（肉體的嗜慾 sensualitas），即欲情（concupiscibilis）和憤情（irascibilis）；它們屬於感官嗜慾兩種不同的機能。〔註101〕依照多瑪斯欲情和憤情是低級嗜慾，它們受到高級嗜慾的推動，因此，欲情和憤情絕對服從理性的指示和意志的命令。〔註102〕因此，多瑪斯說：

> 感性嗜慾所針對的不是善的普遍性質或理，因為感官不能認知普遍物。因而感性嗜慾按各種個別善的不同性質或理，分為不同的部分。因為慾情所針對的，是合於天性並使感官起快感的善之性質或理；而憤情所針對的，則是對於那加害自己者予以對抗和攻擊的善之性質或理。〔註103〕

意志是理性嗜慾，和理性認識一樣，對象都是善的普遍性質或理。因此，它們的機能並不像感性嗜慾分為兩種機能；或感性認識分為許多種不同的機能。

〔註99〕《神學大全》第三冊，第八十題，第二節，正解。
〔註100〕《神學大全》第三冊，第八十題，第一節，正解。
〔註101〕《神學大全》第三冊，第八十一題，第一節、第二節，正解。
〔註102〕《神學大全》第三冊，第八十一題，第三節，正解。
〔註103〕《神學大全》第三冊，第八十二題，第五節，正解。

　　自然的必然與意志沒有衝突，這和第一或基本原理是理智必然依附的對象一樣，最後目的也是意志依附的對象。因此，意志自然和必然地欲求最後目的，這個最後目的即是幸福。所謂自然乃指適合天性的傾向；而且，適合意志所傾向的，所以是「情願的」（voluntarius），這種必然就不是「強迫性的必然」（necessitas coactionis）。但是，意志所願意的並非意志必然所願意的。多瑪斯說：

　　　　有些個別的善，與真福或幸福沒有必然的聯繫，沒有那些善——
　　——人也能幸福，意志不是必然地依附這種善。〔註104〕

　　如同第一或基本原理是理智依附的對象，但是，偶然性的可理解事物，並非都與第一或基本原理有必然的聯繫，這些偶然為真的命題並不必然地得到理智的認同。只有真的命題與第一或基本原理有必然性的聯繫，才能使理智必然地認同；但這種必然性的聯繫在理智未得到證明之前，則不會必然地認同。在意志方面也有相同的道理，雖然最後目的是意志依附的對象，但是，偶然性的個別善，並非都與最後目的有必然性的聯繫，這些偶然的善並不必然地得到意志的欲求。只有善與最後目的有必然性的聯繫，才能使意志必然地依附；但這種必然性的聯繫在意志未得到證明之前，則不會必然地依附。

〔註104〕《神學大全》第三冊，第八十二題，第二節，正解。

第二章　論人的倫理行為

　　莊子與多瑪斯論人的觀點頗為一致，即人是由靈魂和肉體組成的複合體。人的倫理行為來自於靈魂機能。多瑪斯靈魂機能包含理智的思考、理解、判斷等能力和意志的抉擇能力。莊子氣蘊涵靈魂理智機能部分，精神蘊涵靈魂嗜慾機能部分，因此，莊子與多瑪斯的倫理行為即是一種人性行為（actus humani）。人的行為不同於人性行為，人的行為並不是倫理行為，只有那些以人性作為主宰的行為，才是人性行為。而且，人是人性行為的主宰的主要意義在於人的意志有抉擇的自由。因為，包含天道在內，在這個世界沒有任何一個具體的善，能使人的意志不能不選擇它。所以，倫理行為就是一個人發自理性和意志的行為。「夫莫之命而常自然」（〈老子・五十一章〉）與「莫之為而常自然」（〈繕性〉）皆是此義。

　　倫理行為即是一種德行。德行的本質，則與靈魂機能的能力是否完美密切相關。能力分為二種：即關於存有的能力與現實（活動）（act）的能力。事物的完美是關於它的目的，目的是一種現實，理性能力（rational powers）是藉由習慣（habit）而受制於現實。因此，依照多瑪斯德行的本質是一種能力的完美。〔註1〕

　　什麼是德行的主體，多瑪斯從本質、習慣和目的三方面來說明：第一，德行是靈魂能力的完美。第二，德行的活動是靈魂的「善習」（good habit）。第三，德行指向最好的，即目的，這是由完美能力而來的行動所達致的。能力指靈魂的機能而言，因此，靈魂的能力是德行的主體。〔註2〕

〔註1〕潘小慧，《德行與倫理——多瑪斯的德行倫理學》，頁75。
〔註2〕潘小慧，《德行與倫理——多瑪斯的德行倫理學》，頁79。

　　自然法律（Natural Law）是有理性動物所應遵守分享永恆法的部份。因此，自然法律更好說就是自然道德律（Natural Moral Law）。這是因為神把人應遵守永恆法的部份植入人的心裡，使人能夠依循這個自然法律邁向前行而到達最後目的。因此，自然法律第一條即是「為善避惡」，當人運用理智自由選擇行動的時候，就是把普遍的自然法律應用到個別實踐的事物。「為善避惡」是人的自然本性，服從自然法律是人的基本義務，美善人生的目的才能為人所達成。〔註3〕

　　多瑪斯對倫理學的分類基本上是先從超性之德開始，可分為信德、望德、愛德三種神學德行；再到本性之德，可分為理智德行和倫理德行，理智德行包含思辨理智之德以及實踐理智之德，思辨理智之德項下還分智慧、科學、理解三項，實踐理智之德項下還分藝術、明智二項，倫理德行包含智德、義德、勇德、節德四種哲學德行。〔註4〕

　　本文所探討的多瑪斯的倫理學說，主要在《神學大全》第二集第一和第二部分。對於多瑪斯所討論的倫理學說，包含神學倫理和哲學倫理二部分，這並不表示多瑪斯忽略了神學與哲學的區分，更重要的是他是從神學和哲學兩個不同角度來看待倫理問題。多瑪斯這麼做的目的，就是想證明，基督宗教的啟示雖然不能從哲學的真理中推論而出，但神學與哲學之間是可以互相協調，而且更可彌補哲學的不足。因為，多瑪斯相信，缺少神學倫理這一部部分，哲學倫理就只能是一種這方面的不完善知識。〔註5〕

第一節　倫理行為是一種人性行為

　　人的行為與人性行為不同，人的行為與倫理行為亦不同，只有那些以人

〔註3〕曾仰如，《多瑪斯論文集》〈多瑪斯的倫理思想〉，曾仰如主編，頁268。

〔註4〕潘小慧，《德行與倫理——多瑪斯的德行倫理學》，頁94。

〔註5〕多瑪斯並非沒有倫理哲學，也並非他忘記哲學與神學的區分。多瑪斯曾經說過神學家把惡行視為冒犯天主的事，哲學家則視惡行為相反理性的事。這只是從不同的觀點或從不同的方面，來看惡的行為。多瑪斯的倫理學不可能不理會基督宗教的道理，而只是純粹的一套哲學的倫理學說，因為他的哲學著作是為那些研究神學的學生所寫成的。而且他也相信，如果沒有天主的啟示，有關於人生的目的和人類至高的善等問題，就只是一種不相稱的知識而已。因此，當他討論關於人的德行時，他是從信、望、愛，這三種超性德行或神學德行做為起點，來完成他的倫理討論。參閱柯布登（F. C. Copleston），《多瑪斯思想簡介》，頁207～208。

為主宰的行為才是人性行為。因為，人性行為與其它動物不同，人有理智和意志，人性行為是經過理智和意志的判斷而擁有抉擇的自由。因此，人性行為是一種倫理行為。莊子與多瑪斯相同，都帶有偏向理智主義的色彩。意志的對象是善與目的，意志所追求的相稱對象，必須是繫於導向目的者的理智所提供的對象，這些對象才是意志所依附的對象。

> 且夫屬其性乎仁義者，雖通如曾史，非吾所謂臧也；屬其性於五味，雖通如俞兒，非吾所謂臧也；屬其性乎五聲，雖通如師曠，非吾所謂聰也；屬其性乎五色，雖通如離朱，非吾所謂明也。吾所謂臧者，非仁義之謂也，臧於其德而已矣；吾所謂臧者，非所謂仁義之謂也，任其性命之情而已矣；吾所謂聰者，非謂其聞彼也，自聞而已矣；吾所謂明者，非謂其見彼也，自見而已矣。夫不自見而見彼，不自得而得彼者，是得人之得而不自得其得者也，適人之適而不自適其適者也。夫適人之適而不自適其適，雖盜跖與伯夷，是同為淫僻也。余愧乎道德，是以上不敢為仁義之操，而下不敢為淫僻之行也。（〈駢拇〉）

陳碧虛云：「曾、史、俞兒、師曠、離朱皆偏於一能，役性著物，失其天真，豈得謂之善哉？臧於德者，以自得為善，任其性命之情，自聞自見而已；若得人之得，適人之適，皆喪己於物也。故上不敢為仁義，下不敢為淫僻，此養正性正命者也」。〔註6〕

「性」，即「形體保神，各有儀則，謂之性」（〈天地〉）之義，「臧」，即是善，「臧於其德」而「任其性命之情」之謂。

呂惠卿云：「為道者以為文不足，故令有所屬，見素抱樸，少私寡欲，乃其所以屬也，則性是也。性則物之所屬，而非屬於物者也」。〔註7〕

「性者，物之所屬」，故能「性脩反德，德至同於初」（同上）。人性行為之善，在於人是人性行為的主宰，人性行為之可貴的主要意義在於人有自由意志。所以，「臧於其德」，即是人性行為之善，必須「任其性命之情」。

人是由靈魂和肉體組成的複合體，倫理行為來自於靈魂機能。因為靈魂機能包含理智的思考、理解、判斷等能力和意志的抉擇能力，因此，倫理行為即是一種人性行為（actus humani）。相對人的行為（actus homini），並非所

〔註6〕褚伯秀，《南華真經義海纂微》，頁370。
〔註7〕呂惠卿，《莊子義》，頁91。

有人的行為都是人性行為。〔註8〕

　　依照多瑪斯只有那些以人作為主宰的行為，才能稱為人性行為。而且，多瑪斯認為人是人性行為的主宰的主要意義在於人的意志是自由的。因為，在世間上沒有任何一個具體的善；也包含天主在內，能使我們的意志不能不選擇它。所以，倫理行為就是一個人發自理性和意志的行為。〔註9〕

　　倫理行為主要是靈魂機能的作用，因而來自靈魂機能的倫理行為是一種人性行為。但人性行為和人的行為並不相同，人的行為不一定都是人性行為，人的行為只有那些以人為主宰的行為才是人性行為。因為，人與其它動物的區別，就是人有理智和意志。雖然，自由抉擇是人的意志活動，多瑪斯對於意志自由的分析，卻是偏向理智主義；這個說法意謂人性行為在自由抉擇時，很著重理智的作用。因為，每一個自由抉擇的行為，必須先有理智的判斷；但是，自由抉擇應該是屬於意志，若說自由抉擇歸於理智，則必須有一番解釋才行。總之，人性行為的產生，就是經過人的理智和意志作用所產生的行為。而且，意志的對象是目的及善，因此，所有的人性行為，都必須是為了目的。

第二節　　不違反理性的行為即是倫理行為

　　人的一切行為，都可稱為人的行為，但人的行為不等於人性行為。因為，人性行為是經過理智思考而由意志自由抉擇所產生的行為，這類行為必然符合道德原則，所以，人性行為即是一種倫理行為。

> 且夫待鈎繩規矩而正者，是削其性者也；待繩約膠漆而固者，是侵其德者也；屈折禮樂，呴俞仁義，以慰天下之心者，此失其常然也。天下有常然。常然者，曲者不以鈎，直者不以繩，圓者不以規，方者不以矩，附離不以膠漆，約束不以纆索。故天下誘然皆生而不知其所以生，同焉皆得而不知其所以得。故古今不二，不可虧也。則仁義又奚連連如膠漆纆索而遊乎道德之間為哉，使天下惑也！（〈駢拇〉）

陸樹芝云：「屈折肢體，以為禮樂之文；呴俞顏色，以為仁義之貌，則失

〔註8〕潘小慧，《德行與倫理——多瑪斯的德行倫理學》，頁64。
〔註9〕柯布登（F. C. Copleston），《多瑪斯思想簡介》，頁200。

其本然矣。本然者，不待矯揉造作而自然正固。此固天下之人所同稟以有生，同得以成性，歷古今而無二，不可或虧者也。又何必以仁義強為懸綴，糾纏不解，連連然如膠漆纏索，以參雜於道德之間哉？夫道德之正，本無仁義之迹，而仍目之為道德，是滋天下之惑亂也」。〔註10〕

「屈折肢體」為禮樂之末，「呴俞顏色」為仁義之迹，故曰「此失其常然也」。蓋「待鉤繩規矩而正」之性，性則非自然之性，故曰「削其性」。「待繩約膠漆而固」之德，德則非自然之德，故曰「侵其德」。

宣穎釋「屈折」，為「周旋」；「常然」為「性命之至正」。〔註11〕

呂惠卿釋「常然」，為「道德之正」，故「天下誘然皆生」、「同焉皆得」，而「不知所以生」、「不知所以得」，則「古今不弊不新」，此謂「常然」。〔註12〕

林希逸釋「誘」為「莠」，「莠然而生」、「物之所同」者，「孰生之」、「與之」！皆是自然而然，故不知所以生、所以得；釋「不二」為「一」；釋「不可虧」為「不加損」。故古今如一，「亘古窮今，不加損」。〔註13〕

人類的行為活動，依照多瑪斯可有二種區分：人的行為和人性的行為二種。多瑪斯說：

> 只有人是其主宰的行為，稱為真正人性的行為。人之為其行為
> 之主宰，是靠理性及意志，為此說自由意志乃意志及理性之性能。
> 所以，真正稱為人性的行動，是出於經過考慮之意志的行動。〔註14〕

一切由人完成的行為，可統稱為人的行為，但人的行為並不等於人性的行為。人的行為有許多不是有意識的行為，我們可以稱它為「反射行為」（reflex acts），這類的行為，我們就稱它為人的行為。不同於人的行為，人性的行為即是來自經過理性思考的意志行為，如果人性的行為符合理性的意志而行動，它必然不會違背道德原則，因此，它是倫理行為。多瑪斯：

> 盎博羅修在《路加福音注疏》（Super Lucam）前言中也說：「道
> 德行為專指人性行為」，道德行為嚴格地說，是由目的分類別，因為
> 道德行為與人性行為是一事。〔註15〕

〔註10〕陸樹芝，《莊子雪》，頁100。
〔註11〕宣穎，《南華經解》，頁69。
〔註12〕呂惠卿，《莊子義》，頁91。
〔註13〕林希逸，《莊子鬳齋口義校注》，頁141。
〔註14〕《神學大全》第四冊，第一題，第一節，正解。
〔註15〕《神學大全》第四冊，第一題，第三節，正解。

　　依照多瑪斯人性行為一定是符合理性的行為，這種行為就是道德行為。因此，違背理性的意志而行動的行為，就是不道德的行為，這種行為不能稱之為人性行為。所以，人性行為就是倫理行為。

第三節　自由意志

　　除人以外，一切動物只有本能行動的能力，其判斷的能力，並不是比較的判斷，只是促成自然本能行動的順利完成。這種行動不能藉由比較方式產生。因此，沒有認知能力的動物，所有行動只受到自然傾向的推動，而使其行動達到「趨善避惡」的目的。人的一切行動都有選擇的自由，這種自由抉擇（liberum arbitrium，自由決議、自由意志），是一種經由比較的判斷能力，有認知能力的人都有這種能力。基於人與其它動物不同，可以經由比較而自由選擇，以達到「趨善避惡」的行動目的。因此，人有自由抉擇的能力和權利。既然，人是一切行動的主宰，人也必須為自己的行為負完全責任。〔註16〕

　　　是故駢於明者，亂五色，淫文章，青黃黼黻之煌煌非乎？而離
　　朱是已。多於聰者，亂五聲，淫六律，金石絲竹黃鐘大呂之聲非乎？
　　而師曠是已。枝於仁者，擢德塞性以收名聲，使天下簧鼓以奉不及
　　之法非乎？而曾史是已。駢於辯者，纍瓦結繩竄句，遊心於堅白同
　　異之間，而敝跬譽無用之言非乎？而楊墨是已。故此皆多駢旁枝之
　　道，非天下之至正也。（〈駢拇〉）

　　「是故駢於明者」至「而離朱是已」，《經典釋文》：「『黼黻』，周禮云：白與黑謂之黼，黑與青謂之黻。『煌煌』，廣雅云：光也。毛詩傳云：皇皇，猶煌煌也。『非乎』，向云：非乎，言是也。『離朱』，司馬云：黃帝時人，百步見秋毫之末」（〈駢拇〉）。此即「五色令人目盲」（〈老子·十二章〉）之義。

　　劉鳳苞云：「道之妙，形迹之所不居，而青黃黼黻備五色以炫文章，離朱以為明之至，而不知其駢於明也」。〔註17〕

　　「駢」，即「駢拇枝指」（〈駢拇〉）之「駢」，乃「出乎性哉！而侈於德。附贅縣疣，出乎形哉！而侈於性」（同上）之義。拇與指皆出於性，即「物成生理，謂之形；形體保神，各有儀則，謂之性，性脩反德，德至同於初」（〈天

〔註16〕《神學大全》第三冊，第八十三題，第一節，正解。
〔註17〕劉鳳苞，《南華雪心編》，頁210。

地〉〉之「性」。物「性」即物之天性，一物有一物之天性，物性即物形之限定。

　　林希逸云：「與生俱生曰性，人所同得曰德。駢拇枝指皆病也，本出於自然，比人所同得者則為侈矣，侈，剩也」。〔註18〕「附贅縣疣，出乎形哉！而侈於性」，即「道生之，德畜之，物形之，勢成之」（〈老子·五十一章〉）；「道與之貌，天與之形」（〈德充符〉）；「精神生於道，形本生於精」（〈知北遊〉）之義。

　　「多於聰者」至「而師曠是已」，《經典釋文》：「『五聲』，本亦作五音。『師曠』，司馬云：晉賢大夫也，善音律，能致鬼神。史記云：冀州南和人，生而無目」（〈駢拇〉）。此即「五音令人耳聾」（〈老子·十二章〉）之義。

　　劉鳳苞云：「道之極，聲臭之所俱泯，而金石絲竹黃鐘大呂備五聲以諧六律，師曠以為聰之至，而不知其多於聰也」。〔註19〕

　　道非感官嗜慾的對象，即「聽之不聞名曰希」（〈老子·十四章〉）；「聽之不足聞」（〈老子·三十五章〉）之義。五聲則是感官嗜慾的對象，「凡有貌象聲色者，皆物也」（〈達生〉），「金石絲竹黃鐘大呂之聲」皆是在外者之物，益而多絕非「聰之至」，而是「多於聰」。「大音希聲，大象無形」（〈老子·四十一章〉）理性嗜慾的對象是至高之善，「希聲」、「無形」的至高之善，絕非「多於聰」等感官機能所能依附之對象。

　　「枝於仁者」至「而曾史是已」，《經典釋文》：「『擢德』，司馬云：拔也。『簧鼓』，謂笙簧也。鼓，動也。『曾史』，曾參史鰌也。曾參行仁，史鰌行義」（〈駢拇〉）。

　　王念孫曰：「『塞』，當為『搴』。擢、搴，皆拔取之義淮南作『攓』」。〔註20〕

　　林希逸云：「擢，抽也；塞，猶言茅塞也。德性本靜，而強於為仁，是擢德而塞性也。法，禮法也；不及者，人所難及也。使人行難行之法，故曰使天下簧鼓以奉不及之法，簧鼓，以言語簧惑鼓動之也」。〔註21〕

　　「夫虛靜恬淡寂漠无為者，萬物之本也」（〈天道〉），「擢德塞性」，猶「宋人有閔其苗之不長而揠之者，芒芒然歸，謂其人曰：『今日病矣，予助苗長矣！』其子趨而往視之，苗則槁矣」之義。〔註22〕

〔註18〕林希逸，《莊子鬳齋口義校注》，頁138。
〔註19〕劉鳳苞，《南華雪心編》，頁210。
〔註20〕馬其昶，《莊子故言》，頁62。
〔註21〕林希逸，《莊子鬳齋口義校注》，頁139。
〔註22〕焦循，《孟子正義》，沈文卓點校，北京：中華書局，1987，頁204。

「駢於辯者」至「而楊墨是已」，《經典釋文》：「『纍瓦』『結繩』，李云：言小辯危詞，若結繩之纍瓦也。崔云：聚無用之語，如瓦之纍，繩之結也。『竄句』，司馬云：謂邪說微隱，穿鑿文句也。『敝』，謂勞敝也。『敝跬』，家世父曰：分外用力之貌。『跬譽』者，邀一時之近譽也。『敝跬譽』，敝精罷神於近名而無實用之言，故謂之駢於辯。『楊墨』，楊朱墨翟也」（〈駢拇〉）。即指「而倍譎不同，相謂別墨；以堅白同異之辯相訾，以觭偶不仵之辭相應」（〈天下〉）之徒。

陸樹芝云：「纍瓦結繩，謂辯之反覆重疊，如瓦之層累然。辯之糾纏不解，如繩之結縛然，則其辯愈多，愈成為無用之曲說矣。而且改竄字句，遁以求工，惟騁其心思於堅白、同異之間，疲敝不止，更分外用力，以稱譽無用之言，非駢於辯者乎」。〔註23〕

莊子對「辯者」的評價極貶抑，〈天下〉言「古之道術有在於是者」（〈天下〉）未及惠施，以其學問「弱於德，強於物」（〈天下〉）。故評惠施曰：「由天地之道觀惠施之能，其猶一蚊一虻之勞者也。其於物也可庸！夫充一尚可，曰愈貴道，幾矣！惠施不能以此自寧，散於萬物而不厭，卒以善辯為名。惜乎！惠施之才，駘蕩而不得，逐萬物而不反，是窮響以聲，形與影競走也。悲乎」（同上）。「逐物而不反」，捨「恬惔」（〈刻意〉）、「平易」（同上）而不能「虛无无為」（同上），故遠離「德全而神不虧」（同上）之境域。莊子謂惠施「外乎子之神，勞乎子之精，倚樹而吟，據槁梧而瞑。天選子之形，子以堅白鳴」（〈德充符〉）即是此義。

「故此皆多駢旁枝之道，非天下之至正也」，郭象注：「此數子皆師其天性，直自多駢旁枝，各自是一家之正耳。然以一正萬，則萬不正矣。故至正者不以己正天下，使天下各得其正而已」（〈駢拇〉）。「使天下各得其正而已」，即是「天下之至正」。

筆者觀點，「天下之至正」，即郭象「使天下各得其正而已」之義。因造物者賦予人的理智和意志，是具有自由抉擇的能力和權力，即理性之人擁有「自由意志」，以主宰自己行為的能力，而使人必須為自己的行為負完全責任。因為，理性之人憑著理智和意志的作用而自由選擇行為的方式以「趨善避惡」。而無理性之動物則依靠自然傾向的能力以「趨善避惡」。這種自然趨向的能力，並無法為各種行為做出比較，以分析其利弊而得出對自己最有利益之結果，

〔註23〕陸樹芝，《莊子雪》，頁98。

並藉此結果作為「趨善避惡」之根據。理性之人憑藉自由意志而行動，即「天下之至正」，亦即「使天下各得其正而已」。天道賦予人理性能力，這種能力來自「聽之以氣」（〈人間世〉）之「理智」理解和思考作用，則理智是一種「導向自的者」；以及「其神无郤，物奚自入焉」（〈達生〉）之繫於理智的「意志」，使能依附於抽象普遍性的善；絕對不會依附感官嗜慾所提供之具體個別的表面善，則意志是一種「導致目的者」。「氣」蘊涵靈魂之理智。「神」蘊涵靈魂之意志。「物」即感官嗜慾之對象。因此，「天下之至正」，即「臧」（〈駢拇〉）。「所謂臧者」（同上），「臧於其德而已矣」（同上）；「任其性命之情而已矣」（同上）。「情」，即靈魂之「情」，即「感官嗜慾」，靈魂之「情」，可分為「憤情」與「欲情」兩種。

　　自由抉擇（liberum arbitrium，自由決議、自由意志）是一種判斷能力，有認知能力者都有這種能力。因為，沒有認知能力的東西，只有自然傾向，行動不用經過比較判斷。因此，沒有認知能力的東西，其判斷沒有自由可言，亦即其行動沒有選擇的餘地。動物除人之外，其判斷只是促成自然本能的行動，無法以比較的方式，選擇如何去達到「趨善避惡」的行動目的，這種判斷沒有自由可供選擇。人與其它動物不同，可以經由比較而自由選擇，而去達到「趨善避惡」的行動目的。因此，人有自由抉擇的能力和權利，所以，人必須為自己的行為負責。多瑪斯說：

　　　　人有自由抉擇；否則的話，勸說、鼓勵、命令、禁止、賞和罰，
　　便都是無用的了。〔註24〕

　　除了人以外的動物，只有自然傾向的判斷，這種判斷不來自比較，並非自由的判斷，而是一種自然的本能。有認知能力的東西，可經由判斷而自由選擇各種行動，能對某方面的事物，選擇逃避或追求。這種逃避或追求，完全出自理性的一種比較。理性針對某一個偶然事物，提供各種方法和目的，去讓意志自由選擇。人有理性，必然是有自由抉擇。

第四節　人性行為的終極目的是全福

　　理性嗜慾的對象是最高善，即終極目的。理性嗜慾由於繫之於理智所知覺普遍性的最高善，這種善才是理性嗜慾所要追求的終極目的。因此，理智

〔註24〕《神學大全》第三冊，第八十三題，第一節，正解。

是導向目的者，由理智提供給意志的終極目的，是經過理智的判斷而成為意志的真正對象。但是，理智作為導向目的者，只是形式上取得對象，而實質上取得對象，是歸由意志的行為，故意志是導致目的者。

> 雲將東遊，過扶搖之枝而適遭鴻蒙。鴻蒙方將拊脾雀躍而遊。雲將見之，倘然止，贄然立，曰：「叟何人邪？叟何為此？」
>
> 鴻蒙拊脾雀躍不輟，對雲將曰：「遊！」
>
> 雲將曰：「朕願有問也。」
>
> 鴻蒙仰而視雲將曰：「吁！」
>
> 雲將曰：「天氣不合，地氣鬱結，六氣不調，四時不節。今我願合六氣之精，以育群生，為之奈何？」
>
> 鴻蒙拊脾雀躍掉頭曰：「吾弗知！吾弗知！」
>
> 雲將不得問。又三年，東遊，過有宋之野而適遭鴻蒙。雲將大喜，行趨而進曰：「天忘朕邪？天忘朕邪？」再拜稽首，願聞於鴻蒙。
>
> 鴻蒙曰：「浮游，不知所求；猖狂，不知所往；遊者鞅掌，以觀无妄。朕又何知！」
>
> 雲將曰：「朕也自以為猖狂，而民隨予所往；朕也不得已於民，今則民之放也。願聞一言。」
>
> 鴻蒙曰：「亂天之經，逆物之情，玄天弗成；解獸之群，而鳥皆夜鳴；災及草木，禍及止蟲。意，治人之過也！」
>
> 雲將曰：「然則吾奈何？」
>
> 鴻蒙曰：「意，毒哉！僊僊乎歸矣。」
>
> 雲將曰：「吾遇天難，願聞一言。」
>
> 鴻蒙曰：「意！心養。汝徒處无為，而物自化。墮爾形體，吐爾聰明，倫與物忘；大同乎涬溟，解心釋神，莫然无魂。萬物云云，各復其根，各復其根而不知；渾渾沌沌，終身不離；若彼知之，乃是離之。无問其名，无闚其情，物故自生。」
>
> 雲將曰：「天降朕以德，示朕以默；躬身求之，乃今也得。」再拜稽首，起辭而行。（〈在宥〉）

「雲將東遊」至「吾弗知」，《經典釋文》：「『雲將』，李云：雲主帥也。『扶搖』，李云：扶搖，神木也，生東海。一云：風也。『鴻蒙』，司馬云：自然元氣也。一云：海上氣也。『脾』，本又作髀。『躍』，司馬云：雀躍，若雀浴

也。一云：如雀之跳躍也。『倘』，司馬云：欲止貌。李云：自失貌。『贄』，李
云：不動貌。『叟』，司馬云：長者稱。『不輟』，李云：止也。『吁』，亦作呼。
傳曰：吁，疑怪之辭。驚疑之聲，亦發聲也」（〈在宥〉）。

「雲將」，喻有形之物，「鴻蒙」，喻無形之氣。雖是擬兩人的對話，亦可
擬人之形體與氣精神兩個領域的談話。

劉鳳苞云：「雲將有形，鴻蒙則渾然無象」。〔註25〕雲將擬有形形體，鴻
蒙擬無象之元氣與精神。

呂惠卿釋「雲將」為「以澤天下為己任者」；「倘然止，贄然立」為「凝其
神將以觀之也」；「遊」為「物物皆遊而無不在也」；「弗知」為「無知」。〔註26〕

「遊」，非人形體之遊，故「物物」之「遊」能「無不在」。物於物則落於
有形軀體，非「遊」之義，「物物」之「遊」即「汝遊心於淡，合氣於漠，順
物自然而無容私焉」（〈應帝王〉）之義。

筆者觀點，「雲將」，喻有形之物，「鴻蒙」，喻無形之元氣。雖是擬兩人
的對話，亦可擬人之形體與元氣精神兩個領域的談話。氣與精神蘊涵靈魂的
理性部分與非理性部分。理性部分包含理智和意志，非理性部分包含形體的
營養與生長。雲將「以澤天下為己任」，役於心知之取捨，純粹受制於感官嗜
慾之情，非「虛靜恬淡寂漠无為者」（〈天道〉），而是「有為者」，故鴻蒙回以
「吾弗知」，即「无思无慮始知道」（〈知北遊〉）之義。

「雲將不得問」至「治人之過也」，《經典釋文》：「『有宋』，國名也。『軼
掌』，毛詩傳云：失容也。『之放』，效也。『止蟲』，本亦作昆蟲。『意』，本亦
作噫」（〈在宥〉）。

陳懿典云：「鴻蒙既以不知答之，故雲將不得其發問之由。呼鴻蒙為天，
言前日一見曾記得否，豈已忘之耶！前不得問，至此復欲再問。周遊而自得，
所求何知有求。軼蕩而自得，所往何知所往。軼掌，紛汩也。無妄，真也。惟
知遊於舉世紛汩之中，以觀其真機之所在。外此終不知也。我聞夫子猖狂之
教，亦自以為猖狂矣，其如為民所隨；既為民隨，雖欲謝絕於民而不可得，則
凡有所為，皆民之所倣而效也。願得一言以治之。天之經常，物之情實，皆自
然而已。今既以有心為之，則逆亂其自然矣。如此則豈得成，先天自然之化。
獸失其性而解散，鳥失其性而夜鳴，草木昆蟲失其性而被災禍。此皆有心以

〔註25〕劉鳳苞，《南華雪心編》，頁260。
〔註26〕呂惠卿，《莊子義》，頁109。

治人之失也」。〔註 27〕

「雲将不得問」，即「知」（〈知北遊〉）問道无為謂「不知應我也」（同上）與狂屈「中欲告而忘之也」（同上）之義。「治人之過也」，陸西星等解皆以為與「罪在攖人心」（〈在宥〉）同旨。〔註 28〕

筆者觀點，雲将與鴻蒙擬兩人對話，以揭無為之「治道」；前文黃帝與廣成子兩人對話，以明無為之「治身」，「聞吾子達於至道，治身奈何而可以長久」（〈在宥〉）。前段筆者說過亦可擬形體與氣精神兩個領域的談話，是否與「治身」相混雜。事實上，「治道」已涵蓋「治人」與「治身」。「治人事天莫若嗇」（《老子・五十九章》），河上公章句云：「嗇，愛惜也。治國者當愛惜民財，不為奢泰。治身者當愛惜精氣，不為放逸」。〔註 29〕雲将問鴻蒙「治道」，即是問「治身」；而鴻蒙亦以「治身」回答「治道」。黃帝問廣成子「治身」，其實即是問「至道」；而廣成子即是因「已達至道」，始有回答「治身」之能力。因此，「治道」、「治人」、「治身」、「至道」，皆是探詢人性行為的終極目的是全福的問題，亦即詢問欲達至道以獲得全福如何才能實現的問題。

「雲将曰：『然則吾奈何』」至「起辭而行」，《經典釋文》：「『墮』，韋昭注周語曰：黜，廢也。黜與墮，義相近。大宗師篇墮枝體，黜聰明，即其證也」（〈在宥〉）。

林希逸釋「吾奈何」為「如之何而可」；釋「毒哉！僊僊乎歸矣」為「自毒自苦，可急急歸去，不必問我」；釋「心養」為「此心自養」；釋「徒處无為，而物自化」為「但處於無為之中，而物自化。自化者，往來不息，自生自化之意也」；釋「墮爾形體，吐爾聰明，倫與物忘；有同乎涬溟」為「將從前許多聰明，皆吐去而莫留之，泯沒而與物相忘，則與涬溟大同矣。涬溟，無形無朕，未有氣之始也」；釋「解心釋神，莫然无魂」為「解去其有心之心，釋去其有知之神。莫然，定也；無魂者，無知也，精曰魄，神曰魂，無魂者，猶前言塊然以其形立也。解心之心與心養之心自異，解神之神與抱神以靜之神自異」；釋「萬物云云，各復其根，各復其根而不知」為「生者必滅也，雖滅而不滅，滅者又生，故曰各復其根而不知」；釋「渾渾沌沌，終身不離」為「無

〔註 27〕陳懿典，《南華經精解》，頁 301。

〔註 28〕譬如陸西星也以「罪在攖人心」釋「治人之過」。參閱陸西星，《莊子副墨》，頁 123。

〔註 29〕河上公，《老子道德經河上公章句》，王卡點校，北京：中華書局，1993，頁 231。

知無覺則終身不離乎道矣」；釋「若彼知之，乃是離之」為「纔有知覺，則與
道為二」；釋「无問其名，无闚其情，物固自生」為「凡有分別之謂名，凡有
好惡之謂情，無問無闚，則無所分別，無所好惡矣，此即無為自然也。無為自
然，則物物各遂其生，固者，固有也」；釋「天降朕以德，示朕以默；躬身求
之，乃今也得」為「賜我以自然之德，示我以不言之理。反身而求之，已得此
道」。〔註30〕

　　陸西星以「心養汝徒」為一句，而異於眾注釋家以「心養」為斷句，「徒」，
眾也，「養」，即孟子所謂「善養」，言人心擾之則亂，養之則馴，治人者應恬
淡無為，不治而治，物將自化。陸氏對「解心釋神」與林氏相同，解去妄心，
則心養汝徒之心自正，釋去識神，則抱神以靜之神自寧，解心釋神則莫然無
魂矣。莫，即沖莫無朕之意，魂，即人之識神也。〔註31〕

　　林氏和陸氏對於解「心」釋「神」，與「心」養而抱「神」以靜，兩句之
解釋，兩個「心」、「神」相異。

　　而且，林氏釋「無魂」為「無知」；釋「精」為「魄」；釋「神」為「魂」。

　　然而，陸氏釋「魂」為「識神」。

　　對於林氏和陸氏的解釋，筆者僅同意「心」養異於妄「心」之解釋。但
是，「精」、「神」、「魂」、「魄」、「識神」之解釋則不認同。

　　因為，筆者是將多瑪斯的靈魂涵蘊於莊子的「精」、「神」、「氣」內，靈魂
是形式而且是德行之現實。而形體是質料，形體之德行則是行動對於靈魂現
實之實踐。莊子的「魂」、「魄」不等於多瑪斯的靈魂，而是涵蘊於「氣」、「精」、
「神」內。

　　釋「解心釋神，莫然无魂」，林雲銘云：「解其心之所係，釋其神之所拘。
莫然者，坐忘之象。無魂，言如槁木死灰，全無動念也。此是處無為之極
者」。〔註32〕

　　筆者同意林雲銘對於「心」、「神」之間關係的解釋。人形體為「心」繫，
「神」被「心」拘，才使雲將表示「吾遇天難」。

　　筆者觀點，莊子「氣」、「精」、「神」蘊涵莊子之魂魄，莊子魂魄與多瑪斯
靈魂不相等。但是，莊子「氣」、「精」、「神」蘊涵靈魂理性部分與非理性部

〔註30〕林希逸，《莊子鬳齋口義校注》，頁 174。
〔註31〕陸西星，《莊子副墨》，頁 123。
〔註32〕林雲銘，《莊子因》，頁 115。

分。因此，氣蘊涵理智，神蘊涵意志。「心靈」，即指心和靈魂。心靈能思維一切，心靈自身就是思維的對象。有質料的東西不可能存在心靈之中，心靈本身是形式而沒有任何質料存在其中，心靈對於質料而言，即是以一種潛能狀態屬於它們。因此，心靈本身在沒有思想的時候等於就是一塊沒有書寫任何東西的白板。〔註33〕

　　心靈與感官不同，感官對於太過於強烈的對象會產生麻痺而失去該有的感覺；但心靈對於太過於強烈的思維對象卻反而加強這種思維能力。〔註34〕

　　這種結論即印證「五色令人目盲，五音令人耳聾，五味令人口爽，馳騁畋獵令人心發狂」（《老子·十二章》）的講法。河上公章句云：「人精神好安靜，馳騁呼吸，精神散亡，故發狂也」。〔註35〕

　　「發狂」，即指心靈太過亢奮而不能收斂。心靈純粹則心靈與心靈作為被思維的對象是同一的，這樣的狀態即歸於靈魂理智的「純氣之守」（《達生》）。理智所提供的對象，對於意志來說，即是相稱的善與目的。故「純氣之守」則使神「藏於天」（《達生》），故能「其天守全，其神无郤，物奚自入焉」（《達生》）。因此，「解心釋神」，即是心靈不受係於有形之質料，則人不為心所係，則神不拘於感官嗜慾的誘惑，而能發揮理性嗜慾的趨向作用，以相稱的善與目的作為意志的對象。

　　倫理行為主要來自靈魂機能主體的作用，靈魂機能雖然包含理智和意志，但自由抉擇是嗜慾機能，即導致目的者。多瑪斯說：

>　　哲學家在《倫理學》卷六第二章，論到選擇主要該屬於嗜慾能力或該屬於認知能力時，沒有下定論。他說選擇「或是嗜慾性的智能，或是智性的嗜慾」。但是在《倫理學》卷六第二章，他比較傾向

〔註33〕亞里斯多德說：「我們已經指出，心靈潛在地即是思維對象，但現實上，在思維之前它什麼都不是。思想在心靈之中就像在一塊沒有被現實地書寫的寫字板上的字一樣。相對於心靈來說，所發生的正是這樣。心靈自身就是思維的對象，就像其他思維對象一樣。相對於沒有質料的東西來說，思維和被思維是同一的；因為思辨知識和這種知識對象也是同一的；我們必須考察，心靈是由於什麼原因不在永遠地思維著。在有質料的事物中，每個思維對象都是潛在的；所以有質料的東西不會有心靈存在於其中（因為心靈是沒有質料的，它只是潛在地屬於它們），心靈是可以成為思維對象的。」參閱亞里斯多德，《亞里斯多德全集·論靈魂》，苗力田主編，頁77。

〔註34〕亞里斯多德，《亞里斯多德全集·論靈魂》，苗力田主編，頁76。

〔註35〕河上公，《老子道德經河上公章句》，頁45。

於後一說法，即選擇是智性的嗜慾，稱選擇為「經過考慮的願望」。
這是因為選擇之專有對象乃是導致目的者；而導致目的者作為導致
目的者，具有善的之意義，即所謂的有用的善。既然善作為善，是
嗜慾之對象，故此選擇主要是嗜慾能力之活動，所以自由抉擇是嗜
慾機能。〔註36〕

　　多瑪斯倫理學是「主知主義」，但由他的言論可以獲得「修正或補充」：
「自由」只是「形式上」在於理智或理性，而「實質上」在於意志。便知「自
由」是經過理性判斷，而且，又是歸於意志的行為。〔註37〕潘小慧說：

　　　雖然靈魂的理性或靈性能力（理智和意志）是德行此良好習慣
　　的主體，但若從純粹、絕對意義而言，此主體只能是意志，或是某
　　種被意志所推動的能力。〔註38〕

　　倫理行為既然是靈魂機能所推動，而人性行為必然是來自靈魂機能的作
用。因此，靈魂機能的對象即是「意志，或是某種被意志所推動的能力」之對
象。所以，人性行為都必須是為了目的。因此，多瑪斯說：

　　　顯然由某機能而來之一切行動，是以這機能之對象的原故而
　　產生。意志之對象是目的及善。是以，所有的人性行動，都須是
　　為了目的。〔註39〕

　　人性行為即是出於經過考慮的意志活動，此即「某機能而來之一切行動」，
這個「機能」，即是潘小慧所說的「意志，或是某種被意志所推動的能力」，這
個「機能」包含「意志」和「自由抉擇」，「意志」的對象是「目的」，而「自
由抉擇」乃「導致目的者」，「這機能之對象」即是「善和目的」，「產生」即指
「一切行動」，亦即人性行為。所以，人性行為是以意志的對象而產生，換言
之，全部的人性行為，都必須是為了目的。人性行為的最後目的即終極目的
是否就是至高之善。多瑪斯說：

　　　按理說，無論從哪方面，目的皆不能推衍到無限。因為彼此相
　　關連者，取消了第一個，必然也取消了與第一個相連者。為此哲學
　　家在《物理學》卷八第五章指出，在動因之間，不可能推衍到無限，

〔註36〕《神學大全》第三冊，第八十三題，第三節，正解。
〔註37〕柯布登（F. C. Copleston），《多瑪斯思想簡介》，頁203。
〔註38〕潘小慧，《德行與倫理——多瑪斯的德行倫理學》，頁95。
〔註39〕《神學大全》第四冊，第一題，第一節，正解。

因為那將沒有第一個動因；而少了第一個，則其餘的都不能動，因
為這些之所以能動，是因受第一個的推動。〔註40〕

人性行動是靈魂主體的作用，此主體只能是「意志，或是某種被意志所
推動的能力」，「意志」的對象是「目的」；「或是某種被意志所推動的能力」
即是人性行動的「實現」，「實現」則是「導致目的者」。因此，依照多瑪斯對
於「目的」有兩種次序，即「意志」次序和「實現」次序。「意志」的根本是
「最後目的」，「最後目的」是推動嗜慾的根本。「實現」是「導致目的者」，
「實現」的根本是「行動所由始者」。這兩種次序都應有第一個，而兩種次序
方面都不能推衍到無限。因為，沒有「最後目的」，則沒有目的可以追求；沒
有第一個的「導致目的者」，則沒有東西開始行動。〔註41〕所以，人性行動的
最後目的，即是至高之善，即所謂幸福，多瑪斯稱之為「真福或福樂」
（beatitudo）。〔註42〕

〔註40〕《神學大全》第四冊，第一題，第四節，正解。
〔註41〕《神學大全》第四冊，第一題，第四節，正解。
〔註42〕多瑪斯的真福就是人在來世的享見天主，他稱亞里斯多德的今生幸福，是不
　　　　完美的幸福，但這種幸福是真福的進階。對於人可以得到真福這個難題，曾
　　　　經為他招來不少非難的聲音。譬如：沒有理由先假定有一個這樣的東西。可
　　　　是，多瑪斯認為，如果沒有最高的至善，人就不會有任何意願去追求所謂的
　　　　最後目的；又譬如：假使我們承認有一種天生的願望，驅使我們去追求一個
　　　　完美的、能使我們完全滿足的善，不一定就能說這樣的願望能夠實現。不過，
　　　　柯布登提到：多瑪斯先已論證有一位天主；承認萬物是天主所創造，並賦予
　　　　它們天生的傾向，去實現自己的潛能。多瑪斯也曾經證明：人性是受造物，
　　　　造物者是有位格的天主；而且，上帝造人，肯定不會使人理性有一種強烈而
　　　　無法抗拒的衝動，去追求不存在的善，或追求不到的善。參閱柯布登（F. C.
　　　　Copleston），《多瑪斯思想簡介》，頁210～211。

第三章　德行的本質

　　德行的本質是指能力的完善，任何東西的完善，都與目的有關，能力之目的即是現實。能力包含存在與行動兩種能力，存在的潛能是質料，行動的潛能是形式。人是肉體質料與靈魂形式的複合體，人的德行即是指行動方面的完善。因為，靈魂機能之目的是行動。德行的主體是靈魂的機能，靈魂之機能與機能之理、機能之習性、機能之目的三個面向有密切相關：第一是德行之理，即機能之完善。第二是習性，即德行是行動方面的習性。第三是目的，即德行趨向於目的，而這個目的，或者是機能之行動，或者是行動所獲致者。明智或智德是以理智為其主體。勇德和節德是以憤情和欲情為其主體。信德是以理智為其主體。義德和愛德是以意志為其主體。

　　任何東西的完美主要在於它與目的之關係。能力之目的則是現實（act）。德行或德（virtus），其本質便是指一種能力的完善。人的能力不是一種而已而可以很多種，但完善的能力只能受限於習性才能是完善的。對於存在與行動兩種能力而言，存在的潛能是質料；行動的潛能是形式，但人是肉體質料與靈魂形式的綜合體，人性的德行是行動方面的完善。人的德行是行動方面的習性，行動的習性只能是善習才能直接用於善的行動。德行的定義包含全部的德行原因之集合。奧斯定在《自由意志》卷二第十九章將德行定義為：「德性是天主在人內，但不靠人而造成的心靈上之善良品質，使人正直生活，無人用之於惡」。[註1] 德行的主體是靈魂的機能，可從三方面說明：第一是德行之理，即機能之完善。第二是德行乃出自靈魂某機能行動方面的習性。第

〔註1〕《神學大全》第四冊，第五十五題，第四節，反之、正解。

三是德行即傾向於目的，而目的或者為事物之行動，或者是由能力而來之行動所獲致者。明智／智德是以理智為其主體。勇德和節德是以憤情和欲情為其主體。義德和愛德是以意志為其主體。

關於德行的本質，可從人的習性、存在及行動的現實、善的習性和德行的定義諸方面來探討。

第一節　德行是一種習性

無理性動物具有自然能力，這種能力即是一種德行。因為，自然能力其本身即被限定於其自然之現實。有理性之人具有理性能力，這種理性能力，不只固定於一種，也可以有很多種的可能性。這些能力本身如果是一種德行，則是受到習性的限定。所以，德行是一種習性。

> 彼正正者，不失其性命之情。故合者不為駢，而枝者不為跂；
> 長者不為有餘，短者不為不足。是故鳧脛雖短，續之則憂；鶴脛雖
> 長，斷之則悲。故性長非所斷，性短非所續，無所去憂也。意仁義
> 其非人情乎！彼仁人何其多憂也？（〈駢拇〉）

陳壽昌釋「彼正正者」為「上正字義近真，猶諺云真正也」；釋「跂」為「足多指也」；釋「斷之則悲」為「脛，膝以下骨，喻本然者不容人為增損也」；釋「無所去憂」為「率其本然，則自無憂，何待於去」；釋「意仁義其非人情乎」為「非人性命之實乎」；釋「何其多憂」為「以上就至正者指示，發明率性自然之妙，以形仁義之非」。〔註2〕

「彼正正者」，即「天下之至正也」，也即「道德之正也」，必能「任其性命之情」，也必能「安其性命之情」，故能「不失其性命之情」。「不失其性命之情」，必不「失其常然也」。

林雲銘云：「道德之正即性命之情，性命之情各有固然，不假於外之作為，所以無憂也。仁義所以非人情者，以其多憂也」。〔註3〕

「仁義所以非人情乎」，即是指出仁義是一種假於外在作為的行為。這種行為並不是一種「任其性命之情」的行為，所以是一種「此失其常然也」的行為，非「道德之正」，反而能使人「多憂」。

〔註2〕陳壽昌，《南華真經正義》，頁131。
〔註3〕林雲銘，《莊子因》，頁92。

筆者觀點，「道德之正也」、「天下之至正也」，才「不失其性命之情」。因為，莊子認為道德並不是精神外於形骸的行為，此即「今子與我遊於形骸之內，而子索我於形骸之外，不亦過乎」（〈德充符〉）之義。「子」指子產，「我」指兀者，申徒嘉。「遊於形骸之內」，則形骸不離「氣」、「精」、「神」之謂。「氣」、「精」、「神」蘊涵靈魂有理性和無理性部分，這與多瑪斯德行即是靈魂行動之現實見解相同。

因此，「凝於神」（〈達生〉）、「未嘗敢以耗氣」（同上）、「靜心」（同上）、「精不虧」（同上），這些都是靈魂機能由潛能成為現實而產生行動，即「遊於形骸之內」之義。「遊於形骸之內」才是道德滋生茁壯的必要條件，亦即「道不可致，德不可至，仁可為也，義可虧也，禮相偽也」（〈知北遊〉）之義。

宣穎云：「神以氣為載，以志為使」。〔註4〕氣提供相稱之對象，使神不盲從於感官嗜慾而依附於最高善與終極目的。「志」，即「願意」相信天道乃最後之目的與善，而使神指向真正的善與目的，而視此善與目的為能夠達到者而去追求祂。

劉鳳苞云：「神以氣為之運行，氣合於神也」、「神以志為之驅使，志合於神也」。〔註5〕

氣蘊涵理智，神蘊涵意志，神繫之於氣，才能不受感官嗜慾之誘惑而依附於氣所提供之善與目的。行動之現實，在無理性動物方面，屬於自然之行動，並沒有比較選擇的餘地；但在有理性之人方面，則可以有很多能力而不會只是一種而已。因此，能力之完善，與目的有關，目的即是現實，則靈魂機能之目的是行動。行動成為一種德行，是受到習性之限定。

「臣之所好者，道也，進乎技矣。始臣之解牛之時，所見无非全牛者。三年之後，未嘗見全牛也。方今之時，臣以神遇而不以目視，官知止而神欲行」（〈養生主〉），此即進技於道之義。技者，即思辨理性之藝術；道者，即思辨理性之明智。神蘊涵靈魂之意志，即機能之成就的目的是行動，行動則受到習性的限定。因此，藝術與明智，即是靈魂機能之成就，是受到習性的限定。所以，「所見无非全牛者」，即是行動非受到習性之限定，而受到感官之認識與嗜慾的干擾；而靈魂機能之成就受到習性限定，才能進一步達到「神遇而不以目視，官知止而神欲行」的工夫實踐境界。

〔註4〕宣穎，《南華經解》，頁131。
〔註5〕劉鳳苞，《南華雪心編》，頁426。

依照多瑪斯德或德行，是意謂能力的完善，任何東西的完善，在其與目的之關係。能力之目的即是現實。因此，一個能力如果被限定於現實，則是完美的。多瑪斯說：

> 德性或德（virtus），是指機能的一種成就。任何東西之成就，主要在於其與目的之關係。機能之目的是行動。所以一個機能若被限定於其行動，則是完善的。〔註6〕

自然的主動機能本身即是一種德行。因為自然的主動機能其本身即是被限定於其自然之現實。人所專有之理性能力，並不固定於一種，也可以很多種而具有許多可能性。這些能力則是靠習性給予限定。所以，德行是一種習性。

第二節　德行是形式的現實

德行是能力的一種完善。人是身體與靈魂的複合體，人的德行，只能是靈魂機能的一種完善。因為，靈魂具有理性能力，這是其它無理性動物所沒有的能力。因此，人性的行為，不能是指身體的能力；或是身體與靈魂所共有的能力。靈魂能力的完善，即是行動，即靈魂之目的是行動。靈魂是形式，而行動的潛能是形式方面的，而身體存在的潛能是質料方面的。所以能力有兩種，即存在和行動，這兩種能力的完善即是德行，而嚴格來說，只有形式的現實是人性的德行。〔註7〕

> 夫小惑易方，大惑易性。何以知其然邪？自虞氏招仁義以撓天下也，天下莫不奔命於仁義，是非以仁義易其性與？故嘗試論之，自三代以下者，天下莫不以物易其性矣。小人則以身殉利，士則以身殉名，大夫則以身殉家，聖人則以身殉天下。故此數子者，事業不同，名聲異號，其於傷性以身為殉，一也。臧與穀，二人相與牧羊而俱亡其羊。問臧奚事，則挾筴讀書；問穀奚事，則博塞以遊。二人者，事業不同，其於亡羊均也。伯夷死名於首陽之下，盜跖死利於東陵之上，二人者，所死不同，其於殘生傷性均也，奚必伯夷之是而盜跖之非乎！天下盡殉也。彼其所殉仁義也，則俗謂之君子；其所殉貨財也，則俗謂之小

〔註6〕《神學大全》第五冊，第五十五題，第一節，正解。
〔註7〕《神學大全》第五冊，第五十五題，第二節，正解。

人。其殉一也，則有君子焉，有小人焉；若其殘生損性，則盜跖亦伯
夷已，又惡取君子小人於其間哉！（〈駢拇〉）

「夫小惑易方」至「一也」，《經典釋文》：「『以撓』，廣雅云：亂也。『招』，
韋注曰：舉也。『殉』，司馬云：營也。崔云：殺身從之曰殉」（〈駢拇〉）。

林希逸釋「惑」為「迷」；釋「方」為「四方」；釋「大惑」為「大迷則失
天地之性矣」；釋「是非以仁義易其性與」為「知仁義而不知道德，是以外物
易其性也。若莊子之意，則天下、國家、名利，均為外物也」；釋「殉」為「從
也，忘其身以從之曰殉」。〔註8〕

假「仁義」之名，以殉「利」、「名」、「家」、「天下」，即是以「利」、「名」、
「家」、「天下」之「物」而「易其性」。而且，「是非」被「仁義」之迹所「惑」
而「易其性」。「易其性」，即是前文「失其性命之情」、非「道德之正也」之謂。

郭象注：「夫東西易方，於體未虧；矜仁尚義，失其常然，以之死地，乃
大惑也。夫與物無傷者，非為仁也，而仁迹行焉；令萬理皆當者，非為義也，
而義功見焉；故當而無傷者，非仁義之招也。然而天下奔馳，棄我殉彼以失
其常然。故亂心不由於醜而恆在美色，撓世不由於惡而恆由仁義，則仁義者，
撓天下之具也。雖虞氏無易之之情，而天下之性固以易矣」（〈駢拇〉）。

孔子「深化」之「仁」，孟子「四端」之「義」，皆出自形上心性實體之道
德，非春秋一般士大夫所言之「仁」、「義」。即如孟子曰：「君子所性，雖大行
不加焉，雖窮居不損焉，分定故也。君子所性，仁義禮智根於心」〔註9〕。

林疑獨云：「有虞氏之仁義，充其性者也，而莊子非之，何耶？蓋責其所
始，不得不然。且先王之於仁義，將以成民性而復於道也；後世因其所陳之
餘緒而尊嚴其迹，以為天命之至盡在此矣。操所以成性之迹，遂以為性，豈
能使棄其名而樂其實哉？所非者虞氏之迹，所存者虞氏之心」。〔註10〕

虞氏之仁義乃所存之心，即「所以迹」，而後世「尊嚴其迹」，即「所迹」。
「所迹」非「所以迹」，以「所迹」之仁義行於天下，遂使天下百姓皆「易其
性」，而「失其性命之情」。

筆者觀點，孔孟「仁義」得其「所以迹」，即是靈魂能力的現實，靈魂之
目的是行動，乃靈魂形式由潛能成為現實。莊子「氣」、「精」、「神」，蘊涵靈

〔註8〕林希逸，《莊子鬳齋口義校注》，頁142。
〔註9〕焦循，《孟子正義》，頁906。
〔註10〕褚伯秀，《南華真經義海纂微》，頁364。

魂有理性和無理性部分,「其天守全,其神无郤」(〈達生〉)、「純氣之守」(同上)、「必齊以靜心」(同上)、「遺生則精不虧」(同上),這些都是靈魂的行動在形式方面,由潛能變成現實,此即「遊於形骸之內」之義。「遊於形骸之內」才是道德萌芽;成長和強壯的基礎。

「臧與穀」至「又惡取君子小人於其間哉」,《經典釋文》:「『臧』,崔云:好書曰臧。『與穀』,爾雅云:善也。『筴』,李云:竹簡也。『博塞』,漢書云:吾丘壽王以善格五待詔,謂博塞也。『首陽』,山名。『東陵』,李云:謂泰山也」(〈駢拇〉)。「格五」,古代博戲名,棋類。

成玄英疏:「行五道而投瓊曰博,不投瓊曰塞」(〈駢拇〉)。

林希逸云:「瓊猶今骰子也,亦曰齒,亦曰目,塞與賽同」。〔註11〕

陳詳道云:「伯夷死名,蓋不能弱其志;盜跖死利,蓋不能強其骨也。臧者,義之善。穀者,信之善。男而婿婢曰臧,女而婦奴曰穀,男貴義、女貴信故也。羊之為物,群而不黨,恭而有禮,其性未嘗不善也。制字者,以羊從言為善,羊從大為美,莊子以忘羊譬忘德,宜矣。臧、穀之拘縱不同,而均於亡羊;夷、跖之善惡不同,而均於殘生。又惡取君子、小人於其間哉」。〔註12〕

筆者觀點,「不能弱其志」,即不能「无聽之以耳」(〈人間世〉)、「无聽之以心」(同上),故無法「若一志」(同上)而「無知」。因為,「志」為「志願」,乃理智「願意」相信「一」這個最後目的真理,有如理智相信知識的形式之理則為證明的中詞或媒介。氣蘊涵靈魂理智,神蘊涵靈魂意志。氣不能導向「一」這個最後目的,則神不繫於氣,以致於只能趨向不相稱的感官嗜慾這個表面善和目的。感官嗜慾,是由心知所撩動;神所以趨向理性嗜慾,則是由繫之於氣而聽從理性之指示,即「用志不分,乃凝於神」(〈達生〉)之義。「不能強其骨」,即不能「無欲」,無欲方能強骨,即《黃帝內經素問·宣明五氣》:「腎主骨」之義。故聖人「弱其志,強其骨」,必先「虛其心,實其腹」(〈老子·三章〉),腹充實是以物養腹而已,不會激起感官嗜慾帶動神趨向於物質慾望。感官慾望老子則以「目」稱之,即「是以聖人為腹不為目」(〈老子·十二章〉)之義,目受制於感官慾望的牽動而使人役於物。

依照多瑪斯德行是能力的一種完善。能力有兩種,即存在和行動。這兩種能力的完善即是德行。多瑪斯說:

〔註11〕林希逸,《莊子鬳齋口義校注》,頁143。
〔註12〕褚伯秀,《南華真經義海纂微》,頁364。

　　在人的結構中，身體算是質料，靈魂則是形式。在身體方面，人與其他動物相同；身體與靈魂所共有之能力也是一樣；只有靈魂專有之能力，即具有理性的能力，是只屬於人的。為此，我們這裡所討論的人性的德性，不能是屬於身體的，而只屬於靈魂專有的部分。故此，人性的德性沒有針對存在的關係，主要是針對行動的。所以按理，人性的德性是行動方面的習性。〔註13〕

　　存在屬於質料方面潛能的現實，行動屬於形式方面潛能的現實，這兩種潛能的現實即是德行。可是形式是行動的根本，每個東西會行動，是根據它是現實的。

第三節　德行是善的習性

　　任何東西能力之完美，就是這個東西的能力達到盈極。因為，能力之完美則是能力之盈極，而能力之盈極，才是一種德行，亦即善之盈極，若有任何虧缺便成為惡，而為一種惡行。人性之德行是行動的習性，而且，這種行動都是指向善。所以，人性之德行是行動方面善的習性，這些行動都是用來行善。〔註14〕

　　　　且夫駢於拇者，決之則泣；枝於手者，齕之則啼。二者，或有餘於數，或不足於數，其於憂一也。今世之仁人，蒿目而憂世之患；不仁之人，決性命之情而饕貴富。故意仁義其非人情乎！自三代以下者，天下何其囂囂也？（〈駢拇〉）

　　《經典釋文》：「『齕』，齒斷也。『蒿目』，司馬云：亂也。『饕』，杜預注左傳云：貪財曰饕。『囂囂』，崔云：憂世之貌」（〈駢拇〉）。

　　林希逸釋「枝」為「多一指，故曰有餘於數」；釋「駢」為「合二指而不可分，故曰不足於數」；釋「蒿目」為「半閉其目也，欲閉而不閉，則其睫蒙茸然，故曰蒿目。蒿者，蓬蒿之蒿也。蒿目有獨坐憂愁之意」；釋「故意仁義其非人情乎」為「仁義信非出於本然也」；釋「囂囂」為「嘈雜也」。〔註15〕

　　仁人憂世之患與不仁之人饕富貴，仁與不仁之人實無異，皆自以為苦。

〔註13〕《神學大全》第五冊，第五十五題，第二節，正解。
〔註14〕《神學大全》第五冊，第五十五題，第三節，正解。
〔註15〕林希逸，《莊子鬳齋口義校注》，頁140。

蓋仁義外爍,非出自性命之情,則是強加於人,其猶「枝指」一般;富貴為身外之物,離析性命之情而逐物不返,其如「駢拇」一樣,則「有餘」及「不足」,對於人便是累贅和缺損,而令人憂愁不已。

陸西星謂手足有決齕是由駢枝召來,無駢則無庸於決,無枝則無庸於齕,無決無齕,又何有泣啼之哀號。〔註16〕此喻仁義與富貴皆屬於物,於「常然」或益或損,便生「駢枝」之憂,故有「決齕」之患,而使人「泣啼」。

劉鳳苞謂天事之缺而引為人事之憂。性命之憂,倍切於形體之憂。憂不同而其為患於性命者無不同也。〔註17〕

仁義外加,彷彿「枝於手」,貪婪富貴崩裂性情,猶如「駢於拇」,則有「決齕」之憂,欲去其憂,則生「泣啼」。仁人因仁義而憂天下,不仁之人因富貴而憂一身,憂雖不同,患於性命則無不同。仁義之擾天下,以其並非「任性命之情」之「常然」。

筆者觀點,「駢拇技指」之喻引出感官認識與嗜慾之行動,並非屬於靈魂理性認識與嗜慾之行動。感官認識與嗜慾之行動必然不能指向真正的善及目的,因而不可能達到善的極限。不是善的極限,就是善的虧缺而成為惡行。人性之德行必然是善的行動之極致,行動之完美,即是善的習性而使靈魂機能達到善的行動之極致,這種行動都是用來行善,不可能成為一種惡行。

仁義遊於形骸之外,則是出於感官認識與嗜慾的一種行動,則道無仁義,而說仁義出於道,此非道之常然,故出於性而侈於德。

德行是一種善的習性,則這種善的習性只能是靈魂機能之成就,達到善的極致而成為一種德行。所以,德行是善的習性,是用來行善的,而德行就是藉由理性認識與嗜慾而指向真正的善與目的。任何事物之完美,都與目的有關。

莊子以寓言作為引喻,一個是指向人外之技藝,一個則指向人內之道德,兩者都是實踐理智的項目,即藝術與明智兩種德行。「庖丁」(〈養生主〉),「解牛」(同上),「臣以神遇而不以目視,官知止而神欲行」(同上)。「痀僂」(〈達生〉),「承蜩」(同上),「用志不分,乃凝於神」(同上)。「梓慶削木為鐻」(同上),「臣將為鐻,未嘗敢以耗氣也,必齊以靜心」(同上),「輒然忘吾有四枝形體也」(同上)。此皆以實踐理性人外之技藝以喻實踐理性人內之明智,道

〔註16〕陸西星,《莊子副墨》,頁98。
〔註17〕劉鳳苞,《南華雪心編》,頁213。

德乃「氣」、「精」、「神」方面善的習性之行動。即「若一志，无聽之以耳而聽之以心，无聽之以心而聽之以氣」(〈人間世〉)；「墮肢體，黜聰明，離形去知，同於大通」(〈大宗師〉)之義。所以，屬於道德者，即「氣」、「精」、「神」方面善的習性之行動，即指向理性認識與嗜慾所依附之真正的善與目的，這種行動才是德行，都是用於行善的。

依據多瑪斯德行即是機能的完美。而完美就是德能的極致。每個東西的德行能力都是指向善，能力的完美亦即能力的盈極才是一種德行，否則就是善的虧缺而成為惡。多瑪斯說

> 按《天界論》卷一第十一章說的，每個東西之德能是看東西之能力的極限。一個東西之能力的極點該是善，因為惡含有虧欠的意義；故此，狄奧尼修在《神名論》第四章裡說：凡惡皆為弱點。所以，任何東西的德能都該是指向善的。因此，人性德性既是行動方面的習性，是善的習性，並是用於行善的。〔註18〕

機能的成就是看機能的德能之極致，達到德能之極致才可稱為完美，也才能稱為德行。因此，任何德能之極致，即善之盈極才能是德行，否則便是善之虧缺而成為惡行。所以，人性德行必然是行動方面善的習性，並且是用來行善的。

第四節　德行的定義

灌輸性德行之定義，即超性德行，可引用奧斯定《論自由意志》卷二第十九章的內容，即「天主在人內，但不靠人而造成的心靈上之善良品質，使人正直生活，無人用之於惡。」〔註19〕

> 若夫不刻意而高，无仁義而修，无功名而治，无江海而閒，不道引而壽，无不忘也，无不有也，澹然无極而眾美從之。此天地之道，聖人之德也。
>
> 故曰：夫恬惔寂漠虛无无為，此天地之平而道德之質也。故曰：聖人休休焉則平易矣，平易則恬惔矣。平易恬惔，則憂患不能入，邪氣不能襲，故其德全而神不虧。(〈刻意〉)

〔註18〕《神學大全》第五冊，第五十五題，第二節，正解。
〔註19〕《神學大全》第五冊，第五十五題，第四節，反之。

呂惠卿引前文「刻意尚行」之「為亢而已矣」、「為治而已矣」、「无為而已矣」、「為壽而已矣」，「皆有待於物，不能无不忘，无不有也」；以論證出「天地之道，聖人之德」，為「澹然无極則不為刻意仁義功名等所役，眾美從之則所謂高、修、治、閒、壽者不召而自來」；釋「德全而神不虧」為「不役心於取捨之間，平則不陂，易則不艱，恬然無知，惔不交物。以知知物，物交而隙生其間故也」。〔註20〕

呂氏引前文「无為而已矣」，即上文「就藪澤，處閒曠，釣魚閒處」，即是「為閒」一事。「不役於心」，故能「不陂」、「不艱」，而「平易」。「無知」則「恬」，「不交物」則「惔」，故能「寂漠无為」。故「恬惔寂漠虛无无為」，始能「德全而神不虧」，所以是「天地之平而道德之質」。

倫理德行之定義，即本性德行，同樣引奧斯定這段文字內容，但省略「天主在人內，但不靠人而造成的」一段。

> 故曰：悲樂者，德之邪；喜怒者，道之過；好惡者，德之失。
> 故心不憂樂，德之至也；一而不變，靜之至也；无所於忤，虛之至也；不與物交，惔之至也；无所於逆，粹之至也。故曰：形勞而不休則弊，精用而不已則勞，勞則竭。（〈刻意〉）

林疑獨云：「虛無足以見無為，恬惔足以見寂寞。以是而合乎天德，則悲樂喜怒好惡者，所以為道德之邪失。以天道觀，則無悲樂喜怒好惡；以人道觀，則六者有所不免。故以不憂樂為德之至，以明悲樂之為邪。不變，為靜之至，以明喜怒之為過。無忤，為虛之至，以明好惡之為失。不與物交，又明無所忤之意。無所於逆，又明不與物交之意，故為粹之至也。形不可太勞，精不可太用。形役於精，精入於神。至於神，則變化在己，可以不死不生，豈形之勞、精之用哉」。〔註21〕

「悲樂」，即「安時而處順，哀樂不能入也」（〈養生主〉）之義。「喜怒」，即「名實未虧而喜怒為用，亦因是也」（〈齊物論〉）之義。「好惡」，即「是非吾所謂情也。吾所謂无情者，言人之不以好惡內傷其身」（〈德充符〉）之義。

呂惠卿以為「悲憂喜怒四者皆起於好惡，乃好惡之形於外者」；「心終日萬慮則不能靜」；「若虛舟之觸物而不怒，故無所於忤」；「聖人之心，虛無恬惔，故無為寂漠，雖終日從事而精神不勞」；「聲色用於耳目，形勞而不休，役

〔註20〕呂惠卿，《莊子義》，頁163。
〔註21〕褚伯秀，《南華真經義海纂微》，頁669。

心在於取捨，精用而不已，宜於以至於弊且竭」。〔註22〕

方思善釋「忤」為「順事應物，無所乖拂，非虛不能也」；釋「逆」為「中心至粹無雜，則自然包含萬象，容蓄萬物，無所逆也」，故分別「忤」、「逆」，必以「虛」、「粹」二字辨之。〔註23〕

陸西星則謂「逆細難去而忤粗易除」；「忤觸則胸中有物而非虛」；「拂逆則胸中有疵而非粹」。〔註24〕

筆者觀點，德行是「心靈上之善良品質，使人正直生活，無人用之於惡」。而前文「恬惔寂漠虛无无為」已包含整體德行之理，所以謂此為「天地之平而道德之質也」。宣穎言此八個字，是聖人一生功用，也是〈刻意〉通篇詮釋的對象。〔註25〕這八個字劉鳳苞謂「勘合聖人之德」；又謂「『德全而神不虧』之『神』即由此出」。〔註26〕

因為，莊子「氣」、「精」、「神」，蘊涵靈魂理性部分與非理性部分，而氣蘊涵理智，精神蘊涵意志，尤其道德強烈要求勿「外乎神，勞乎精」（〈德充符〉），必然是「使人正直生活，無人用之於惡」這個基本前提。因為神趨向感官嗜慾，即是役於物而與物交，以致征逐世情而與「恬惔」相反，則神不能「藏於天」（〈達生〉），而達到「其神无郤」（同上）之修養境界。神繫之於氣，氣蘊涵理智，則神便依附於理性嗜慾，使正直意志趨向於真正的善與目的，此即「純氣之守」（同上），故能使神「其天守全」（同上），物莫能傷。

「棄事則形不勞，遺生則精不虧」（〈達生〉），陸樹芝云：「棄事，棄養形之事也，而形因以不勞。遺生，忘不離形之生也，而有生之精神因以不虧」。〔註27〕

「棄事」、「遺生」，非不勞作與逃避紅塵世情之謂，乃不使精神受到感官嗜慾誘惑，導致趨向肉體快樂而不捨離開之謂。此即「无視无聽，抱神以靜，形將自正。必靜必清，无勞女形，无搖女精，乃可以長生」（〈在宥〉）之義。

多瑪斯根據奧斯定在《論自由意志》卷二第十九章所說的，「德性是天主在人內，但不靠人而造成的心靈上之善良品質，使人正直生活，無人用之於

〔註22〕呂惠卿，《莊子義》，頁165。
〔註23〕劉鳳苞，《南華雪心編》，頁349。
〔註24〕陸西星，《莊子副墨》，頁176。
〔註25〕宣穎，《南華經解》，頁111。
〔註26〕劉鳳苞，《南華雪心編》，頁351。
〔註27〕陸樹芝，《莊子雪》，頁211。

惡。」作為德行的定義。多瑪斯說：

> 這個定義包括了整個的德性之理。任何東西的完整之理，是由
> 其各種原因集合而成。上述之定義包括了德性所有的原因。〔註28〕

多瑪斯以四因說來詮釋這個定義。

在形式因（causa formalis）方面，德行取其共類的差別，其共類是「品質」；差別是「善良的」，如定義所言「善良的品質」。

在質料因方面，德行沒有「所由」（materia ex qua）的質料，但有「所關」（materia ciria quam）的質料；也有「所在」（materia in qua）的質料，即是主體。這裡把質料作為德行的對象，換為質料作為德行的主體，因為對象是區分類別而不能放在定義裡；換為主體而成為一般德行之定義。所以如定義所言「心靈的」善良品質。

在目的因方面，因為德行是行動方面的習性，行動方面的習性，有的常指向惡，即惡習，有的有時指向善，有時指向惡，例如意見。因此，德行其目的即是其行動，是常指向善的習性。所以如定義所言「使人正直生活」，是為使德行與惡習分開；又如定義所言「無人用之於惡」，是為使德行與有時善有時惡分開。

在動力因（causa efficiens）方面，這個定義是指「灌輸德性」（或天賦 virtus infusa）的動力因是天主。所以如定義所言「是天主在人內但不靠人而造成的」。若省略這一段，則是德行的一般定義，適用於修練的德行，也適用於「灌輸德性」。〔註29〕

〔註28〕《神學大全》第五冊，第五十五題，第四節，正解。
〔註29〕《神學大全》第五冊，第五十五題，第四節，正解。

第四章　德行的主體

德行的主體是靈魂的機能。智德和信德的主體是理智，勇德和節德的主體是感官嗜慾的憤情和欲情，義德和愛德的主體是意志。

第一節　德行是以靈魂的機能為其主體

靈魂的機能是德行的主體，可從以下三個方面論證出來，即德行的本質是能力之完美方面、德行是行動之善習方面、德行是行動傾向於最好的方面。所謂德行的本質是能力之完美，即指靈魂機能之成就。所謂德行是行動之習性，即指通過來自靈魂的某機能。所謂德行是行動傾向於最好者，即指目的或是由行動，或是由靈魂的機能而來之行動所獲得者，因為，最好者即是目的。因此，德行之主體是靈魂的機能。〔註1〕

水之性，不雜則清，莫動則平；鬱閉而不流，亦不能清；天德之象也。故曰，純粹而不雜，靜一而不變，惔而无為，動而以天行，此養神之道也。夫有干越之劍者，柙而藏之，不敢用也，寶之至也。精神四達並流，无所不極，上際於天，下蟠於地，化育萬物，不可為象，其名為同帝。

純素之道，唯神是守；守而勿失，與神為一；一之精通，合於天倫。野語有之曰：「眾人重利，廉士重名，賢人尚志，聖人貴精。」故素也者，謂其无所與雜也；純也者，謂其不虧其神也。能體純素，

〔註1〕《神學大全》第五冊，第五十六題，第一節，正解。

謂之真人。(〈刻意〉)

林雲銘釋「不雜則清」為「純粹而不雜」；釋「莫動則平」為「靜一而不變」；釋「鬱閉而不流，亦不能清」為「惔而无為，動而以天行」；釋「養神之道」為「聖人養之以靜，又非塊然無所為也。蓋有能靜能應、常靜常應之道焉，故靜與動皆所以養神也」；釋「同帝」為「同於天載，此言精神不可輕用也」；釋「與神為一」為「神在人身，一而已矣，清則散處於五官三府，而咸聽命於一人。故神為主宰，精為作用，神存則精自固矣。守神勿失，則我即一，一即我，更無分別。一之精可以上通於天者，此也」；釋「聖人貴精」為「精與神相依附，守神所以貴精也」；釋「能體純素，謂之真人」為「聖人以純素養其精神，所以能與天通也」。〔註2〕林氏意謂神在於人，德在於天。未養之先，稱「同帝」，已養之後，稱「合天」，即「合於天倫」。真人謂「能體純素」，是「不虧其神」，即「守而勿失」。「天越之劍」為「寶之至」，故「柙而藏之，不敢用也」。

筆者觀點，處以「水之靜」，以寓喻「心之靜」。人的「氣」、「精」、「神」得到涵養和愛護，以「守而勿失」，才能使心靈為之「清靜」。因為，「氣」、「精」、「神」是形式之潛能，身體則是質料之潛能，靈魂機能之目的是行動，而行動即是使潛能成為現實，這樣才是機能成就之盈極而稱得上是德行。「水之性」，「莫動則平」，「平者，水停之盛也。其可以為法也」(〈德充符〉)，而「聖人之心靜乎」(〈天道〉)，蓋聖人並非以靜為善才靜，而是「萬物无足以鐃心者，故靜也」(同上)，即不求靜而自靜，故能「內保之而外不蕩也」(〈德充符〉)。

林疑獨云：「心者，精神之宅，靜之則精一而神全，橈之則精竭而神疲」。〔註3〕

「心」為「精神之宅」，指「心靈」而言，因為，「心知」使感官具有認識作用，而「心靈」則指向靈魂理智，以理智含有第一普遍原理，因理智自然之光照而被人所認知，我們在知識或行動上，則根據這些原理而理解自然律則之規範。「若一志，无聽之以耳而聽之以心，无聽之以心而聽之以氣」(〈人間世〉)此處之「一」，指最高善或最後目的，即天道。前一個「心」，指「心靈」，即能形成理性認識之靈魂「智理」。後一個「心」，則指「心知」，即能形成感

〔註2〕林雲銘，《莊子因》，頁163。
〔註3〕褚伯秀，《南華真經義海纂微》，頁565。

性認識和嗜慾之心。

「氣」，指靈魂「理智」，以「氣」蘊涵靈魂「理智」，而為「導向目的者」，而為「神」所繫，使「神」不趨向於感官嗜慾，故能守「神」於形骸之內。「神」，指靈魂「意志」，以「神」蘊涵靈魂「意志」之故。

依照多瑪斯由德行的本質之觀念、行動的善習之事實、行動傾向於最好的之事實，從這三方面可以看出，德行的主體是靈魂的機能。多瑪斯說：

> 由三點可以看出德性屬於靈魂之機能：第一，根據德性之理。因為德性乃機能之成就：成就屬於什麼，就是在什麼上的。第二，由於按前面第五十五題第二節說的，德性是行動方面的習性。凡行動皆是通過某機能而出自靈魂。第三，因為德性是針對最好者之配備。最好者是目的，而目的或者為東西之行動，或者是由機能而來之行動所獲得者。所以，人性的德性是以靈魂之機能為主體。〔註4〕

所謂能力之完美，即指靈魂機能之成就。所謂行動之習性，即指通過來自靈魂的某機能。所謂行動傾向於最好者，最好者即是目的，即指目的或是由行動，或是由靈魂的機能而來之行動所獲得者。因此，人性的德行之主體是靈魂的機能。

既然靈魂的能力是德行的主體，那麼德行的主體是靈魂的一種能力。有沒有德行的主體是靈魂的兩種或者兩種以上的能力？依照多瑪斯是這樣回答的，有兩種方式：第一種方式，按照同等資格，不可能分屬兩種以上的能力。因為，能力的不同是依對象的類屬條件（generic conditions），習性的不同是依對象的種條件（specific conditions）。有幾個不同機能，就有幾個不同習性；反之則不然。另一種方式，不按照同等資格，而按照特定秩序，一種德行的主體能屬於許多機能。這種方式主體是在一個主要的機能，以散布方式或配備方式，擴及其他機能，因而一個機能可以被另一個機能所推動，或者一個機能可以接受其他的機能。〔註5〕

第二節　理智是信德和智德的主體

理論理性可分為鑑賞性理性和實踐性理性。實踐性理性之理智則受到正

〔註4〕《神學大全》第五冊，第五十六題，第一節，正解。
〔註5〕《神學大全》第五冊，第五十六題，第二節，正解。

當意志之推動。靈魂機能之習性被稱為德行，絕對地說（simpliciter），只能以實踐性理性之理智作為主體之德行，才是絕對的（secundum quid）之德行。因為，相對的（secundum quid）之德行也包括鑑賞性理性，此類德行之習性，只能使它擁有者具備這種能力；但是與意志無關，則使它擁有者所做的事不一定都具備這種能力。然而，受意志推動之德行，不僅使它擁有者具備這種能力，而且，使它擁有者也能正當運用這種能力。所以，智德與信德，不僅願意思考與相信，而且，對於目的也有正當意志之正確態度，因而是一種絕對的（secundum quid）之德行。〔註6〕

> 莊子行於山中，見大木，枝葉盛茂，伐木者止其旁而不取也。問其故，曰：「无所可用。」莊子曰：「此木以不材得終其天年。」
>
> 夫子出於山，舍於故人之家。故人喜，命豎子殺雁而烹之。豎子請曰：「其一能鳴，其一不能鳴，請奚殺？」主人曰：「殺不能鳴者。」
>
> 明日，弟子問於莊子曰：「昨日山中之木，以不材得終其天年；今主人之雁，以不材死；先生將何處？」
>
> 莊子笑曰：「周將處夫材與不材之間。材與不材之間，似之而非也，故未免乎累。若夫乘道德而浮游則不然。無譽無訾，一龍一蛇，與時俱化，而无肯專為；一上一下，以和為量，浮游乎萬物之祖；物物而不物於物，則胡可得而累邪！此神農黃帝之法則也。若夫萬物之情，人倫之傳，則不然。合則離，成則毀；廉則挫，尊則議，有為則虧，賢則謀，不肖則欺，胡可得而必乎哉！悲夫！弟子志之，其唯道德之鄉乎！」（〈山木〉）

「莊子行於山中」至「先生將何處」，《經典釋文》：「『山中』，釋名云：山，產也，產生物也。說文云：山，宣也，謂能宣散氣生萬物也。『大木』，釋名云：木，冒也，冒地而生也。字林云：木，眾樹之總名。『夫出』，夫者，夫子，謂莊子也。盧文弨曰：今本作夫子出。『烹之』，煮也。潘慶藩案雁，鵝也。廣雅：鴚鵝，鴈也。即此所謂雁」（〈山木〉）。

「大木」，猶「曲轅見櫟社樹（〈人間世〉）；「商之丘見大木」（同上）之大樹，此等大木為無可取用之不材，故伐木者止步而不取用，遂使得樹木不夭於斧斤而成大木。莊子說這棵樹木因為不材始能得其天年而不夭折。可是，當莊子住在故人家，主人命童僕殺鵝烹煮招待他們時，卻以殺不會叫的來回

〔註6〕《神學大全》第五冊，第五十七題，第一節，正解。

答童僕所問：有兩隻鵝，要殺會叫的或不會叫的？因此，第二天，弟子問莊子說：昨天山木以不材得壽；今天主人之鵝卻以不材被殺；師將何處？因此，下文將處材與不材之間，則「似之而非也」。

　　胡文英云：「已入籠絡，則能鳴與不能鳴者所差亦不遠矣。但人不能不入世，即山中之木亦在世間耳。借此發端，蓋《人間世》之餘慨也」。〔註7〕

　　「莊子笑曰」至「若夫乘道德而浮游則不然」，莊子笑云，我將處於材與不材之間。何謂「處乎材與不材之間」？

　　呂惠卿解釋「處乎材與不材之間」為「似道而非道」，而「猶未免乎累」。〔註8〕

　　陸西星云：「吾有材而不自見，則人既不得以無材棄我，而又不得以有材忌我，以此混世而求自免，是亦似矣。雖然，非道也，故不免於累。何者？謂其有心也。無心則無累矣」。〔註9〕雖然處乎材與不材之間以混世，仍不免於自累。

　　林希逸所云同於陸氏，即「材與不材，皆猶有形迹，故未免於自累」。〔註10〕「似之而非也」，即似道而實非道，故不免於累。

　　劉鳳苞云：「提出道德，則材不材俱化。『乘』字妙，是浮游之具也。浮游者，遊於虛也」。〔註11〕劉氏所言「遊於虛」，即陸西星和林希逸所言「無心遊世」之義。

　　林雲銘云：「乘，猶騎乘，所謂置身也。浮游於世，而不溺沒於其中，俗云『不即不離』是也。此入世而出世者也」。〔註12〕此即「形莫若就，心莫若和」（〈人間世〉）；「形莫若緣，情莫若率」（〈山木〉）之義。

　　「無譽無訾」至「此神農黃帝之法則也」，陸樹芝云：「乘道德則非材而無譽，亦非不材而無訾，有時而材則一龍也，有時而不材則一蛇也。盈虛消

〔註7〕胡文英，《莊子獨見》，頁143。
〔註8〕呂惠卿云：「聖賢之不容於世，其累常在材，故莊子數數言之，深戒乎材之為累也。若夫愚不肖以不能鳴見殺也，亦多矣。豈以不材必可免耶！則山中之木，主人之鴈，其失均耳。故將擇夫材與不材之間而處之，然猶似道而非道也。以道之為體不涉兩端，亦非中央，則材不材之間，猶未免乎累。」參閱呂惠卿，《莊子義》，頁197。
〔註9〕陸西星，《莊子副墨》，頁216。
〔註10〕林希逸，《莊子鬳齋口義校注》，頁300。
〔註11〕劉鳳苞，《南華雪心編》，頁447。
〔註12〕林雲銘，《莊子因》，頁203。

息，與時俱化，不特不專於為材、不專於為不材，並非執中而立於材不材之間。可升而在上，亦可潛而在下，但以德之和為劑量而已。所謂乘道德者如此，是其所遊者豈與萬物同囿於塵寰哉？直浮游於萬物之祖，而非形下者之所得擬矣」。〔註13〕

陸西星謂「譽訾」為「彼此同異之是非」；「龍蛇」為「可取可捨之用」；「上下」為「可居可退之位」。〔註14〕與我同異而有譽訾，則生是非。用時是龍而不用時是蛇，則生好惡。在位時為上而不在位時為下，則生喜怒。

呂惠卿云：「萬物之祖，猶云眾父父也，若是則物物而不物於物，胡可得而累耶」。〔註15〕「萬物之祖」，即「可以為眾父，而不可以為眾父父」（〈天地〉）之「眾父父」；「予能有无矣，而未能无无也」（〈知北遊〉）之「无无」，亦即造物者「天道」。

郭象注：「故莊子亦處焉」（〈山木〉），言莊子依循神農、黃帝上古得道者之法則。

「若夫萬物之情」至「其唯道德之鄉乎」，陳壽昌謂「萬物之情」乃「私情」；「人倫之傳」乃「常人所傳習者」則不能無累。陳壽昌釋曰：「有合則有離，有成則有毀，廉則見挫，尊則招議，為此必虧彼，忌其賢故謀之，知其愚故欺之。由是言之，則材不材皆不免於累，尚何者可必哉！入世之難如此。材不材皆難免乎世，惟至人純任天和，得大自在，其所謂浮游乎萬物之祖者，其即逍遙乎無何有之鄉者乎！此外更無樂地」。〔註16〕

「大木」，即「人謂之樗」（〈逍遙遊〉），「大而無用，眾所同去也」（同上）。「氂雁」，猶「大瓠」（〈逍遙遊〉）「吾為其無用而掊之」（同上）。

「其唯道德之鄉」，與「吾有大樹，人謂之樗」（〈逍遙遊〉），「何不樹之於无何有之鄉，廣莫之野」（〈逍遙遊〉）；與「五石之瓠」（〈逍遙遊〉），「何不慮以為大樽而浮乎江湖」（同上）義同。「道德之鄉」，即與後文「无人之野」、「建德之國」義同。

> 市南子曰：「少君之費，寡君之欲，雖无糧而乃足。君其涉於江而浮於海，望之而不見其崖，愈往而不知其所窮。送君者皆自崖而

〔註13〕陸樹芝，《莊子雪》，頁225。
〔註14〕陸西星，《莊子副墨》，頁217。
〔註15〕呂惠卿，《莊子義》，頁197。
〔註16〕陳壽昌，《南華真經正義》，頁308。

　　反，君自此遠矣！故有人者累，見有於人者憂。故堯非有人，非見
　　有於人也。吾願去君之累，除君之憂，而獨與道遊於大莫之國。方
　　舟而濟於河，有虛船來觸舟，雖有偏心之人不怒；有一人在其上，
　　則呼張歙之；一呼而不聞，再呼而不聞，於是三呼邪，則必以惡聲
　　隨之。向也不怒而今也怒，向也虛而今也實。人能虛己以遊世，其
　　孰能害之！」（〈山木〉）

　　《經典釋文》：「『市南宜僚』，司馬云：熊宜僚也，居市南，因為號也。李
云：姓熊，名宜僚。案左傳云市南有熊宜僚，楚人也」（〈山木〉）。

　　市南宜僚見魯侯曰：「君有憂色，何也？」魯侯曰：「吾學先王之道，脩
先君之業；……；然不免於患，吾是以憂。」而回答「君之除患術淺矣！」他
要魯侯「去國捐俗，與道相輔而行」，前往「南越有邑焉，名為建德之國」，而
「遊於无人之野」，才能免君之患。

　　「市南子曰」至「君自此遠矣」，郭象注：「所謂知足則無所不足也。絕
情欲之遠也，君欲絕，則民各反守其分。超然獨立於萬物之上也」（〈山木〉）。

　　「知足而無所不足」，故「无糧而乃足」。「絕情欲之遠」，故「愈往而不
知其所窮」。「民各反守其分」，故「送君者皆自崖而反」。「超然獨立於萬物之
上」，故「君自此遠矣」。

　　「故有人者累」至「而獨與道遊於大莫之國」，林疑獨云：「貴者有人，
寵者見有於人。堯非有人，則能以貴為奇；非見有於人，則能以寵為下。故無
累憂，蓋欲魯侯去累忘憂而與道遊於大莫之國也」。〔註17〕

　　與道合真而獲得永恆幸福，「而獨與道遊於大莫之國」，與「上與造物者
遊」（〈天下〉）義同。

　　「方舟而濟於河」至「其孰能害之」，《經典釋文》：「『偏心』，爾雅云：急
也。『張歙』，張，開也。歙，斂也」（〈山木〉）。

　　方舟渡於河，有空舟來碰觸，雖急性之人亦不發怒。來碰觸之舟有一人
在上，渡河之舟便呼喊來觸者掉舟躲避。一呼、再呼而不聞，則必以辱罵相
向。初相向也不怒而今也怒，是初相向也無人而今也有人之故，所以，人能
遊心處世而不與物交，何患誰能害之！

　　郭象注：「世雖變，其於虛己以免害，一也」（〈山木〉）。

〔註17〕褚伯秀，《南華真經義海纂微》，頁817。

「虛己」，眾注疏家皆以「無心」為釋。〔註18〕

宣穎云：「建德之國，大莫之國，即道德之鄉也。其要訣止在虛己，能虛己，則日游於彼國彼鄉矣」。〔註19〕「建德之國，大莫之國，即道德之鄉也」，與前文「无人之野」；「廣莫之野」（〈逍遙遊〉）；「无何有之鄉」（同上）義同，皆指天道而言，即精神與天道合真而獲得永恆幸福之謂。

筆者觀點，智德是行為之正理，除了願意思考，使擁有它者善之外，也要意志正直，而使擁有它者所做的事善。亦即擁有行動之習性，並且也要擁有善於行動之習性。信德就是關於當信者，除了願意相信，使擁有它者善之外，也要意志正直，而使擁有它者所做的事善，亦即擁有行動之習性，並且也要擁有善於行動之習性。此即「无聽之以心而聽之以氣」（〈人間世〉）之義，氣蘊涵靈魂理性部分之理智，神蘊涵靈魂理性部分之意志，「氣」、「精」、「神」則蘊涵靈理性和非理性部分。

「虛己」之「虛」，在莊子通常指向理智，即「氣也者，虛而待物者也」（同上）之義。「虛己」之「己」，則指形骸，「向也虛而今也實」之「虛」，即「遊於形骸之內」（〈德充符〉）之義，即是聽從理性認識與理性嗜慾的指示為依歸；「向也虛而今也實」之「實」，即「遊於形骸之外」（同上）之義，即是聽從感性認識與感性嗜慾的指示為依歸。

依照多瑪斯德行是使人善於行動的習性。一個習性指向善有兩種方式：一種方式是習性使人有善於行動的能力；另一種方式是習性不只使人有善於行動的能力，且使人能正當運用這種能力。因此，絕對地說（simpliciter），習性被稱為德行，因為德行可使它擁有者善，且使它的擁有者所做的事善。〔註20〕至於與意志無關之習性，多瑪斯引《倫理學》卷六第二章來說明，第一類習性只是相對的（secundum quid）之德行而不是絕對的之德行。多瑪斯說：

> 那稱為相對的德性之習性的主體，能夠是智性，不只是實踐性的智性，也能是鑑賞性的智性，即與意志無關者；故此哲學家在《倫理學》卷六第二章，說學識、智慧、悟性，以及技術，是智性的德性。至於絕對的德性之主體，只能是意志；其他機能之為主體是在

〔註18〕陳碧虛云：「虛船觸舟，喻無心而遇物」。參閱褚伯秀，《南華真經義海纂微》，頁818。

〔註19〕宣穎，《南華經解》，頁137。

〔註20〕《神學大全》第五冊，第五十六題，第三節，正解。

受意志之推動的條件下。這是因為意志推動每種帶有理性的機能，使各指向其行動，如前面第九題第一節、第十七題第一及第五節曾說過的。故此，人之行動實際是善的，乃由於人有善良意志。所以，使人不只有善於行動之能力，且實際善於行動之德性，必然是在意志上的，或是在受意志所推動之機能上的。〔註21〕

理論智性可分為鑑賞性智性和實踐性智性。學識是鑑賞性真理的正理。智德是實踐性的可行者之正理或正當計劃。鑑賞性真理之根本的配合，是靠主動之智性的自然光照。為能有智德，人對於當行者之理由的根本，須有正當的態度，根本即是目的，人對於目的的態度正當，則是靠正當之意志。因此，學識的主體是受主動之智性推動的鑑賞性智性。機智或智德的主體是受正當意志推動之實踐性智性。因為，智性相同於其他機能，也能受意志之推動，一個人真實地思考什麼，即是因為他願意思考。因此，智性因與意志之關係，也能是絕對意義之德行的主體。按這個方式，鑑賞性的智性，或理性，則是信德的主體。因為智性在意志的推動下，同意信德方面的事。多瑪斯引用奧斯定在《若望福音釋義》第二十六講的話：「若非因為願意，沒有人相信」。〔註22〕

第三節　憤情是勇德的主體而欲情是節德的主體

節德或勇德是在靈魂非理性部分的感官嗜慾。節制或節德以欲情為其主體；勇敢或勇德以憤情為其主體。欲情和憤情屬於感官嗜慾，這是人與其他動物相同的地方。但是靈魂的感官知覺能力不能是德行的主體，因為，他們不接受理性指示。唯有感官嗜慾分有理性而服從理性的指導，他們是人性行為的根本，故能成為德行的主體。靈魂管理身體的方法是以絕對命令的方式產生；但對於欲情和憤情的管理方法，則又採「自主管理」的方式來相互配合。因為，欲情或憤情分有理性而受到理性機能的推動。欲情和憤情因分有理性而擁有這方面的德行機能，但這方面的德行機能須與理性機能配合得宜，才能產生完美的行動。可是有的時候，能夠自主的感官嗜欲憑依自己的意志，使得欲情或憤情不服從理性的指導，這種情況，便能產生不完美的行動，導

〔註21〕《神學大全》第五冊，第五十六題，第三節，正解。
〔註22〕《神學大全》第五冊，第五十六題，第三節，正解。

致形成一種相反德行的行為，反而成為一種惡行。所以，一個人有關靈魂之情慾方面有正當的目的之導向，是歸於作為德行主體之欲情和憤情，在配合理性方面的德行機能擁有良好的配備，這部分屬於倫理德行；但導致目的者之選擇，則是歸於智德。故靈魂情慾方面的倫理德行是在欲情和憤情的感官嗜慾部分；智德則是在理性部分。〔註23〕

> 有暖姝者，有濡需者，有卷婁者。
>
> 所謂暖姝者，學一先生之言，則暖暖姝姝而私自說也，自以為足矣，而未知未始有物也，是以謂暖姝者也。
>
> 濡需者，豕蝨是也，擇疏鬣自以為廣宮大囿，奎蹏曲隈，乳閒股腳，自以為安室利處，不知屠者之一旦鼓臂布草操煙火，而己與豕俱焦也。此以域進，此以域退，此其所謂濡需者也。
>
> 卷婁者，舜也。羊肉不慕蟻，蟻慕羊肉，羊肉羶也。舜有羶行，百姓悅之，故三徙成都，至鄧之虛而十有萬家。堯聞舜之賢，舉之童土之地，曰冀得其來之澤。舜舉乎童土之地，年齒長矣，聰明衰矣，而不得休歸，所謂卷婁者也。（〈徐无鬼〉）

「有暖姝者，有濡需者，有卷婁者」，《經典釋文》：「『暖』，柔貌。『姝』，妖貌。『濡』，安也。『需』，濡需，謂偷安須臾之頃。『卷婁』，猶拘攣也」（〈徐无鬼〉）。

「暖姝」、「濡需」、「卷婁」三者，概指感官嗜慾對於食色方面之權利慾望的無限追求。

「所謂暖姝者」一段，陸西星云：「學一先生之言，則暖暖姝姝，既以自媚，而因以媚人，不知虛靜之中未始有物，居然著此，翻成理障，所以老聖有絕學無憂之訓，語上乘者誠不當以外入者而自足也」。〔註24〕

「未始有物」，即造物者，是人最高目的之追求的對象，人之感官嗜慾性好溫柔妖媚之美色，可是欲情之適當為性色所誘惑的當下，更必須服從理性之指導而適可而止，轉而將目的繫之於能提供導致目的者之選擇的理性，而依附於理性嗜慾所追求的最高目的。

「濡需者」一段，郭慶藩案：「曲隈，胯內也。凡言隈者，皆在內之名。……。僖二十五年左傳秦人過析隈，杜注：隈，隱蔽之處。故知言隈者，皆在內曲深

〔註23〕《神學大全》第五冊，第五十六題，第四節，正解。
〔註24〕陸西星，《莊子副墨》，頁286。

之謂。向秀曰，隈，股間也，疑誤」（〈徐无鬼〉）。

劉鳳苞云：「大蹏之曲，即股間也。股腳近於足際」。〔註25〕

林希逸云：「曲隈，蹄之曲處也；股腳，腰下腹邊與足相近之處」。〔註26〕

「奎蹏曲隈」，即股間、足蹄在內奎曲深入之處。

羅勉道云：「宴安不自拔。濡，滯。需，待」。〔註27〕即貪婪華麗飲食居住之享樂而不知懸崖勒馬之謂，故曰「此以域進，此以域退」。

「卷婁者」一段，《經典釋文》：「『羊肉不慕蟻』，李云：年長心勞，無憂樂之志，是猶羊肉不慕蟻也。『童土』，向云：地無草木也」（〈徐无鬼〉）。

林希逸云：「卷婁，傴僂而自苦之貌，其意蓋言修德之人，自以為名，而人皆歸之，反為所苦，終身勞役，不能自已，借此以譏侮帝王也。童土，猶童山也，謂其始之所居在於不毛之地」。〔註28〕

舜有為，與「吾欲取天地之精，以佐五穀，以養民人，吾又欲官陰陽，以遂羣生」（〈在宥〉）義同。而舜所事者；所官者乃「物之殘」（同上）；非「物之質」（同上）。故舜之心，猶「佞人之心翼翼者」（同上）。《經典釋文》：「『翼翼』，李云：淺短貌。或云：狹小之貌」（同上）。「心翼翼者」則人之心必受攖撓。林希逸云：「無攖者，無撓亂，攖，拂之也」。〔註29〕舜之有為，不能免欲之橫行。心拂之則撓亂，神不守而外於身，心撓亂則情慾莫能制約，故氣不平而不能靜，心不靜則內不守而蕩於外。故聖人「欲靜則平氣，欲神則順心，有為也。欲當則緣於不得已」（〈庚桑楚〉），「欲當」，即情慾「不得已」而為之。故「氣」、「神」、「精」、「心」、「靜」方面之工夫修養，是情慾用之得當的不二法門。

句踐也以甲楯三千棲於會稽。唯種也能知亡之所以存，唯種也不知身之所以愁。故曰，鴟目有所適，鶴脛有所節，解之也悲。

故曰，風之過河也有損焉，日之過河也有損焉。請只風與日相與守河，而河以為未始其攖也，恃源而往者也。故水之守土也審，影之守人也審，物之守物也審。

故目之於明也殆，耳之於聰也殆，心之於殉也殆。凡能其於府

〔註25〕劉鳳苞，《南華雪心編》，頁626。
〔註26〕林希逸，《莊子鬳齋口義校注》，頁390。
〔註27〕羅勉道，《南華真經循本》，頁278。
〔註28〕林希逸，《莊子鬳齋口義校注》，頁390。
〔註29〕林希逸，《莊子鬳齋口義校注》，頁166。

也殆,殆之成也不給改。禍之長也茲萃,其反也緣功,其果也待久。
而人以為己寶,不亦悲乎!故有亡國戮民无已,不知問是也。(〈徐
无鬼〉)

「句踐也以甲楯三千棲於會稽」一段,《經典釋文》:「『棲於』,李云:登
山曰棲。『種』,越大夫名也。吳越春秋云:姓文,字少禽。『所以存』,言知越
雖亡可以存也。『解之』,司馬云:去也」(〈徐无鬼〉)。

句踐「臥薪嘗膽」這句成語,是大家耳熟能詳的故事。然而,皆不知越
大夫種勇敢過人,才是滅吳存越的重要人物。

成玄英疏:「種,越大夫名。字亦有作穜者」。〔註30〕

劉鳳苞云:「鴟鵩能夜明而不能晝見,鶴脛能為長而不能為短,有所限也」。
〔註31〕

形體感官慾望能力,皆有限定,必需遵從理性之指導而有適當節制,才
能使行動完美。

林雲銘云:「文種明於謀國,而暗於保身,猶鴟目能夜視而不能晝見,鶴
脛限於長而不可斷去,其於得失生死之處,舉此遺彼,去真人遠矣!此反言
以形之也」。〔註32〕

至人「遊乎萬物之所終始」(〈達生〉),「是純氣之守也,非知巧果敢之列」
(〈同上〉)。「知巧果敢」即包括智能、計謀、果斷、勇敢諸優點,這些都是成
為英雄豪傑所需而能擁有膽識之必要條件。可是,揆諸歷史記載,足以證明
這些人物不必然都能全身而退。因此,「純氣之守」而使神藏之於天,則「其
天守全,其神无郤,物奚自入焉」(〈同上〉),才是「保身」(〈養生主〉)、「全
生」(〈同上〉)的妥當之計。

「故曰」一段,陸樹芝云:「風扇日暄,可以燥濕,則風日之過河,應有
損於水。然雖使風與日常守於河,而河不覺其攖者,以河之出也有源,故有
恃而不竭,自非風日所能損也。若能以天待之,而不以人之智力參焉,則如

〔註30〕成玄英疏:「種,越大夫名。其時句踐大敗,兵唯三千,走上會稽山,亡滅非
　　　遠,而種密謀深智,亡時可存,當時矯與吳和,後二十二年而滅吳矣。夫狡
　　　兔死,良狗烹,敵國滅,忠臣亡,數其然也。平吳之後,范蠡去越而游乎江
　　　海,變名易姓,韜光晦迹,即陶朱公是也。大夫種不去,為句踐所誅,但知
　　　國亡而可以存,不知愁身之必死也。字亦有作穜者,隨字讀之。」(〈徐无鬼〉)
〔註31〕劉鳳苞,《南華雪心編》,頁632。
〔註32〕林雲銘,《莊子因》,頁276。

河之有源矣」。〔註33〕

　　風日過河確於水有損，但河水完全乾涸，是河水之源絕無所恃而往，風日之損河水而使乾涸則力有不足。河水恃源而往，不絕於流，風日雖損河水未特別顯著，才使河誤以為風日未始有擾。

　　王元澤云：「水生於土而不離於土也，影生於形而不離於形也，物出造物而不離造物也」。〔註34〕

　　水不離土，是水恃源而流。影不離形，是影由形生。物不離造物，是物始於造物。

　　成玄英疏：「審，安定也。」（〈徐无鬼〉）

　　陸樹芝云：「極詳審也，此不任智力，自然而然之證也」。〔註35〕

　　陸氏釋「審」，是對「水生於上」，「影生於形」，「物出於造物」，三者之有源始，極詳審即可印證，則感官慾望之勇敢不足以勝任。

　　「故目之於明也殆」一段，羅勉道云：「又以三『殆』字反前三『審』字。心與耳目若徇外，則不能審定而危殆矣。又推廣言之，凡有所能皆為害，舉府則藏在其中矣。殆之成不及可改，而禍之長滋積，言不好則甚速也，欲其反殆為安，反禍為福，必須循循漸進之功。其剛果自克者亦必待久而後能言好，則甚難也。而世人之玩溺耳目聰明心思之欲如寶，然近而喪，大而亡國戮民，其禍未已，蓋不知問此，未有曉之者」。〔註36〕

　　陸樹芝云：「既任智力，則以人入天，雖復其天，非旦夕可幾矣。而反以耳目心思之智力為寶，此所以有得必有失，雖智謀貞忠，如大夫種，不免於身危，而國與民亦蒙其害，由不問是以天待之之道也」。〔註37〕

　　「不知問是也」，即問於下文「其問之也」、「闔不亦問是已，奚惑然為」之義理。然而，羅氏和陸氏皆指「不知問是也」，是問於前文「以天待人，不以人入天」之義理。

　　勇敢或勇德，是在靈魂非理性部分的憤情。節制或節德是在靈魂非理性部分的欲情。「本生於精」之「形」的「惡情」、「好情」，蘊涵靈魂非理性部分的「憤情」、「欲情」。

〔註33〕陸樹芝，《莊子雪》，頁305。
〔註34〕王元澤，《南華真經新傳》，頁506。
〔註35〕陸樹芝，《莊子雪》，頁305。
〔註36〕羅勉道，《南華真經循本》，頁281。
〔註37〕陸樹芝，《莊子雪》，頁306。

依照多瑪斯憤情和欲情屬感官嗜慾，這點人與其他動物沒有不同，感官認知不能是德行的主體。只有憤情和欲情分有理性，即服從於理性，他們即是人性行動的根本，而可以是德行的主體。多瑪斯說：

> 關於憤情和慾情在理性之推動下的行動，不只在理性上要有習性，以使之善於行動，在憤情和慾情部分也要有習性。又因了被動之機能的配備好壞，是看其是否與推動之機能配合得好；故此，憤情和慾情部分的德性，無非就是這些機能對理性之持久的適宜性。〔註38〕

憤情和欲情分有理性或服從理性，即是受理性機能之推動。如果憤情和欲情的德行機能不能與理性機能配合得好，則雖有行動卻不能完美。因為靈魂管理身體是絕對的命令；而靈魂對於憤情和欲情，則是以「自主管理」的方式，有時候由於自主者有自己的意志，使得憤情和欲情並不服務於理性。

按照多瑪斯一個人關於靈魂之情慾能有正當的目的之指向，是歸於憤情和欲情作為德行的主體方面有好的配備，這部分屬於倫理德行；而導致目的者之選擇，是歸於智德。所以，情慾方面的倫理德行是在憤情和欲情部分；而智德則是在理性部分。他引用《倫理學》卷六第十二章所說的，選擇是關於兩方面的，一方面是目的之指向，這屬於倫理德行；另一方面是導致目的者之選擇，這屬於智德。〔註39〕

理性嗜慾推動感官嗜慾，而嗜慾機能是在感官嗜慾完成的，因此，感官嗜慾是德行的主體。然而，所有的德行是理智機能的或是意志機能的，而意志是指向目的者；理智則是導致目的者之選擇。多瑪斯引用《靈魂論》卷三第七章所說的，認知的活動是在智性的機能部分就結束，而內部感官知覺能力只是一種與天性相似的習性；並不是完美的習性，因此，它不能是德行的主體。〔註40〕

第四節　意志是愛德和義德的主體

意志的對象是善與目的，其行動即是自身能力之完善。意志在這方面而言，其能力足夠完成完善之行動，並不需要有德行之配備。但是，人的意志

〔註38〕《神學大全》第五冊，第五十六題，第四節，正解。
〔註39〕《神學大全》第五冊，第五十六題，第四節，釋疑4.。
〔註40〕《神學大全》第五冊，第五十六題，第五節，釋疑1.。

也有超出其能力者，這方面的善，並不屬於本身之善。意志超出其能力者可有兩方面，未超出人類之善者，即是對他者之善，這屬於義德，這方面的善就需要有德行之配備；超出人類之善者，即是對天主之善，這屬於愛德，這方面的善也需要有德行之配備。因此，義德和愛德，都是超過本身意志能力之上，皆必需在意志上有德行。所以，義德和愛德是以意志為其主體。〔註41〕

　　黃帝立為天子十九年，令行天下，聞廣成子在於空同之山，故往見之，曰：「我聞吾子達於至道，敢問至道之精。吾欲取天地之精，以佐五穀，以養民人，吾又欲官陰陽，以遂群生。為之奈何？」

　　廣成子曰：「而所欲問者，物之質也；而所欲官者，物之殘也。自而治天下，雲氣不待族而雨，草木不待黃而落，日月之光益以荒矣。而佞人之心翦翦者，又奚足以語至道！」

　　黃帝退，捐天下，築特室，席白茅，閒居三月，復往邀之。

　　廣成子南首而臥，黃帝順下風膝行而進，再拜稽首而問曰：「聞吾子達於至道，敢問，治身奈何而可以長久？」廣成子蹶然而起，曰：「善哉問乎！來！吾語女至道。至道之精，窈窈冥冥；至道之極，昏昏默默。无視无聽，抱神以靜，形將自正。必靜必清，无勞女形，无搖女精，乃可以長生。目无所見，耳无所聞，心无所知，女神將守形，形乃長生。慎女內，閉女外，多知為敗。我為女遂於大明之上矣，至彼至陽之原也；為女入於窈冥之門矣，至彼至陰之原也。天地有官，陰陽有藏，慎守女身，物將自壯。我守其一以處其和，故我修身千二百歲矣，吾形未嘗衰。」

　　黃帝再拜稽首曰：「廣成子之謂天矣！」

　　廣成子曰：「來！吾語女。彼其物无窮，而人皆以為有終；彼其物无測，而人皆以為有極。得吾道者，上為皇而下為王；失吾道者，上見光而下為土。今夫百昌皆生於土而反於土，故余將去女，入无窮之門，以遊无極之野。吾與日月參光，吾與天地為常。當我，緡乎！遠我，昏乎！人其盡死，而我獨存乎！」（〈在宥〉）

　　「黃帝立為天子十九年」至「又奚足以語至道」，《經典釋文》：「『廣成子』，或云：即老子也。『空同』，司馬云：當北斗下山也。爾雅云：北戴斗極為空同。一曰：在梁國虞城東三十里。『雲氣不待族而雨』，司馬云：族，聚也。未

〔註41〕《神學大全》第五冊，第五十六題，第六節，正解。

聚而雨，言澤少。『草木不待黃而落』，司馬云：言殺氣多也。爾雅云：落，死也。『翳翳』，郭司馬云：善辯也。一曰：佞貌。李云：淺短貌。或云：狹小之貌」（〈在宥〉）。

林疑獨云：「黃帝為天子歷年已，更陰陽之數以治天下，故言其迹；廣成不治天下，故言其道。黃帝欲取天地，官陰陽，此至命體神者所為。陰陽，言其氣；天地，言其形。氣精而形粗，精者，神之質；陰陽者，道之殘。蓋可問可答者，易散而為天地也；可官可任者，神散而為陰陽也。雲氣未族而雨，則陰陽失其理；草木未黃而落，則萬物失其道。以至日月昏晦，皆非神人之治也」。〔註42〕

「陰陽者」，氣之分殊；「天地者」，精之分殊；「令行天下」，即是前文「治天下」，神之分殊。「氣」、「精」、「神」之分殊，非「物之質」，乃「物之殘」。此即「以本為精，以物為粗」（〈天下〉）之義。林氏以「神散而為陰陽」，以「氣」、「精」、「神」三者互詞而用之，這是中國哲學特別的地方，無庸指正。但比較嚴謹論證「氣」、「精」、「神」之分殊，則氣散為陰陽，精散而為形物，神散而為心知。因為，「氣」蘊涵靈魂理性部分之理性認識，即理智；「神」蘊涵靈魂理性部分之理性慾望，即意志；「精」蘊涵靈魂非理性部分之情慾。

筆者觀點，「氣」、「精」、「神」蘊涵靈魂之理性部分與非理性部分，皆屬形式。故「氣」、「精」、「神」為物之本，純粹是形式；分殊之「氣」、「精」、「神」為物之末，即物之殘，則是質料，即「是故天地者，形之大者也；陰陽者，氣之大者也」（〈則陽〉）之義。「治天下」，有為則不能安性命之情，蓋神之分殊，已非純粹理性慾望，而是分有理性之感官慾望；無為則能安其性命之情，即「故君子不得已而臨莅天下，莫若无為，无為也而後安其性命之情」（〈在宥〉）之義。

因此，本身意志之善，即正當意志，其能力足以完成完善之行動，並不需要有德行之配備。然而，與道合真之愛德以及管理眾人之事之義德，憑依自身意志之善，則能力便有所不足，必需要有德行之配備，才能完成完善之行動。這方面之善包括與天道合真之愛德以及治天下之義德。正義不超出人類之外，即是對他者之善，但非止於本身意志之善，其能力不足以完成完善之行動，必需要有德行之配備；愛德超出人類之外，即是對天道之善，也

〔註42〕褚伯秀，《南華真經義海纂微》，頁439。

非止於本身意志之善，其能力亦不足以完成完善之行動，也必需要有德行之配備。

　　黃帝「吾欲取天地之精」即是「達於至道」之愛德；「吾又欲官陰陽」即「令行天下」之義德，而下文黃帝問「治身奈何而可以長久」，廣成子曰「无視无聽，抱神以靜，形將自正」即是以意志為主體。

　　「黃帝退」至「復往邀之」，陳詳道云：「黃帝退，捐天下，能外物矣，未能外生，所以問治身之道。廣成子告以必靜必清，則於外生得之矣」。〔註43〕

　　黃帝「捐天下」，故能外天下；「築特室，席白茅，間居三月」，故能外物。即女偊告以聖人之道，「吾猶守而告之，參日而後能外天下；已外天下矣，吾又守之，七日而後能外物；已外物矣，吾又守之，九日而後能外生」（〈大宗師〉）之義。

　　劉鳳苞云：「捐非屏去之也，只是胸中忘天下」。〔註44〕「胸中忘天下」，則「无所於忤，虛之至也」（〈刻意〉），故能「外天下」。

　　林疑獨云：「間居，不以物累；三月，數之小成」。〔註45〕「不以物累」，則「不與物交，惔之至也」（〈刻意〉），故能「外物」。

　　「廣成子南首而臥」至「吾語女至道」，《經典釋文》：「『蹷』，驚而起也」（〈在宥〉）。

　　郭慶藩案：「文選張景陽七命注引司馬云：蹷，疾起貌」（〈在宥〉）。

　　呂惠卿云：「南明而北幽，首末而趾本。南首則北趾，以明其幽。至於窈冥昏默者，乃所以為本也。順下風而進，則循本以求之者也。治身而可長久者，唯道為然，是乃問其質也」。〔註46〕

　　後文「入於窈冥之門矣，至彼至陰之原也」在先，「遂於大明之上矣，至彼至陽之原也」在後。這個順序非常重要，是學道者入道之不二法門。

　　「至道之精」至「昏昏默默」，以上四句言道體之狀。林雲銘云：「四句見至道本無形，所謂『玄之又玄，眾妙之門』，是言道之體」。〔註47〕

　　蘇氏又以學道者，「其散且偽」，乃入道之大患。蘇子瞻云：「窈窈冥冥者，其狀如登高望遠，察千里之毫末；如臨深俯幽，玩萬仞之藏寶也。昏昏默默

〔註43〕褚伯秀，《南華真經義海纂微》，頁440。
〔註44〕劉鳳苞，《南華雪心編》，頁255。
〔註45〕褚伯秀，《南華真經義海纂微》，頁439。
〔註46〕呂惠卿，《莊子義》，頁108。
〔註47〕林雲銘，《莊子因》，頁112。

者，其狀如枯木死灰；無可生可然之道也。曰道止此乎？曰此窈冥昏默之狀而致道之方也。如指以為道，則夫窈冥昏默者，可得謂之道乎？人能棄世獨居，體窈冥昏默之狀，以入於精極之淵，未有不得道者也。學道者，患其散且偽也。故窈窈冥冥者，所以致一也；昏昏默默者，所以全真也」。〔註48〕

學道者，先有入道工夫，如後文「无視无聽」、「必靜必清」、「目无所見，耳无所聞，心无所知」三個階段。爾後便有如後文「抱神以靜」、「无勞女形，无搖女精」、「女神將守形」三種效果。再從三個效果達到如後文「形將自正」、「乃可以長生」、「形乃長生」三層境界。

「无視无聽」至「多知為敗」，林雲銘云：「此言入道之法」。〔註49〕

蘇氏則釋「无視无聽，抱神以靜」為「無為」；釋「心无所知」為「無思」；釋「必靜必清，无勞女形，无搖女精」為「無慾」。蘇子瞻云：「三者具而形神一，形神一而長生矣。內不慎外不閉二者不去而形神離矣」。〔註50〕「三者」，即指「無為」、「無思」、「無慾」三者。

入道工夫達到「形將自正」、「乃可以長生」、「形乃長生」三層境界。陸氏對此三層境界有精闢的見解，原則上就是第一，「先要收視反聽，使神不外散，而內觀五藏」。第二，「靜而且清，毋為事物侵亂，而或勞形搖精」。第三，「然收視反聽，雖不外視，猶內觀也；抱神不散，雖無雜念，猶有內覺也。若行之久，而清靜之極，並內觀之見聞、內覺之心知，胥歸無有。則神不待抱，自然守形而不離」。〔註51〕此即陸氏內養之法，也就是入道工夫，慎內則握固精神，閉外則關鍵耳目，而耳目聞見絕於外，心知泯於內，則形神必不離。

「我為女遂於大明之上矣」至「吾形未嘗衰」，陳壽昌釋「遂」為「往而徑至」；釋「原」為「始」；釋「遂於大明之上」為「上神乘光」；釋「入於窈冥之門」為「泊兮如未兆，人至虛極靜篤，乃能窺見陰陽之本」；釋「天地有官」為「使吾身之天地各司其職」；釋「陰陽有藏」為「使吾身之陰陽互藏其宅」；釋「慎守女身，物將自壯」為「即此天地陰陽附於吾身者，慎而守之，則內藥外藥，自然堅固」；釋「我守其一以處其和」為「一者，不雜之真；和者，自然之序」。〔註52〕

〔註48〕沈一貫，《莊子通》，頁319。
〔註49〕林雲銘，《莊子因》，頁112。
〔註50〕沈一貫，《莊子通》，頁320。
〔註51〕陸樹芝，《莊子雪》，頁121。
〔註52〕陳壽昌，《南華真經正義》，頁164。

「上神乘光」，陳壽昌釋為「神上升而光載之」。〔註53〕上達於至陽之「始」即是真陰乃陽之根。「泊兮如未兆」，即「我獨泊兮其未兆，如嬰兒之未孩」（〈老子・二十章〉）。下入於至陰之「始」即是真陽乃陰之根。故其功效修身千二百年，長生而形不衰。「物」，即「道」，「藥」，亦指「道」，即後文「彼其物无窮」之「物」。

宣穎云：「物即道也」。〔註54〕

陳碧虛引李淳風《天元主物簿》云：「千二百謂之大剋，一曰陰陽之小紀也」。〔註55〕

「黃帝再拜稽首曰」至「廣成子之謂天矣」，陳壽昌云：「言其與天合德」。〔註56〕此即「千歲厭世，去而上僊；乘彼白雲，至於帝鄉」（〈天地〉）之義，亦即享見天道；與天道合真，獲得永恆幸福之義。

「廣成子曰」至「而人皆以為有極」，「彼其物」，指道而言。「无窮」、「无測」，道體之本而言。「有終」、「有極」，形器之末而言。

林雲銘云：「『彼其物』者，指道而言也。蓋道超形器而獨存，不受變滅。世人不知，以為此生有涯，皆不知道者也」。〔註57〕

「得吾道者」至「上見光而下為土」，「上為皇而下為王」，即「域中有四大，而王居其一焉」（〈老子・二十五章〉）之義。「上見光而下為土」，即「出生入死」（〈老子・五十章〉）之義。

褚伯秀云：「言失道之人精魄化燐火，體肉歸塵土，是為虛生浪死，徒勞造化之鼓鑄者也」。〔註58〕

「今夫百昌皆生於土而返於土」至「吾與天地為常」，即「天下有道，則與物皆昌；天下无道，則脩德就閒」（〈天地〉）之義。

林雲銘云：「百昌，百物也。生土反土，以其形而已，故余將去汝，入無窮，遊無極，與日月天地同為不朽。曰『門』，曰『野』，皆道之所在也」。〔註59〕

「當我」至「而我獨存乎」，《經典釋文》：「『緡乎』，混合也。家世父曰：

〔註53〕陳壽昌，《南華真經正義》，頁195。
〔註54〕宣穎，《南華經解》，頁83。
〔註55〕褚伯秀，《南華真經義海纂微》，頁442。
〔註56〕陳壽昌，《南華真經正義》，頁164。
〔註57〕林雲銘，《莊子因》，頁113。
〔註58〕褚伯秀，《南華真經義海纂微》，頁445。
〔註59〕林雲銘，《莊子因》，頁113。

釋文，緡，泯合也。緡昏字通，緡亦昏也。當我，鄉我而來；遠我，背我而去；任人之鄉背，而一以無心應之」（〈在宥〉）。

「緡乎」、「昏乎」，與「其合緡緡，若愚若昏」（〈天地〉）義同，即「魚相忘乎江湖，人相忘乎道術」（〈大宗師〉）之義。「人其盡死」，即「其形化，其心與之然，可不謂大哀乎」（〈齊物論〉）之義。「而我獨存乎」，即「審乎无假而不與物遷，命物之化而守其宗也」（〈德充符〉）之義。

筆者觀點，〈有宥〉篇之「治天下」（〈在宥〉）和「治身」（〈在宥〉），即蘊涵義德和愛德以意志為其主體之意義。因為，「治天下」是以本身之外的人作為對象；「治身」則是以本身之外超乎人類以外的天道作為對象。

德行是善於行動的習性，習性是能力針對行動的完善。而能力本身不足以完成完美的行動者，才需要習性或德行之配備。意志的對象是目的，其能力足以完成完善的行動，這方面意志不需要德行之配備。但超出意志本身能力之善，仍需有德行之配備，這方面的德行是以意志為其主體。多瑪斯說：

> 若人的意志遇上超乎其能力的善，無論是針對人類而言，如：超越人性的天主的善；或針對個體而言，如：他人之善，都需要德性。所以，配備人對天主及他人之情感的德性，是以意志為主體，例如：愛德，正義等。〔註60〕

靈魂的情慾之善，這是關於個人自己之善；這類行動個人自己的機能天性已足夠，不需要在意志上有德行。只有針對外在的善，這類的善已超過其天性能力的善，故需要在意志上有德行。〔註61〕

〔註60〕《神學大全》第五冊，第五十六題，第六節，正解。
〔註61〕《神學大全》第五冊，第五十六題，第六節，釋疑3。

第五章　自然法律是倫理實踐的
　　　　超驗原理

　　「自然法律」，[註1] 又簡稱為「自然律」，不是指「大自然」的自然規律，而是指人性所固有的內在道德律。因此，自然律也稱為「自然道德律」。天主創造永恆宇宙，欲分施美善給予受造的萬物。這個計劃，則是根據天主的永恆律來指導萬物，按照自然本性行動以完成自己的目的。沒有理性的其它萬物，受到自然趨向的作用而能完成美善之行動。可是人有理性，具有自由抉擇的權力，他如何完成天主所賦予的本能，而去發展自己的潛能。這是由於有理性之人，都有反省本性內在的傾向和需求，而認識人性所固有的自然道德律。因為，人的行動可以憑藉理性之光，即可反省本性的基本傾向，而為自己宣布自然的道德律。所以，人對於一切倫理行為的最高依據準則的永恆律，並不是完全無知，人自己宣布的自然道德律就是理性受造物分有永恆律的道德內在原理。[註2]

[註1]　「自然法律」（lex naturalis, natural law）是多義語詞，周克勤對此歸納為四種涵義：「一、泛指任何物之與性俱來之內在之理或則（自然法則或自然法律）。二、專指所謂大自然界的內在之理或則（自然律）。三、專指人性所固有的內在道德律（自然道德律）。四、專指上述內在道德律涉及人間正義生活的一部（自然法）。」本論文所討論而出現的「自然法律」或「自然法」一詞，僅僅只是第三種涵義，即「自然道德律」，並不是第一、二、四種涵義。參閱周克勤，《道德觀要義》，上冊，臺北：臺灣商務印書館，1970，頁115。

[註2]　張榮、李喜英說：「托馬斯關於實踐理性的至上原理具有先驗的和超驗的雙重意蘊。之所以說它是先驗的，是因為它是內在於人本性的自然傾向，人的行為始終是自願的；之所以是超驗的，因為它是被給予的。」參閱張榮、李

對於多瑪斯和基督宗教哲學而言，所謂自然律即是指自然道德律。自然道德律不是人律或人為道德律；也不是自然科學所說的「大自然」的自然。按照周克勤的區分，自然道德律專指人性所固有的內在道德律，而自然則是以人為主體，即人性的自然。〔註3〕天主自由地創世，將美善分施給受造的萬物。而永恆律就是天主上智指導萬物按本性行動以實現潛能而完成自己目的之計劃。可是人有理性，並不一定照永律的指示行動。雖然，人的理性無法知道永恆律，但是，人可以反省本性內的傾向和需求，卻能認識人性固有的，即自然本性所有的道德律。因為，人性可藉由理性之光，反省自己的本性所固有的傾向和需求，去發展自己的潛能，以得到人所應得的善。所以，人及其自由行為，憑藉著理性之光，人就可以經由反省本性的基本傾向，而宣布自然的道德律。由此可見，人對於一切倫理行為的最高準則的永恆律並非一無所知，人自己宣布的自然道德律便是理性受造物所分有的永恆律。〔註4〕

多瑪斯所定義的「自然法律」具備三項要點：第一，自然法律只適用於人這類的理性受造物。第二，自然法律分有永恆法律。第三，人分有理性，對應有之行動和目的具有自然傾向；又因天主之光明印記在人內，使人知道何為善何為惡，此即自然法律基本內容之起點。〔註5〕多瑪斯對於「自然道德律」的內容舉出首要誠命是應當行善避惡；且是其他誠命的基礎。多瑪斯也舉出其他主要三條誠命：第一，人與所有每個實體都有按自己的種類去保存自己存在的傾向。第二，人與其他動物所共有的生殖傳種的傾向。第三，人有去認識天主的真理並度社群生活的傾向。〔註6〕良知不是一種特殊能力而是習慣；它是自然道德律的習慣。良心也不是一種能力而是行動；它是來自良知這個倫理秩序之普遍原理的具體應用。〔註7〕

第一節　自然法律是倫理的標準

人的本性天賦，擁有理性能力可以認識內在道德律。而且，天主指引宇

　　　　喜英，〈托馬斯論實踐理性的超驗原理——兼論中世紀哲學的合法性限度〉，
　　　　《世界宗教研究》，第 3 期，2014，頁 110。
〔註3〕周克勤：《道德觀要義》，頁 115。
〔註4〕柯布登（F. C. Copleston），《多瑪斯思想簡介》，頁 232。
〔註5〕潘小慧，〈多瑪斯德行倫理學系統建構中的自然法〉，頁 33。
〔註6〕潘小慧，〈多瑪斯德行倫理學系統建構中的自然法〉，頁 35。
〔註7〕潘小慧，〈多瑪斯德行倫理學系統建構中的自然法〉，頁 36～38。

宙萬物邁向最終目的的最高指導方針之永恆法律必須具有法律意義。因此，有理性之人所依循的自然道德律亦必須分有永恆法的法律基礎與道德模範。

　　　故足之於地也踐，雖踐，恃其所不蹍而後善博也；人之於知也少，雖少，恃其所不知而後知天之所謂也。知大一，知大陰，知大目，知大均，知大方，知大信，知大定，至矣。大一通之，大陰解之，大目視之，大均緣之，大方體之，大信稽之，大定持之。

　　　盡有天，循有照，冥有樞，始有彼。則其解之也似不解之者，其知之也似不知之也，不知而後知之。其問之也，不可以有崖，而不可以無崖。頡滑有實，古今不代，而不可以虧，則可不謂有大揚摧乎！闔不亦問是已，奚惑然為！以不惑解惑，復於不惑，是尚大不惑。（〈徐无鬼〉）

「故足之於地也踐」一段，歷代注疏家之解釋莫衷一是，其中以呂惠卿之析義為佳。〔註8〕統言之，此處文本大義係承前文「不知問是也」（〈徐无鬼〉）而來。

　　人是有理性的動物，自然本性於本性倫理德行方面的疑惑，必須於行動之前，反省本性內在理智的趨向和外在慾望的需求，從而認識人自然本性所固有的自然道德律。

　　「大」指天道之永恆法則，人憑藉分有永恆法則之自然道德法則，便可妥善解決人性倫理方面的一切問題。此即「材與不材之間，似之而非也，故未免乎累。若夫乘道德而浮遊則不然」（〈山木〉）之義。由於人世間的倫理關係極為複雜，唯一解決的方法就是「其唯道德之鄉乎」（同上）。

　　筆者觀點，人的感官認識能力和感官慾望能力所追求的善和目的，只能是表面善和近目的。對於真正善和最終目的，只能依靠理性認識能力和理性慾望能力。因此，「地之大」和「知之廣」即不是人的感官認識能力和感官慾望能力所能追求得到。故人之足只能踐地之淺薄；人之知只能知知之「毫末」

〔註8〕呂惠卿云：「足所踐者少，恃其所不踐而後善博，所謂知無用而後可以言用。人之知也少，恃其所不知而後知天之所謂，則大一大陰以至大定從可知矣。為道者主之以大一則無所不通。入窈冥之門至至陰之原，則亦至於至陽之原矣。物負陰而抱陽，所以係而不能解，不知有至陰之原故也。目視有限，不視以目則無不見。緣其一未有能均，和以是非，任其兩行，緣以大均也。無南無北無東無西，體以大方也。其精甚真，其中有信，稽以大信也。澤焚不熱，河沍不寒，雷破山風震海而不驚，持以大定也。」參閱呂惠卿，《莊子義》，頁254。

（〈秋水〉）。故人所能憑恃的理性認識能力和理性慾望能力，才能達到「地之善博」和「知天之所謂」。「知天之所謂」的「知」，必須經過學道工夫，亦即倫理實踐，人始能憑恃自然道德法則而知「大」之永恆法則。

「知大一」，即「氣」、「精」、「神」，「故混而為一」（〈老子·十四章〉），為此，最高目的是由人性的身體得到聖言的守護，人的「氣」、「精」、「神」才能出入身體而與天道合真，此即「坐忘」（〈大宗師〉）之義。

「知大陰」，此即人的「氣」、「精」、「神」離開人的身體，不僅「入於窈冥之門」（〈在宥〉）。

且又「遂於大明之上」（同上），此即「知大目」，可洞視「其中有物」（〈老子·二十一章〉），非大目此「物」不可見，亦即「視之不見名曰夷」（〈老子·十四章〉）之義。

「知大均」，「均」為還諸他人應得之權益，為義德之表現，義德以意志為其主體，神蘊涵靈魂之意志，故「大均」即是「其精甚真」（〈老子·二十一章〉）之義，此處之「真」，與「神」義同，故「緣之」，「緣」即順從之義。

「知大方」，即入窈冥之門，能體「大方」之義，則「其中有精」（〈老子·二十一章〉）亦能體之，非大方此「物」不可得，亦即「搏之不得名曰微」（〈老子·十四章〉）之義。

「知大信」，即入窈冥之門，能稽「大信」之義，則「其中有信」（〈老子·二十一章〉）亦能稽之，非大信此「物」不可稽，非氣此「物」不可聞，亦即「聽之不聞名曰希」（〈老子·十四章〉）之義，信德以理智為其主體，氣蘊涵靈魂之理智，大音希聲（〈老子·四十一章〉）非「氣」不能聞。

「知大定」，與「夫道，淵乎其居乎，漻乎其清乎。金石不得，无以鳴。故金石有聲，不考不鳴。萬物孰能定之」（〈天地〉）兩個「定」字義同。「鳴」，暗指「道」，金石「考」之有「聲」，聞「聲」即聞「道」，「定」之則聞「聲」而通於「道」。故「孰能定之」？文本後文隨即答覆，「夫王德之人，素逝而恥通於事，立之本原而知通於神」（同上）。此處之「事」，與「棄事則形不勞，遺生則精不虧」（〈刻意〉）之「事」；「凡有貌象聲色者」（〈刻意〉）之「物」義同。此處之「原」，與「至彼之陰之原也」（〈在宥〉）之「原」義同。此處之「知」，與「是純氣之守也」（〈達生〉）之「氣」義同；卻與「非知巧果敢之列」（同上）之「知」義反。故此處「神」，即是「孰能定之」的不二法門。因為，「氣」蘊涵「理智」，是「導向目的者」，也是「導致目的者」之選擇；「神」

蘊涵「意志」，是「導致目的者」，最高目的和最高善「天道」是「神的對象」，非「神」則「天道」不可見。

「盡有天」一段，歷代注疏家之解釋皆言之無物，其中以陸西星之析義尚可。〔註9〕

「盡有天」，即前文「恃其所不知而後知天之所謂也」之義。「循有照」，即「是以聖人不由，而照之於天，亦因是也」（〈齊物論〉）之義。「冥有樞」，即「彼是莫得其偶，謂之道樞」（同上）之義。「此有彼」，即「非彼无我」（〈齊物論〉）之義。「則其解之」，即前文「大陰解之」之義。「其知之」，即前文「知大一」之義。「其問之也，不可以有崖，而不可以无崖」，即「吾生也有涯，而知也无涯」之義。「頡滑有實」，此處「頡滑」與「知詐漸毒頡滑堅白解垢同異之變多，則俗惑於辯矣」（〈胠篋〉）義同；此處「有實」與「是故滑疑之耀，聖人之所圖也，為是不用而寓諸庸，此之謂以明」（〈齊物論〉）之「耀」義同，即是「以明」之義。「古今不代」至「是尚大不惑」，林希逸云：「從古至今，只是一個造化，初無更代，而用之不窮，何嘗有一毫虧損！揚搉，提掇發揚而論之也。闔，何也；是，造化之理也。何不問此造化之理，又奚疑乎！故曰奚惑然為！以此不疑之理而解天下之疑，而又復歸於不疑之地，則庶幾乎至於大不疑矣」。〔註10〕

筆者觀點，天道之永恆法則，人的理性自然之光照，分有天道永恆法則，只要反省內在理性傾向和需求，即可宣佈人內在固有之自然道德法則。此即理性之人自然道德律與天道永恆律之間固然具有本末源流的關係。人堅守自然道德律而行動，即是固守永恆律而必能達到德行實踐之目的。此即人恃源而行動，「故水之守土也審」（〈徐无鬼〉）之義。因為「目」、「耳」、「心」之於「明」、「聰」、「殉」也「殆」（〈徐无鬼〉），人皆以為憑靠這些感官認識的功能就能達到行動的目的，此即是「人以為己寶」（同上）這種心態，必然導致「亡

〔註9〕陸氏於此段之解釋，筆者概括出以下觀點：「人事盡乃見其有天」；「照，謂知照」；「樞，謂主張綱維之者」；「始即未始有始之始」；「彼即齊物論中所謂非彼無我之彼」；「始之彼，即冥冥之樞也。照也者，照此者也」；「以聞見思慮為大非，故解之也似不解之，知之也似不知之」；「大方似無崖，大定又似有崖」；「頡，謂升降上下。滑，謂流動旋轉，其頡滑也實，所謂化育流行，上下昭著，莫非此理之實，自古及今，以閱眾甫，更無代易，亦無虧損，於此不可有大商榷乎？」；「以此不惑之實理，解我妄惑之邪見，而復歸於實際而不惑，夫是之謂大不惑」。參閱陸西星，《莊子副墨》，頁290。

〔註10〕林希逸，《莊子鬳齋口義校注》，頁396。

國戮民无已」（同上）的悲慘結局，這種惡果皆是起自於沒有依循自然道德律的途徑而通曉永恆律，便冒然行動所產生的弊端。

自然律可以作為倫理的標準〔註11〕，基本前提就是人必須有此天賦的內在道德律〔註12〕；以及既然天主上智祂引領宇宙萬物走向目的是具有法律意義，則自然道德律必須是分有永恆法律的基礎與典型。〔註13〕

一、自然法律內在於人性

人的理性無法看見天主思想，或直接得到天主啟示。但是，人可以知道自己本性內的基本傾向和需要，在反省自己本性內的傾向和需要時，人就能認識自己本性所固有的自然道德律。每一個人都可以發展自己的潛能，依據本性之傾向而獲得自己應有的善。每一個人都可以藉著理性的光，反省本性的基本傾向和需要，而自己宣佈自然道德律。

〔註11〕哲學家對於自然律的有無各有不同的主張，此顯示其倫理學思想的基本態度和立場。原則上傾向人文主義道德觀的哲學家，主張並承認人有此天賦的內在道德律；傾向動物主義道德觀的哲學家，亦即實證主義論者，主張沒有自然道德律，也不承認有普遍的人性以及人有所謂與性俱有的、普遍的、永恆不變的、必然的道德律。參閱潘小慧，〈輔仁學派的天理／自然道德律——以儒家的天理與多瑪斯的自然道德律思想為主的探究〉，《哲學與文化》，第 33 卷第 3 期，2006，頁 6。

〔註12〕潘小慧說：「早在西元前六世紀，赫拉克利圖斯（Herakleitos, 544～484 B.C.），以及索佛克里斯（Sophocles, 495～406 B.C.）、西塞羅（Cicero, 106 ～43 B.C.），已經廣泛地討論普遍永恆的自然道德律。柏拉圖（Plato, 427～347 B.C.）、亞里斯多德（Aristoteles, 384～322 B.C.）的倫理學也是以自然道德律為基礎，尤其到了亞里斯多德，自然道德律才算獲得比較穩固的形上學基礎。而且亞里斯多德還指出自然道德律的三個基本特徵／屬性：普遍的、永恆不變的、至上的或絕對有效必然的。一個違反人為法律但符合自然法律的行為仍是義行。斯多亞學派（The Stoics）則不僅承認人生來即有自然法律，且亦承認人生來即有知此自然法律的是非之心。天主教倫理學家自第二世紀開始採用『自然道德律』一詞，即認為自然道德律與十誡的內容大致相同；而後聖奧斯定及其他諸教父，再至聖多瑪斯、維多里亞的方濟（Francisco de Vitoria, 1480～1546）、蘇亞雷（Francis Suarez, 1548～1617）和葛洛修斯（Hugo Grotius, 1583～1645）等都做過詳細的研究。也就是西方古代哲學早就有自然道德律，只是當時有的不稱自然律或自然道德律，而稱「未寫出的法律」（the unwritten law）而已。」參閱潘小慧，〈輔仁學派的天理／自然道德律——以儒家的天理與多瑪斯的自然道德律思想為主的探究〉，頁 7。

〔註13〕潘小慧，〈輔仁學派的天理／自然道德律——以儒家的天理與多瑪斯的自然道德律思想為主的探究〉，頁 10。

　　繕性於俗，俗學以求復其初；滑欲於俗，思以求致其明，謂之
蔽蒙之民。

　　　古之治道者，以恬養知；知生而无以知為也，謂之以知養恬。
知與恬交相養，而和理出其性。夫德，和也；道，理也。德无不容，
仁也；道无不理，義也；義明而物親，忠也；中純實而反乎情，樂
也；信行容體而順乎文，禮也。禮樂徧行，則天下亂矣。彼正而蒙
己德，德則不冒，冒則物必失其性也。（〈繕性〉）

　　「繕性於俗」一段，《經典釋文》：「『繕』，崔云：治也。或云：善也。『性』，
本也。『滑』，音骨，亂也。崔云：治也」（〈繕性〉）。俞樾訓「滑」為「治」。
〔註14〕俞氏所云甚是。

　　林雲銘云：「性非學不明，而俗學所以障性；明非思不致，而俗思所以亂
明。『俗』者，對『真』而言」。〔註15〕林氏訓「滑」為「亂」，「真」，非指天
道之思想或啟示，因一般人對此無法洞察。但是，人可以認出自己本性內的
基本傾向，在反省自己本性內的傾向時，人就能認識自己本性所固有的自然
道德律。

　　「古之治道者」一段，陳詳道云：「古之治道者不然，以恬養知，故能致
其明而理無不窮；以知養恬，故能復其初而性無不盡。性者，知與恬之本。和
理者，知與恬之用。知恬交相養，則仁義禮樂混而為道德；知與恬交相失，則
道德枝而為仁義禮樂。夫仁出於德，義出於道，固已薄矣。又況樂出於仁，禮
出於義哉」。〔註16〕此即「故失道而後德，失德而後仁，失仁而後義，失義而
後禮。夫禮者，忠信之薄而亂之首」（〈老子・三十八章〉）之義。

　　呂惠卿以為「易之神明，老氏之恍惚，莊子之恬知，其實一也」。〔註17〕

　　「恬」，呂氏釋為「無知」。〔註18〕「知生而无以知為也，謂之以知養恬」，
意即人出生便有「知」，而无以「知」作為做人處事的基本原則。因為，人的
理智與意志雖然有自由抉擇的權利而可以考量自己最大利益以作為行動的

〔註14〕俞樾按：「釋文，滑音骨，亂也；崔云，治也。此當從崔說為長。上文繕性於
　　　　俗學以求復其初，崔注繕亦訓治。蓋二句一義，繕也，滑也，皆治也，故曰
　　　　求復其初，求致其明。若訓滑為亂，則與求字之義不貫矣。」參閱俞樾，《莊
　　　　子平議》，頁357。

〔註15〕林雲銘，《莊子因》，頁165。

〔註16〕褚伯秀，《南華真經義海纂微》，頁680。

〔註17〕呂惠卿，《莊子義》，頁167。

〔註18〕呂惠卿，《莊子義》，頁164。

方針。可是，人的理智和意志能力，卻能認識自己依循什麼方式而行動，才是符合人性行為的原理原則。此處「生」、「知」與「吾生也有涯，而知也无涯。以有涯隨无涯，殆已；已而為知者，殆而已矣」（〈養生主〉）之「生」、「知」兩者義同。「彼正而蒙己德」與「彼正正者，不失其性命之情」（〈駢拇〉）義同。

「德則不冒，冒則物必失其性」，劉鳳苞云：「固有者各不相冒。舍彼固有之德，從我外加之德，是本性已失」。〔註19〕「冒」，即「駢拇枝指，出乎性哉！而侈於德。附贅縣疣，出乎形哉！而侈於性」（〈駢拇〉）之義。

多瑪斯的「自然律」（拉丁文 lex naturalis 英文 natural law），即是指「自然道德律」（natural moral law）。蘊涵以下特性，即「人性所固有」、「與生所俱有」、「具有普遍性」、「適用於人類整體」、「人的理性所能獲得的命令或律令的知識」的自然。自然道德律內在於人性如何可能。柯布登綜合多瑪斯的看法：

> 雖然人無法在天主的理智內讀到這永律，可是他可以認出自己本性內的基本傾向和需要；在反省這些傾向和需要時，他就能認識自然的（人性所固有的）道德律（natural moral law）。每一個人都有自然的傾向，去發展自己的潛能，以得到人所應有的善。每一個人也都有理性的光，藉著它，人就可以反省自己本性的這些基本的傾向，而自己宣布自然的道德律。〔註20〕

人的理性對於自然道德律的知識，能藉著理性之光而獲得。因為，自然道德律是人性追求善、選擇度倫理生活唯一可依循的普遍真理；它也是人的正當理智關於應行善、應避惡，所頒行的普遍誡命或律則；並且使人的正當意志能夠正確選擇而達致自己所要追求的目的。

二、自然法律分有永恆律

人的理性可以反省自己本性內在的傾向和需求，而自己宣示自然道德律。而自然道德律分有永恆律，人的理性藉由自然之光，即可知道什麼是善，什麼是惡；人透過這些屬於普遍的道德律知識內容，便能使人的行動皆能達到符合人性行為的目的。

〔註19〕劉鳳苞，《南華雪心編》，頁354。
〔註20〕柯布登（F. C. Copleston），《多瑪斯思想簡介》，頁232。

古之行身者，不以辯飾知，不以知窮天下，不以知窮德，危然處其所而反其性已，又何為哉！道固不小行，德固不小識。小識傷德，小行傷道。故曰，正己而已矣。樂全之謂得志。

古之所謂得志者，非軒冕之謂也，謂其无以益其樂而已矣。今之所謂得志者，軒冕之謂也。軒冕在身，非性命也，物之儻來，寄者也。寄之，其來不可圉，其去不可止。故不為軒冕肆志，不為窮約趨俗，其樂彼與此同，故无憂而已矣。今寄去則不樂，由是觀之，雖樂，未嘗不荒也。故曰，喪己於物，失性於俗者，謂之倒置之民。（〈繕性〉）

郭象注：「任其真知而已。此淡泊之情也。守其自德而已。危然，獨正之貌。遊於坦途。塊然大通。自得其志，獨夷其心，而無哀樂之情，斯樂之全者也。全其內而足。在外物耳，得失之非我也。澹然自若，不覺寄之在身。曠然自得，不覺窮之在身。彼此，謂軒冕與窮約，亦無欣歡之喜。夫寄去則不樂者，寄來則荒矣，斯以外易內也。營外虧內，其置倒也」（〈繕性〉）。

「知」，與「吾生也有涯，而知也无涯」（〈養生主〉）之「知」兩者義同，即指偏向心知物慾方面的認知與慾望能力。「知窮天下」，則是「傷道」的「小行」。「知窮德」，則是「傷德」的「小識」。

對於多瑪斯來說，人的倫理生活是在天主上智偉大計劃的背景裡產生的。關於這一點應該毫無疑義。所以，多瑪斯的倫理學一開始就是把道德放在一個形上學的體系裡。從天主永恆律這個形上基礎開始，到人為法律的定義這個次序，柯布登也表達願意跟隨，即多瑪斯是從天主的永遠的法律或永律（eternal law）這個思想開始，他更喜歡依照多瑪斯這個先後討論的次序而不想給予更改。因為，可能有人認為應該可以從人為的法律，即國家的法律著手，最後才討論作為形上基礎的永恆律。﹝註21﹞依照多瑪斯天主上智自由創世而將美善分施給受造的宇宙萬物，天主指導受造物的一切行為和活動之理無非就是永恆律。多瑪斯說：

天主也管理每一受造物的行動和動態。就如天主用以創造萬物的上智之理，具有技術或模型或觀念之意義；同樣，天主用以推動萬物達到各自目的的上智之理，也具有法律的意義。由此看來，永恆的法律無非就是天主指導萬物之行動和動態的上智之理。﹝註22﹞

﹝註21﹞柯布登（F. C. Copleston），《多瑪斯思想簡介》，頁230～231。
﹝註22﹞《神學大全》第六冊，第九十三題，第一節，正解。

人的理智和意志藉由自然之光，他只要反省自然本性的傾向和需要，即可知什麼是善，什麼是惡；這些內容屬於普遍的道德律知識。依照多瑪斯這種普遍的道德律知識分有天主的永恆律。多瑪斯說：

> 有理性之受造物所分有之永恆法律，即稱為自然法律。故此，聖詠作者（《聖詠》第五篇 6 節）說：「奉上正義的祭獻」，好似對那些質問什麼是正義之事的人接著說：「有許多人說：誰能為我們顯示出善？」遂答覆說：「上主，你給我們印上了你儀容的光輝」，即是說自然理性之光明，它使我們能知道什麼是善，什麼是惡；而這屬於自然法律。因為自然理性之光明，無非就是天主之光明在我們內的印記。由此可見，自然法律無非就是有理性之受造物所分有之永恆法律。〔註23〕

人是有理性的受造物，人的理性有能力管照自己和其它東西。故在萬物中，唯有人這種理性受造物特別受到天主的管照。基於這個理由，人分有永恆法律，則對應有的行動和目的具有自然本性之傾向。這種自然傾向乃是分有永恆法律所產生的效果，對於理性的受造物來說，這種效果，即稱為自然道德律。

第二節　自然法律的定義

人的理性分有永恆之理，而對應有之行動和目的具有自然之傾向，也就是自然法律分有永恆法律。因為，有理性的受造物特別受到天主的管照，而人分有管照自己和理性以下的受造物。為此，祂在人內印記了來自天主之光的自然之光。所以，每一個人都能藉由理性之光，反省自己本性基本的需求和傾向，而自己宣布自然道德律。

筆者觀點，「性命之情」（〈駢拇〉）分有天道永恆之理，則性命之情即是具有自然法律之意義，天道永恆之理的「天德」（〈刻意〉）、「玄德」（《老子·五十一章》）即具有永恆法律之意義。

> 人大喜邪？毗於陽；大怒邪？毗於陰。陰陽並毗，四時不至，寒暑之和不成，其反傷人之形乎！使人喜怒失位，居處无常，思慮不自得，中道不成章，於是乎天下始喬詰卓鷙，而後有盜跖曾史之

行。故舉天下以賞其善者不足，舉天下以罰其惡者不給，故天下之
大不足以賞罰。自三代以下者，匈匈焉終以賞罰為事，彼何暇安其
性命之情哉！（〈在宥〉）

「人大喜邪」至「而後有盜跖曾史之行」，林希逸云：「喜屬陽，怒屬陰，
毗，益也，醫書所謂有餘之病也。致中和則天地位，失其中和，則有四時不
至，寒暑不和之事。氣序既逆，則人亦病矣。使人者，言因堯桀在上，致人如
此也。喜怒失位，居處無常，謂妄為妄動也。是思慮不自得也。成章，有條理
也，不成章，則失中道矣。喬，好高而過當也；詰，議論相詰責也；卓，孤立
也；鷙，猛厲也。此四字皆形容不和之意。盜跖曾史，只是替換賢不肖字，用
心既不和，則賢不肖皆非也」。〔註24〕

人的陰陽和天地的陰陽，都是由天道永恆之理管照，人和天地依循天道
之理而運作，便是「致中和」，即「循天之理，故无天災」（〈刻意〉）；「故心不
憂樂，德之至也」（同上）之義。故堯為曾史；桀為盜跖之「嚆矢」，使天下人
「欣欣焉」（〈在宥〉）而「大喜」；「瘁瘁焉」（同上）而「大怒」。遂致天地「陰
陽並毗」而「四時不至」。陰陽乖戾，不能「交通成和而物生焉」（〈田子方〉），
寒暑之氣不「成和」，反傷人之形。天災人禍反傷人之形，必導致「使人喜怒
失位，居處无常，思慮不自得，中道不成章」的後果。對此四句，林雲銘釋為
「皆不安其性命之情，是傷人之驗」〔註25〕；呂惠卿釋為「所謂兩相傷也」。
〔註26〕呂氏所釋即是「夫兩不相傷，故德交歸焉」（〈老子・六十章〉）之反義。

「故舉天下以賞其善者不足」至「彼何暇安其性命之情哉」，陸西星釋
此大意為：「君治人分善惡而定賞罰，舉天下以賞罰，賞於賞之所及而不能
所不及；罰於罰之所及而不能所不及。賞不及，故其善者不足；罰不及，故
其惡者不給。以善多不足賞；惡多不足罰，故舉天下之大而不足以賞罰。自
三代而下者，匈匈焉始終以賞罰為事，彼自顧趨善避惡，何暇安頓其性命之
情」。〔註27〕

治天下以賞罰，而「失其性命之情」（〈駢拇〉），天下便只見善惡而僅以
賞善罰惡為務，無視人民之「真性」（〈馬蹄〉），百姓亦唯奔走於賞罰之事而

〔註24〕林希逸，《莊子鬳齋口義校注》，頁 162。
〔註25〕林雲銘，《莊子因》，頁 107。
〔註26〕呂惠卿，《莊子義》，頁 102。
〔註27〕陸西星，《莊子副墨》，頁 113。

已，「此亦治天下者之過也」（同上），彼之性命之情又何暇得而安之。

一、理性之光能知什麼是善什麼是惡

自然法律是理性藉由「自然光明」而知道善、惡的普遍誡命或命令。因為，造物者天主管轄所有受造物，這些受到天主管轄者，皆受到天主永恆之理的規範和度量。一切受造物必然都多少分有天主永恆之理並受其影響，使得受造物必須各自傾向於其所專有之行動和目的。

> 而且說明邪？是淫於色也；說聰邪？是淫於聲也；說仁邪？是
> 亂於德也；說義邪？是悖於理也；說禮邪？是相於技也；說樂邪？
> 是相於淫也；說聖邪？是相於藝也；說知邪？是相於疵也。天下將
> 安其性命之情，之八者，存可也，亡可也；天下將不安其性命之情，
> 之八者，乃始臠卷獊囊而亂天下也。而天下乃始尊之惜之，甚矣天
> 下之惑也！豈直過也而去之邪！乃齊戒以言之，跪坐以進之，鼓歌
> 以儛之，吾若是何哉！（〈在宥〉）

劉鳳苞云：「聰明仁義禮樂聖知，治天下離不開此八者，而八者各具病根。天下將安其性命之情，不靠定八者作主，可存可亡，與天下無所利，亦無所害；若不安其性命之情，全靠定八者用事，臠卷傖囊競起而治天下，治之適以亂之也。夫天下不惑於盜跖而多惑於曾史，則以曾史假借乎聰明仁義禮樂聖知之名，而其惑滋甚也。果使尊惜於一時，旋即悔悟於異日，其惑猶可及止；乃至齋戒跪坐鼓歌，而其惑正無窮期矣。『吾若是何哉』，一筆頓住上文，感慨悲涼，韻流簡外」。〔註28〕

天下安其性命之情，「聰」、「明」、「仁」、「義」、「禮」、「樂」、「聖」、「知」，存亡皆無不可，「無益損乎其真」（〈齊物論〉），亦即對於分有天道永恆之理的性命之情並無益損之謂。天下不安其性命之情，則「聰」、「明」、「仁」、「義」、「禮」、「樂」、「聖」、「知」八者，「故此皆多駢旁枝之道，非天下之至正也」（〈駢拇〉），削性侵德而已。

「臠」、「卷」、「獊」、「囊」，呂惠卿釋為「割而不全」、「束而不舒」、「積而不散」、「結而不解」。〔註29〕即指八者如冤魂不散，以為是天下至真，而迷惑擾亂天下無已。

〔註28〕劉鳳苞，《南華雪心編》，頁248。
〔註29〕呂惠卿，頁103。

多瑪斯說：

> 自然法律之光明，它使我們能知道什麼是善，什麼是惡；而這屬於自然法律。因為自然理性之光明，無非就是天主之光明在我們內的印記。由此可見，自然法律無非就是有理性之受造物所分有之永恆法律。〔註30〕

自然法律只有適用於人這種有理性的受造物。這一點說明了其它低於人的受造物都不適用。因為，只有人的理性之光，在反省自己本性的基本傾向，才能得到一些關於什麼是善，什麼是惡的知識。

二、理性之光乃天主之光在我們內的印記

造物者天主在我們內印記了來自天主光明的理性光明，人的理性藉由理性光明而能認識自然法律。因此，自然法律並非人自己立法，只有天主上智才有這個權能，特別對理性之人給予管照自己和其它無理性受造物的這種資格，而在人內印記能認識自然法律的理性光明。因為，天主上智是法律的規範和度量者，人則以被規範和度量者這樣的身分擁有分受天主光明的理性光明。

> 擢亂六律，鑠絕竽瑟，塞瞽曠之耳，而天下始人含其聰矣；滅文章，散五采，膠離朱之目，而天下始人含其明矣；毀絕鉤繩而棄規矩，攦工倕之指，而天下始人有其巧矣。故曰：「大巧若拙。」削曾史之行，鉗楊墨之口，攘棄仁義，而天下之德始玄同矣。彼人含其明，則天下不鑠矣；人含其聰，則天下不累矣；人含其知，則天下不惑矣；人含其德，則天下不僻矣。彼曾、史、楊、墨、師曠、工倕、離朱，皆外立其德而以爚亂天下者也，法之所無用也。（〈胠篋〉）

「擢亂六律」至「而天下始人含其聰矣」，呂惠卿云：「反聽而已」。〔註31〕「去性而從於心」（〈繕性〉），是從心而聽於外，「反聽」，即返真性以聽於內。

陸西星云：「擢亂者，擢取六律之管而亂其長短。鑠絕，謂焚而棄之也」。〔註32〕

〔註30〕《神學大全》第六冊，第九十一題，第二節，正解。
〔註31〕呂惠卿，《莊子義》，頁98。
〔註32〕陸西星，《莊子副墨》，頁109。

　　此段文本即是「五音令人耳聾」（〈老子‧十一章〉）；「是以聖人為腹不為目，故去彼取此」（〈老子‧十一章〉）之義。

　　「滅文章」至「而天下始人含其明矣」，呂惠卿云：「內視而已」。〔註33〕

　　「去性而從於心」，是從心而視於外，「內視」，即返真性以視於內。

　　劉鳳苞云：「膠，黏合」。〔註34〕

　　此段文本即是「五色令人目盲」（〈老子‧十一章〉）；「是以聖人為腹不為目，故去彼取此」之義。

　　「毀絕鉤繩而棄規矩」至「而天下之德始玄同矣」，呂惠卿云：「皆在我棄知絕巧不見可欲而已也」。〔註35〕

　　「去性而從於心」，是失真性從心而用知巧，「棄知絕巧不見可欲」，即返真性而可欲者乃真善非表面之善與目的。

　　陸西星云：「攦，折其指也。工倕，堯時巧人。玄同二字，出老子」。〔註36〕

　　此段文本即是「馳騁田獵令人心發狂」（〈老子‧十一章〉）；「是以聖人為腹不為目，故去彼取此」之義。

　　「彼人含其明」至「則天下不僻矣」，呂惠卿云：「人含其明，則天下不鑠，不鑠則襲明葆光而不鑠於外也；人含其聰，則天下不累，不累則聽之無聲而不多於聽也；人含其知，則天下不惑，不惑則不以物易其性也；人含其德，則天下不僻，不僻則同於大通也」。〔註37〕

　　「去性而從於心」，是失真性從心而使天下「鑠」、「累」、「惑」、「僻」而大亂，彼人含其「明」、「聰」、「知」、「德」，即是返真性而不好心知，故能使天下「不鑠」、「不累」、「不惑」、「不僻」而與天道合真。

　　陸西星云：「不鑠者，不見可欲而心不亂也。不累者，不聽是非而心不動也」。〔註38〕

　　此段文本即是「難得之貨，令人行妨」（〈老子‧十一章〉）；「是以聖人之治，虛其心，實其腹；弱其志，強其骨」（〈老子‧三章〉）之義。

　　「彼曾、史、楊、墨、師曠、工倕、離朱」至「法之所無用也」，呂惠卿

〔註33〕呂惠卿，《莊子義》，頁98。
〔註34〕劉鳳苞，《南華雪心編》，頁235。
〔註35〕呂惠卿，《莊子義》，頁99。
〔註36〕陸西星，《莊子副墨》，頁109。
〔註37〕呂惠卿，《莊子義》，頁99。
〔註38〕陸西星，《莊子副墨》，頁109。

云：「彼外立其德以爁亂天下者，則非含其聰明知德而反於性命之情者也。夫水之可以為法者，內保之而外不蕩也。法亦若是而已，外立其德而蕩其性，固法之所無用也」。〔註39〕

「去性而從於心」，即是「失其性命之情」（〈駢拇〉）；「而非道德之正也」（〈駢拇〉）。

陸西星云：「爁，注云：火光銷也。法之所无用，言此輩人正法無用，抑末法耳」。〔註40〕

正法即「不失其性命之情」（〈駢拇〉）之法；末法即「失其性命之情」（同上）之法。

筆者觀點，「性命之情」，即是人的理性，反省自己的內在傾向和需求，而自己發佈內在的自然道德律，這就是來自天道永恆之理的天道光明，印記在我們內的理性光明，人的理性藉由理性光明，即可發現自然道德律。因此「任其性命之情」（〈駢拇〉），即是正法。「法之所無用也」，即正法被捨棄而無用。

三、自然法律乃理性受造物分有永恆法律

人的理性藉由理性光明就能認識自然法律。自然法律上承永恆法律，因此，自然法律乃理性受造物對永恆法律之分受。所以，人對於一切德行之最高準則的永恆法律並非一無所知。因為，自然法律既然分有永恆法律，人就能憑藉理性認識有關永恆法律的知識。

> 聞在宥天下，不聞治天下也。在之也者，恐天下之淫其性也；宥之也者，恐天下之遷其德也。天下不淫其性，不遷其德，有治天下者哉！昔堯之治天下也，使天下欣欣焉人樂其性，是不恬也；桀之治天下也，使天下瘁瘁焉人苦其性，是不愉也。夫不恬不愉，非德也。非德也而可長久者，天下无之。（〈在宥〉）

「聞在宥天下，不聞治天下也」，呂惠卿云：「天下有常性，性有常德。蓋天下者，萬物之所一也。其性則我性是也，其德則我德是也。在宥天下則在宥我而已矣，在宥我則所以在宥天下也」。〔註41〕

〔註39〕呂惠卿，《莊子義》，頁99。
〔註40〕陸西星，《莊子副墨》，頁109。
〔註41〕呂惠卿，《莊子義》，頁101。

此段文本即「天下有常然」（〈駢拇〉）；「故天下誘然皆生而不知其所以生，同焉皆得而不知其所以得」（同上）之義。民有「常性」，自生而莫不自在；民有「同德」，自得而莫不自宥。治天下，則削性侵德而失其「常然」，「故古今不二，不可虧也」（同上）。

林希逸云：「在者，優游自在。宥者，寬容自得。使天下之人，性皆不亂，德皆不移於外物，又何用治之乎」。〔註42〕

在上者無為而為，在之宥之，彼民常性不淫；同德不遷，則天下治。

「在之也者，恐天下之淫其性也」，呂惠卿云：「在之為言也，存之而不亡之謂也。性則其自然而不益者也，益之則淫矣。存之而不亡，所以防其淫也」。〔註43〕

「彼民有常性」（〈馬蹄〉），「不失其性命之情」（〈駢拇〉），即是「在之」之義。「且夫待鉤繩規矩而正者，是削其性者也」（〈駢拇〉），即是「益之」之義。

「宥之也者，恐天下之遷其德也」，呂惠卿云：「宥之為言也，放之而不縱之謂也。德則其自足而無以為者，為之則遷矣。放之而不縱，所以守其遷也」。〔註44〕

民有常性，「謂之同德」（〈馬蹄〉）、「命曰天放」（同上），「同乎无知，其德不離；同乎无欲，是謂素樸；素樸而民性得矣」（同上），即是「宥之」之義。「待繩約膠漆而固者，是侵其德者也」（〈駢拇〉），即是「為之」之義。

「天下不淫其性，不遷其德，有治天下者哉」，陸樹芝云：「性者，稟於有生之初，侈於性則淫矣；德者，得諸成性之始，侈於德則遷矣。若清靜無為，存之而不贅，以性之本無，宥之而無損，其德之固有，則無事矣，豈別有所以治天下者哉」。〔註45〕

性不淫則形正，德不遷則性常，此清靜無為而「道德之正」（〈駢拇〉）。「淫其性」，即「附贅縣疣，出乎形哉！而侈於性」（同上）之義；「遷其德」，即「駢拇枝指，出乎性哉！而侈於德」（同上）之義，「淫其性，遷其德」，「此亦治天下者之過也」（〈馬蹄〉）。

「昔堯之治天下也」至「天下无之」，陸西星云：「堯率天下以仁，欣欣

〔註42〕林希逸，《莊子鬳齋口義校注》，頁162。
〔註43〕呂惠卿，《莊子義》，頁101。
〔註44〕呂惠卿，《莊子義》，頁101。
〔註45〕陸樹芝，《莊子雪》，頁113。

－152－

焉人樂其性，性不可添，樂其性，是不恬也。桀率天下以暴，瘁瘁焉人苦其性，性不可添，苦其性，是不愉也。不恬不愉，非天德也。非德而欲長治久安，未之有也。堯與桀雖不可對論，然其失民性之常則一」。〔註46〕

性上不可添，原無苦樂，有苦樂皆為淫其性，淫其性則遷其德。堯使民樂，桀令民苦，其治天下，毀譽不同。堯施仁義、桀用暴虐，其「易其性」（〈駢拇〉）則無異。

> 故君子不得已而臨莅天下，莫若无為。无為也而後安其性命之情。故貴以身於為天下，則可以託天下；愛以身於為天下，則可以寄天下。故君子苟能无解其五藏，无擢其聰明；尸居而龍見，淵默而雷聲，神動而天隨，從容无為而萬物炊累焉。吾又何暇治天下哉！
> （〈在宥〉）

「故君子不得已而臨莅天下」至「无為也而後安其性命之情」，林疑獨云：「夫君子為天下所歸，不得已而臨莅，莫若無為，無為而無不為矣。無為所以治己，無不為所以應物」。〔註47〕

此段文本即是「夫虛靜恬淡寂漠无為者，天地之平而道德之至」（〈天道〉）；「夫虛靜恬淡寂漠无為者，萬物之本也」（同上）之義。「以道莅天下，其鬼不神。非其鬼不神，其神不傷人；非其神不傷人，聖人亦不傷人」（〈老子·六十章〉），故聖人「感而後應，迫而後動，不得已而後起」（〈刻意〉）。在上者有為而治，「舍夫種種之民而悅夫役役之佞，釋乎恬淡无為而悅夫哼哼之意，哼哼已亂天下矣」（〈胠篋〉），必不合天道永恆之理的「天德」，故使天下大亂。因為，「虛无恬惔，乃合天德」（〈刻意〉），故「无為」乃不違天道永恆之理。然後，便能「安其性命之情」。

「故貴以身於為天下」至「則可以寄天下」，此與「何謂貴大患若身？吾所以有大患者，為吾有身，及吾無身，吾有何患！故貴以身為天下，若可寄天下；愛以身為天下，若可託天下」（〈老子·十三章〉）需參看，兩種文本比較，陳詳道以莊子多「於」一字，則為天下不若吾身之重；為天下不若吾身之親。故莊子「忘天下」，「適己而已，可以，必辭」；老子「非忘天下」，「有以適人」，「若可，疑辭」。然而，「皆未能無身」。〔註48〕

〔註46〕陸西星，《莊子副墨》，頁112。
〔註47〕褚伯秀，《南華真經義海纂微》，頁421。
〔註48〕褚伯秀，《南華真經義海纂微》，頁423。

「无解其五藏」至「吾又何暇治天下哉」，呂惠卿釋「五藏」；「聰明」；「龍見」；「雷聲」；「天隨」；「萬物炊累」；「何暇治天下」，為「不散而淫乎仁義」；「不引而屬乎聲色」；「其見出於無為」；「其聲出於不言」；「感而後應，不召自來」；「萬物之以息相炊則炊之積也」；「萬物歸之如塵自集又何暇治天下」。〔註49〕

此段文本即是「澹然无極而眾美從之，此天地之道，聖人之德也」（〈刻意〉）；「野馬也，塵埃也，生物之以息相吹也」（〈逍遙遊〉）之義。

簡而言之，依照多瑪斯「自然法律」無非就是有理性之受造物所分有之「永恆法律」。〔註50〕這一點說明人並非對於一切品行之最高準則的永恆法律一無所知。因為。自然法律既然分享或反映永恆法律，人就能憑理性認識關於永恆法律的知識。

第三節　自然法律的內容

人類的理性對於自然道德律的之命令，有如人類的理性對於自然界第一原理一樣，兩者都是自明或是自然就知道的原理。人的理性對於自然道德律首要事物的善（good），有如人的理性對於第一原理首要事物的物或存有（being），兩者都是自明或是自然就可知的對象。所以，人的理性對於自然道德律第一個自明或是自然就可知者，就是指向行動的善，有如人的理性對於第一原理第一個自明或是自然就可知者，就是「不能同時甲等於非甲」，兩者都是論證法則第一個無法證明的原理。

多瑪斯給予「自然道德律」的內容：自然道德律之命令與實踐理性（practical reason）的關係；有如論證之第一原理與思辨理性（speculative reason）的關係，兩者都是自明的原理。思辨理性第一原理的物或存有（being）；有如實踐理性首要事物的善（good），兩者都是自明或自然就可知者（per se nitum）。所有命題述詞之理包含在主詞內，便是自明的或自然就知道的，除非有誰不明白主詞的意義。例如，人是理性的動物，除非有誰不明白人的意義，否則這個命題就是自明的或自然就可知者。論證之第一個無法證明的原理，是「不能同時肯定又否定」；多瑪斯引用《形上學》卷四第三章所說的，其他

〔註49〕呂惠卿，《莊子義》，頁103。
〔註50〕《神學大全》第六冊，第九十一題，第二節，正解。

原理都是以這項原理為基礎。實踐理性第一個自明或自然就可知者，則是指向行動的善。凡是主動者，皆是因目的而行動，而目的具有善的意義。因此，實踐理性第一條原理是以善為基礎。〔註51〕

一、自然法律的首要誡命是行善避惡且為其他誡命之根據

　　人的理性反省自己內在自然的傾向與需求，就可以知道這種自然的傾向與需求之結果，而自己宣布自然道德律。因此，人的理性經由反省而能知道自然所傾向者，是善者則應該去追求；相反善者則應該去逃避。所以，自然法律的首要誡命，就是行善避惡，而且是其他誡命的根據。〔註52〕

　　　　門無鬼與赤張滿稽，觀於武王之師。赤張滿稽曰：「不及有虞氏乎！故離此患也。」

　　　　門无鬼曰：「天下均治而有虞氏治之邪？其亂而後治之與？」

　　　　赤張滿稽曰：「天下均治之為願，而何計以有虞氏為！有虞氏之藥瘍也，禿而施髢，病而求醫。孝子操藥以脩慈父，其色燋然，聖人羞之。

　　　　至德之世，不尚賢，不使能；上如標枝，民如野鹿；端正而不知以為義，相愛而不知以為仁；實而不知以為忠，當而不知以為信；蠢動而相使，不以為賜。是故行而無迹，事而無傳。」（〈天地〉）

　　「門無鬼與赤張滿稽」至「其亂而後治之與」，成玄英疏：「門與赤張，姓也。無鬼，滿稽，名也。二千五百人為師，師，眾也。武王伐紂，兵渡孟津，時則二人共觀。離，遭也。虞舜以揖讓御時，武王以干戈濟世。而揖讓干戈，優劣懸隔。以斯商度，至有不及之言。而兵者不祥之器，故遭殘殺之禍也。均，平也。若天下太平，物皆得理，則何勞虞舜作法治之！良由堯年將減，其德日衰，故讓重華，令其緝理也」（〈天地〉）。

　　此段文本亦猶「昔堯之治天下也」（〈在宥〉），使天下人之性喜樂，「是不恬也」（同上）；「桀之治天下也」（同上），使天下人之性悲苦，「是不愉也」（同上），「不恬不愉，非德也」（同上），故不能長久。

　　林疑獨云：「莊子之意，欲如太古之世，使人各安其性命之情，若堯、舜

〔註51〕《神學大全》第六冊，第九十四題，第二節，正解。
〔註52〕《神學大全》第六冊，第九十四題，第二節，正解。

治天下之道，皆糠粃緒餘，非所貴也」。〔註53〕莊子的目的，是要表達，不能使天下安其性命之情，是治天下者之過。

「赤張滿稽曰」至「聖人羞之」，林希逸云：「言天下皆願於治，因有虞氏治之，而反以為累也。無瘍何以藥！不禿何用髢！不病何用醫！蓋言喚作治天下，便是病了，無為而治，則無病也。孝子為父操藥，其色終是不樂，不若父之無病也。故聖人以為有心於治天下，則可愧矣。脩，進也，與羞同，古字通用。羞之，羞恥也」。〔註54〕

有虞氏以仁義治亂世，就像藥之治瘍一樣。沒有髮禿，何必以髢掩飾；沒有疾病，何必尋醫攻病，這些行為都不是「任其性命之情而已矣」（〈駢拇〉），而是亂而求治。子為父病進藥，其色必不樂，世人以為孝，而聖人羞之者，林疑獨云：「主天道而言，所以救人道之弊也」。〔註55〕因為，「无為而尊者，天道也；有為而累者，人道也」（〈在宥〉）。

「至德之世」至「事而無傳」，陸西星云：「寫出一段上古風氣，以見有虞之不然。堯舜推賢讓能，而至德之世不尚賢，不使能。何者？上古淳質無事，民不求治於君，雖有賢能，終亦無以自見，以故不尚不使。上如標枝，處高而無凌下之心。民如野鹿，放曠而無相忌之嫌。端正而已矣，不自知其為義也。相愛而已矣，不自知其為仁也。實而已矣，不自知其為忠。當而已矣，不自知其為信。蠢動之類互相役使而已矣，不自知其為恩，行無畔岸，故無迹也。事無歆羨，故無傳也。斯世也，斯民也，何有於亂，而抑何求於治乎哉」。〔註56〕

「小國寡民」（〈老子‧八十章〉），「甘其食，美其服，安其居，樂其俗」（同上），則「民居不知所為，行不知所之，含哺而熙，鼓腹而遊，民能以此矣」（〈馬蹄〉），「若此之時，則至治已」（〈胠篋〉），故為「至德之世」（同上）。及至聖人有為而治，「毀道德以為仁義」（〈馬蹄〉），「而民乃始踶跂好知，爭歸於利，不可止也」（〈馬蹄〉）。民好知不可止，乃亂的開始。因為，「大道廢，有仁義；慧智出，有大偽」（〈老子‧十八章〉）。而下好知的原因，「則是上好知之過也」（〈胠篋〉）。

〔註53〕褚伯秀，《南華真經義海纂微》，頁542。
〔註54〕林希逸，《莊子鬳齋口義校注》，頁203。
〔註55〕褚伯秀，《南華真經義海纂微》，頁542。
〔註56〕陸西星，《莊子副墨》，頁145。

依照多瑪斯的主張，「善是一切所追求者」。所以自然法律首要誡命即是行善避惡。多瑪斯說：

> 法律的第一條指令是「該行善、追求善而避惡」。自然法律的其他一切指令，都是以這條指令為根據；故此，凡實踐理性自然認為是人之善者，無論是該行者，或該避者，都屬於自然法律之指令。〔註57〕

二、自然法律的其他誡命

首要誡命之外仍有其他法律可以提出。因為，其他誡命的這些指令，都與首要誡命「行善避惡」有關，因此，這些誡命便都是一個自然法律。多瑪斯說：

> 首先，人有與一切本體共有的向善之傾向，即每一本體皆求保存合於其天性的現實。按這傾向，凡能用以保存人之生命並能阻止其相反者，皆屬於自然法律。第二，人有指向比較特殊事物的傾向，這是基於人與其他動物共有的天性。在這方面，「大自然教給一切動物者」（《羅馬法律類編》卷一第一題），皆屬於自然法律，如：男女之結合，子女之教育等。第三，人內有根據理性的向善之傾向，這是人所專有的，例如：人自然就傾向於認識關於天主的真理，傾向於度社群生活。在這方面，凡與這種傾向相關的，皆屬於自然法律，例如：避免愚昧，避免冒犯一起相處的人，以及其他與此相關的類似的事情。〔註58〕

多瑪斯所提的其他三條自然法律誡命，都與首要誡命的「行善避惡」有關。

第一，人有與一切實體共有的趨於向善之自然傾向，即每一實體皆有按自己種類，傾向於保存自己存在的現實。

> 寓言十九，重言十七，卮言日出，和以天倪。
>
> 寓言十九，藉外論之。親父不為其子媒。親父譽之，不若非其父者也；非吾罪也，人之罪也。與己同則應，不與己同則反；同於己為是之，異於己為非之。
>
> 重言十七，所以已言也，是為耆艾。年先矣，而无經緯本末以

〔註57〕《神學大全》第六冊，第九十四題，第二節，正解。
〔註58〕《神學大全》第六冊，第九十四題，第二節，正解。

期年耆者，是非先也。人而无以先人，无人道也；人而无人道，是
之謂陳人。

卮言日出，和以天倪，因以曼衍，所以窮年。不言則齊，齊與
言不齊，言與齊不齊也，故曰无言。言无言，終身言，未嘗言；終
身不言，未嘗不言。有自也而可，有自也而不可；有自也而然，有
自也而不然。惡乎然？然於然。惡乎不然？不然於不然。惡乎可？
可於可。惡乎不可？不可於不可。物固有所然，物固有所可，无物
不然，无物不可。非卮言日出，和以天倪，孰得其久！萬物皆種也，
以不同形相禪，始卒若環，莫得其倫，是謂天均。天均者天倪也。
（〈寓言〉）

「寓言十九」至「是之謂陳人」，呂惠卿云：「寓言十九，則非寓而言者
十一，重言十七，則非重而言者十三而已。卮言日出，和以天倪，則寓與不
寓，重與不重，皆卮言也。何謂寓言十九？夫道近在吾心，以吾心論之，彼則
疑而不信，猶父不為子媒，必藉外論之，非吾不欲直言，人不可與直言故也。
何謂重言十七？同己則應而為是，異己則反而為非。吾所以言於人者，欲其
應，不欲其反也，故因其心之所重耆艾之人而言之，以己所重，猶己言也。凡
此書中，稱引古昔者，皆是以耆艾為重者，所聞先於我，非以年也。有經緯本
末足以先人，則人從之。人而無以先人，是謂陳久之人，曷足重哉」。〔註59〕

「寓言」，即寄寓之言；「重言」，即德尊之言。寓、重兩言皆世俗常見之
言。「卮言」，卮滿則傾，卮空則仰，以喻言以載道，與時俱進。林疑獨釋「卮
言」，猶《老子》云「善言無瑕讁」。〔註60〕亦即「无言」易，「言無瑕讁」難；
「絕迹易，无行地難」（〈人間世〉）之謂。

言為思想的載具，思想不同，言就不齊，言有不齊，即有「是非」（〈齊物
論〉）。所以，「是以聖人和之以是非而休乎天鈞，是之謂兩行」（〈齊物論〉）。
「休乎天鈞」，即是「道樞」（〈齊物論〉），「樞始得其環中，以應无窮」（同上），
故曰「卮言日出，何以天倪」。「日出」之不窮，即有「无窮」之義。「天倪」，
與「天鈞」兩者義同。

「卮言日出，和以天倪，因以曼衍，所以窮年」，即「化聲之相待，若其
不相待。和之以天倪，因之以曼衍，所以窮年也。忘年忘義，振於无竟，故寓

〔註59〕呂惠卿，《莊子義》，頁74。
〔註60〕褚伯秀，《南華真經義海纂微》，頁1196。

諸无竟」（〈齊物論〉）之義。林希逸云：「聲言也，化聲者，謂以言語相化服
也；相待者，相對相敵也。若以是非之爭，強將言語自相對敵而求以化服之，
何似因其所是而不相敵耶？故曰若其不相待」。〔註61〕「因以曼衍」，即指「是
以聖人不由，而照之於天，亦因是也」（〈齊物論〉）之「因是」。《經典釋文》：
「『曼衍』，司馬云：無極也。『振』，崔云：止也。『无竟』，極也」（〈齊物論〉）。
「天」、「无竟」、「極」、「無極」，皆指造物者。「窮年」，即「聖人愚芚，參萬
歲而一成純」（〈齊物論〉）之義。「忘年忘義」，即「與其譽堯而非桀也，不如
兩忘而化其道」（〈大宗師〉）之義，「振於无竟」，即止於「无竟」，到達「无
竟」之謂。「寓諸无竟」，即「為是不用而寓諸庸」（〈齊物論〉）之義，「庸」，
即「通也」（同上），「通」，即指「大通」（〈大宗師〉），「庸」與「无竟」兩者
義同，皆指造物者。

「不言則齊」至「孰得其久」，天道永恆之理至齊，而人各執己見，於是
「是非」紛然而不齊。因其不齊，而我又以言齊之，則我所言之齊，與彼所言
之不齊，皆成不齊，故不如我不言以待其自齊。「是非」辯論之言，雖「言」
猶若「无言」，故「終身言，未嘗言」；不爭「是非」之言，雖「不言」何嘗「不
言」，故「終身不言，未嘗不言」。因此，「不言則齊」。天下之「可」與「不
可」；「然」與「不然」，其皆「有自」。「可」與「不可」；「然」與「不然」，其
皆來自「可」與「不可」；「然」與「不然」。「然」與「可」為「物」所「固有」，
則「无物不然」，「无物不可」。故天下「物論」可「齊」。因此，「卮言日出，
和以天倪」，才能「物論」永恆「齊」一；相反，非「卮言日出，和以天倪」，
又誰能得「物論」永恆「齊」一。「久」，即永恆之義。

「萬物皆種也」至「天均者天倪也」，宣穎云：「萬物皆有種類，各以其
類，禪於無窮。循環無端，此乃天理之均遍，無所不在者，數句又特解天
倪」。〔註62〕

此段文本即「種有幾」（〈至樂〉）；「萬物皆出於機，皆入於機」（〈至樂〉）
之義。實體所定形（inform）或所限定的原因，是由「種」與「實體形式」
（substantial form）所決定，這是使物質的東西成為這個東西而不成為其他的
東西之要素。而可以成為個體化的潛能要素，則是「機」與「原初質料」（materia
prima）。從「可以成為個體化的潛能」到「成為個體化的現實」的過程，是「出

〔註61〕林希逸，《莊子鬳齋口義校注》，頁43。
〔註62〕宣穎，《南華經解》，頁189。

於機」。回復到「原初質料」，是「入於機」。

筆者觀點，此段文本涉及兩個自然傾向，第一個自然傾向，就是「行善避惡」的自然傾向。第二個自然傾向，就是「保存自己種類的存在」的自然傾向。

第一個，言是思想的表達，人之言出，並非都是經過內在的反省。言有不齊，即是每個人都有自己看法。看法不同，即是造成言之不齊這個結果的原因。而言有不齊，便有「是非」產生。但是，每一個人的當時言論，都是反應每一個人當時對於自己所想要得到的近目的之行動方向。由言之不齊，就可以觀察到，每一個人都在為一件事物，因為是追求一個目的而形成的一個判斷。目的即是善，因此，每一個人之言，即是表示每一個人對於一件事物，都有追求善；逃避惡的行動表現。可是，每一個人都有理性，可以反省自己內在的道德傾向和需要，而宣布自己的自然道德律。因此，其實個一個有理性之人的自然傾向，都是在追求最終目的，這個目的每一個人是相同的。所以，這個最終目的則是每一個有理性之人都相同的自然傾向和需求，這個「物論」永恆「齊」一，不會改變。

第二個，每一個實體皆有按自己種類，傾向於保存自己存在的現實。萬物皆有按自己種類，以種類的形象相襌繼，循環無已。人類莫能得知其倫理之奧祕。這就是「天均」，「天均」，也就是「天倪」。這個「物論」也是永恆「齊」一，不會改變。此即「以巵言為曼衍，以重言為真，以寓言為廣」（〈天下〉）之義。依此而論，「天鈞」或「天均」、「天倪」、「兩行」、「道樞」，蘊涵多瑪斯的「自然道德律」。

第二，人與其他有感覺的動物都有一種相同的傾向，就是生殖傳種的傾向。人的理性反省自己內在這種傾向的結果時，就能宣布應該生育和教養子女以保存人類的這條誡命。

> 少知曰：「四方之內，六合之裏，萬物之所生惡起？」
>
> 大公調曰：「陰陽相照相蓋相治，四時相代相生相殺，欲惡去就於是橋起，雌雄片合於是庸有。安危相易，禍福相生，緩急相摩，聚散以成。此名實之可紀，精微之可志也。隨序之相理，橋運之相使，窮則反，終則始。此物之所有，言之所盡，知之所至，極物而已。覩道之人，不隨其所廢，不原其所起，此議之所止。」（〈則陽〉）

「少知曰」至「四時相代相生相殺」，成玄英疏：「智照狹劣，謂之少知。

太，大也。公，正也。道德廣大，公正無私，復能調順羣物，故謂之太公調。假設二人，以論道理」（〈則陽〉）。

林雲銘云：「萬物皆自無中生有，然其所生果從何處起乎？日月往來，是謂相照。陰陽之精，互藏其宅，是謂相蓋。蓋者，藏也。陰主翕受，陽主施與，是謂相治。四時之氣，嗣續生尅，循環不窮，是謂相代、相生、相殺」。〔註63〕

陰陽相蓋，天地相合，風雨相治；四時相代，春夏相生，秋冬相殺。此「天地有官，陰陽有藏」（〈在宥〉）之義。

「欲惡去就於是橋起，雌雄片合於是庸有」，林雲銘云：「陰陽四時如此，萬物莫不乘此氣機以出入。然而萬物既生，則不能無情，有情則欲惡去就憑虛而起，雌雄判合用是而有矣」。〔註64〕此處之「氣」，即是「虛」，前云「乘此『氣』機以出入」，後云「憑『虛』而起」，「氣」和「虛」，性質應該一致是正面的意義。「氣」即是「虛」，與「氣也者，虛而待物者也」（〈人間世〉）義同，人的理性反省內在基本傾向和需求，自己宣布這種傾向和需求的一種普遍道德命令，而「欲惡去就」，亦即「行善避惡」。

陳壽昌云：「人在陰陽四時之中，蘊斯情慮，欲惡去就，不啻憑虛而起，橋者駕虛之象也。片通胖，《儀禮》：夫婦胖合，謂合其半以成夫婦，雌雄即夫婦也。庸有，常有也。夫婦既合則子孫常有，猶陰陽四時之合而生生不已也」。〔註65〕「雌雄」，不僅指夫婦，更指一切「有情」動物，即一切「有感覺」之動物。這種「生生不已」之傾向，即是「生殖傳種」之傾向。

筆者觀點，「橋起」，劉鳳苞云：「同矯。矯拂其性，而妄生也」〔註66〕；陸樹芝云：「其在於人，則欲惡去就，如橋之高起」。〔註67〕劉氏和陸氏之釋為「其性妄生」和「橋之高起」皆不妥。

「橋」同「矯」，猶人的理性反省自己內在的基本傾向和需要，而自己宣布這種普遍道德誡命或命令。「氣」蘊涵靈魂「理智」。「有情」，即具有慾望，亦即具有「感官嗜慾」。雖然，「理性嗜慾」推動「感官嗜慾」，但是，「理性嗜慾」是盲目的，因此，「理性嗜慾」必然會受到「感官嗜慾」的牽引。然而，「理性嗜慾」的對象即是善，是「導致目的者」，而「氣」所蘊涵的靈魂「理

〔註63〕林雲銘，《莊子因》，頁291。
〔註64〕林雲銘，《莊子因》，頁291。
〔註65〕陳壽昌，《南華真經正義》，頁170。
〔註66〕劉鳳苞，《南華雪心編》，頁678。
〔註67〕陸樹芝，《莊子雪》，頁440。

智」，卻是「導向目的者」，則「理智」會指引「理性嗜慾」找到正確方向，即真正的目的和善這個相稱的對象。

「安危相易」至「此議之所止」，林雲銘云：「既有情矣，則不能無事，而事之中，有安危、禍福、緩急、聚散之不同，亦因之以各出焉。此皆可考而知，非難於致詰者也。此就物理所該備而言。先後相隨之謂序，循序即有理而不亂。氣運之屈伸相感，如橋之有升有降。若或使之，其中窮反終始，自然相因。造化如此，物理亦然，是物所以乘氣機而出入，有必然之理者。此就物理之循環而言。言者言此，知者知此，亦就其物之所有而求之而已。若其所廢則為既死之後，所起則為未生之前，此處關頭，誰能議及？故覩道者置之不問而已」。〔註68〕

天地「陰陽四時」變化，萬物無不乘此「氣」機，駕「虛」應變。故能「欲惡去就」而生生不已；「雌雄片合」而代代相續。事物變遷，而有安危禍福緩急聚散之互異；相易相生相摩相成之轉機。這些表有「名實可紀」，即外有名實可辨識；裏有「精微可志」，即內有本質可洞察，自天地而到萬物，自然有造化之理序可遵循；有道德之倫理可指使。「出生入死」（《老子‧五十章》）的道理則為萬物所有。能言與能知的極致，只能限制到物的表象而已。聖人與道合真而享見天道，就不會隨著物死而腐朽；也不會再自原始而重新再來。因為，與天道合而為一，就是得到永恆的幸福了。這種不跟隨「若人之形者，萬化而未始有極也」（《大宗師》）的「不死不生」（《大宗師》），則非平常之人所能議及，故曰「此議之所止」。

依照多瑪斯人性有指向一種固有的特殊傾向，這種與其他有感覺的動物都有的傾向一樣，就是生殖傳種的傾向。理性反省人內的這種傾向的結果時，就宣布應該生育和教養子女以保存人類的這條誡命。

第三，人有一種自然傾向，就是去認識有關天主的真理和度社群生活。人的理性反省內在這種傾向的結果時，就宣布應該追求真理，避免愚昧；與人一起度社群生活，而且知道和人一起相處所應避免的事情這種誡命。

> 顏淵問於仲尼曰：「夫子步亦步，夫子趨亦趨，夫子馳亦馳；夫
> 子奔逸絕塵，而回瞠若乎後矣！」
> 夫子曰：「回，何謂邪？」
> 曰：「夫子步，亦步也；夫子言，亦言也；夫子趨，亦趨也；夫

〔註68〕林雲銘，《莊子因》，頁291。

子辯，亦辯也；夫子馳，亦馳也；夫子言道，回亦言道也；及奔逸
絕塵而回瞠若乎後者，夫子不言而信，不比而周，无器而民滔乎前，
而不知所以然而已矣。」

仲尼曰：「惡！可不察與！夫哀莫大於心死，而人死亦次之。日
出東方而入於西極，萬物莫不比方，有目有趾者，待是而後成功，
是出則存，是入則亡。萬物亦然，有待也而死，有待也而生。吾一
受其成形，而不化以待盡，效物而動，日夜无隙，而不知其所終；
薰然其成形，知命不能規乎其前，丘以是日徂。

吾終身與汝交一臂而失之，可不哀與！女殆著乎吾所以著也。
彼已盡矣，而女求之以為有，是求馬於唐肆也。吾服女也甚忘，女
服吾也亦甚忘。雖然，女奚患焉！雖忘乎故吾，吾有不忘者存。」

（〈田子方〉）

「顏淵問於仲尼曰」至「而不知所以然而已矣」，林雲銘云：「步、趨、
馳，皆取馬而喻，故有『奔逸絕塵』之說。瞠，直視貌。不期人信，而人信
之。不期人親，而人親之。無名位而民自歸之。總言夫子之大可為，而化不可
為，不知所以然，所以瞠若乎後也」〔註69〕孔子步、趨、馳、辯、言道，顏
回亦步、趨、馳、辯、言道，所謂「大可為」而欲罷不能；夫子「不言而信，
不比而周，无器而民滔乎前」之境界，則「奔逸絕塵」，無迹可尋，所謂「化
不可為」而「瞠若乎後」。

「仲尼曰」至「而人死亦次之」，林希逸云：「惡可不察者，言當更於此
精察也。心死者，無所見也，生而無所見，猶甚於死也，故曰哀莫大於心死，
而人死亦次之」。〔註70〕

此段文本即是「近死之心，莫使復陽也」（〈齊物論〉）；「其形化，其心與
之然，可不謂大哀乎」（〈齊物論〉）之義。

心何以「近死」？因為，「日夜相代乎前，而莫知其所萌」（〈齊物論〉）；
「終身役役而不見其成功，苶然疲役而不知其所歸，可不哀邪！人謂之不死，
奚益」（〈齊物論〉）。由於，人不相信有天道的存在之緣故。即「若有真宰，而
特不得其眹」（〈齊物論〉），《經典釋文》：「『而特』，崔云：特，辭也。『其眹』，
兆也」（〈齊物論〉）。意即猶若有真宰，而說得不到其眹迹。所以，對於「視之

〔註69〕林雲銘，《莊子因》，頁216。
〔註70〕林希逸，《莊子鬳齋口義校注》，頁317。

不見名曰夷，聽之不聞名曰希，搏之不得名曰微，此三者不可致詰」（〈老子·十四章〉）的造物者，是當信者的對象，不是科學可以驗證的對象。「真宰」，即是造物者，不願意相信有全體受造物皆來自造物者這個真理，即是否定心靈存在這個真理。而人可以與道合真以獲得永生這個真理，就成為不足以相信的神話。因此，形骸腐朽，心靈即與之俱滅亡，此即「其形化，其心與之然，可不謂大哀乎」（〈齊物論〉）之義。

「日出東方而入於西極」至「有待也而生」，林雲銘云：「人之有心，如天之有日，萬物莫不待之以成功，故日出則為存，日入則為亡。究竟日無存亡，但俱限於所見耳。萬物之生死也，亦猶天之於日，皆有所待以成功。萬物之所待者，蓋心中之慧日也」。〔註71〕

林氏解釋只是按字面上敘述，未及深層意義。「有目有趾者」，即是指「有心」的人類。「凡有首有趾无心无耳者眾，有形者與无形无狀而皆存者盡无」（〈天地〉），前句指動物種類也包括人類在內，後句則指人「享見天道」而獲得永生者。因此，人不得享見天道而得永恆幸福，則是「近死之心」，與其他萬物隨著日出日落而生滅，即比方人與其他動物有心跳而生；無心跳而死，並無不同。「有待」，與「彼且惡乎待哉」（〈逍遙遊〉）之「待」，兩者是不同的境界層次，前「待」是等待生和等待死；後「待」是等待永恆幸福的獲致。「待是而成功，是出則存，是入則亡」，與「終身役役而不見其成功」，兩處「成功」義同，皆在等待與「真宰」合真而獲致永生；「出」和「入」，則將「真宰」喻「日」，「出」則人享見天道而永「存」，「入」則隨形骸腐朽而敗「亡」。

「吾一受其成形」至「丘以是日徂」，林疑獨云：「一受其成形，不化以待盡，待盡，無所待也。此孔子無生無死也。日夜無郤，合陰陽為一體；效物而動，無心以順物。不知其所終，不以死為死，薰然而成形，不以生為生也。日徂，言與化俱往」。〔註72〕

林氏釋「待盡」為「無所待也」，不妥。「吾一受其成形，不化以待盡」，與「一受其成形，不忘以待盡」（〈齊物論〉）義同。「一」，即天道創造宇宙內在於萬物的分殊之道，即莊子回答東郭子道惡乎在的問題，曰「在屎溺」（〈知北遊〉）；「周徧咸三者，異名同實，其指一也」（同上）；「參萬歲而一成純」（〈齊物論〉）之「一」。內在萬物的「一」，即是「德」，即「道生之，德畜之」

〔註71〕林雲銘，《莊子因》，頁217。
〔註72〕褚伯秀，《南華真經義海纂微》，頁853。

（《老子・五十一章》）；「故形非道不生，生非德不明。存形窮生，立德明道」
（《齊物論》）之「德」。

　　「忘」和「化」，兩者互為因果，故義同，「相忘於江湖」（《大宗師》）和
「兩忘而化其道」（同上），意即人若「不忘」或「不化」，則「一」便隨人之
「形」而「盡」滅。

　　釋「薰然」，《經典釋文》：「『薰然』，溫和貌」（《天下》）。「薰然」即「安
排而去化」（《大宗師》）之義，任由天道「物化」（《齊物論》）之安排。

　　「知命不能規乎其前」，與「而知不能規乎其始者也」（《德充符》）義同，
「前」與「始」，兩者皆指造物者「真宰」。

　　釋「日夜无郤，而不知其所終」，林氏所謂「不以死為死」，即「不死」
（《大宗師》）之義；「日徂」，林氏所謂「不以生為生」，即「不生」（同上）之
義。故能「入於不死不生」（同上）。

　　「吾終身與汝交一臂而失之」至「吾有不忘者存」，陳壽昌云：「就其不
暫停者而論，則吾之於汝，雖復終身相與，直不啻甫交一臂，而遂相失也，挽
留無術，伊可哀矣。夫子語回之意，蓋勸其遺跡取神，及時征邁。否則，過此
以往，與日俱徂，吾之為吾，更不能緩以待汝也。但明於吾所顯著之迹耳，如
云言辨等是也。彼所著者，已過而不留，了無餘蘊。唐肆，虛肆也。服者思存
之謂，言吾與汝本無可執，撫今思昔，過即成忘矣。去日不停，則由新成故，
由故成忘，惟能於不忘處認，則雖奔逸絕塵，終當相及，何必有瞠若乎後之
慮哉！此又於不易及者，示以求及之方也」。〔註73〕

　　「交一臂」，是回所把握之「著」乃迹而已；所「殆」亡之「著」乃所以
迹「而失之」。「彼」，指「所以著」已消失殆盡，而回把消失的「所以著」當
「以為有」而尋求，則是「求馬於唐肆」。夫子要求顏回，把我們可為的「大」
全部忘去。這樣的話，汝何有所患！「故吾」，即是回所把握之「著」，不是
「所以著」，是可以忘去的「吾」；而不能忘去的「吾」，則是與天道合真永恆
存在的「吾」，亦即夫子「奔逸絕塵」使回「瞠若乎後」的「吾」。

　　　　莊子謂惠子曰：「孔子行年六十而六十化，始時所是，卒而非
　　之，未知今之所謂是之非五十九年非也。」

　　　惠子曰：「孔子勤志服知也。」

　　　莊子曰：「孔子謝之矣，而其未之嘗言。孔子云：『夫受才乎大

〔註73〕陳壽昌，《南華真經正義》，頁330。

本，復靈以生。』鳴而當律，言而當法，利義陳乎前，而好惡是非
直服人之口而已矣。使人乃以心服，而不敢蘁立，定天下之定。已
乎已乎！吾且不得及彼乎！」（〈寓言〉）

胡文英云：「惠子生平專以強辯為是，未嘗有回頭認錯之時。故莊子言孔
子大聖，猶有昨非今是之進境，所以箴惠子，使不執堅白以自終也。惠子不
能自省，因謂孔子之所以為此者，殆勵志而行其所知，故日就月將如此也。
謝之，謝去有為之迹也。言孔子已無勤志服知之事，但聖不自聖，是以日徂，
而德盛化神之故，未嘗自言耳。孔子嘗言人之受才於造物，不過欲復其性靈，
以全其生初之理耳。孔子言此，則謝有為之迹可知矣。若惠子而知此，豈宜
於『道與之貌，天與之形』，而鳴堅白以傷其生哉！不言則已，言必有中。孔
子之不易言如此，惠施能此，則亦不妨言也。若義與利已明列乎前，而猶欲
以好惡為是非，直服人之口，而非心服也。若孔子之所以服人者，使之中心
悅而誠服，不敢與之逆立。其言一出，即足以定天下之未定者而使之定。豈
若惠子之曉曉於世，而相拂以辭哉！言己不及孔子，所以抑惠施而使之反求
也」。〔註74〕

「鳴而當律，言而當法」，諸注疏家的解釋，都是正面意義，與「利義陳
乎前，而好惡是非直服人之口而已矣」之負面意義相反。譬如呂惠卿云：「鳴
而當律，無事於聲音之調；言而當法，無事於義理之釋」〔註75〕；林希逸云：
「鳴，亦言也；律，即法也；當者，言皆當理也」〔註76〕；林疑獨云：「律者，
述陰陽之氣。法者，順天地之德」〔註77〕；褚伯秀云：「鳴當律，言當法，猶
云聲為律，身為度」〔註78〕。筆者傾向不同看法，「鳴而當律」、「言而當法」
與「利義陳乎前」，三句的負面意義是一致，「而好惡是非直服人之口而已矣」，
只是使人口服而心不服而已。

筆者觀點，人與其他的人共同相處，即是度社群生活，應該知道和其他
的人一起相處所應避免之事的這種誡命。像《舊約聖經》的「十誡」，這種重
大的罪惡相然無庸再重提。關於這種誡命，〈寓言〉則提到非常重要的內容。
就是人即使學富五車，才識過人，亦不可使自己陷入堅持自己是非好惡的言

〔註74〕胡文英，《莊子獨見》，頁223。
〔註75〕呂惠卿，《莊子義》，頁276。
〔註76〕林希逸，《莊子鬳齋口義校注》，頁317。
〔註77〕褚伯秀，《南華真經義海纂微》，頁1203。
〔註78〕褚伯秀，《南華真經義海纂微》，頁1206。

論觀點而逞口舌之快以服人這個錯誤。因為，這樣的行為只能服人之口而未能服人之心。雖然，個人言論好惡的觀點有論證基礎；是非的判定有法律依據，這種擁有優勢的情況，就像具備「鳴而當律，言而當法，利義陳乎前」之條件，也不必要非要別人的態度和立場都與你相齊和一致。因為，這樣的行為，只是「好惡是非直服人之口而已」，卻不能服人之心。

依照多瑪斯理性反省人的本性為理性之物時，人有一種自然傾向，就是去認識有關天主的真理和度社群生活。理性反省人內這種傾向的結果時，就宣布應該追求真理，避免愚昧；與其他的人，一起度社群生活，而且知道和其他的人一起相處所應避免的事情的這種誡命。

第四節　良知、良心與自然法律

人類的理性對於自然道德律的之命令，有如人類的理性對於自然界第一原理一樣，兩者都是自明或是自然就知道的原理。人的理性反省自然之傾向，所頒布的自然指令，就是自然法律。良知、良心和智德一樣，都是屬於實踐理智這一種相同機能的活動，但是，良知、良心也和智德一樣都是獨立不同的概念。而且，良知、良心也和智德一樣，都與自然法律的關係十分密切，對於人性行為的原理具有重大影響。良知（synderesis）不是一種特別機能而是一種特別的習性；是我們自然秉有的實踐性事務原理。〔註 79〕良心（conscientia）也不是一種特別機能而是一種行動；是將知識應用於某事物。〔註 80〕

一、良知是本性所固有的實踐性事物原理之習性

思辨事物的第一或基本原理，與實踐事物的第一或基本原理，都是不變的原理，不可能錯誤。實踐事物的自然判斷，是兼用理智和良知，理智是機能而良知是習性。因此，良知不是機能而是實踐事物的習性。實踐事物原理，與思辨事物原理一樣，都是人本性所固有的自然習性。

> 天根遊於殷陽，至蓼水之上，適遭无名人而問焉，曰：「請問為天下。」

〔註 79〕《神學大全》第三冊，第七十九題，第十二節，正解。
〔註 80〕《神學大全》第三冊，第七十九題，第十三節，正解。

无名人曰：「去！汝鄙人也，何問之不豫也！予方將與造物者為人，厭，則又乘夫莽眇之鳥，以出六極之外，而遊无何有之鄉，以處壙埌之野。汝又何帛以治天下感予之心為？」

又復問。

无名人曰：「汝遊心於淡，合氣於漠，順物自然而無容私焉，而天下治矣。」（〈應帝王〉）

「天根遊於殷陽」至「請問為天下」，成玄英疏：「天根無名，並為姓字，寓言問答也。殷陽，殷山之陽。蓼水，在趙國界內。遭，遇也。天根遨遊於山水之側，適遇無名人而問之，請問之意，在乎天下」（〈應帝王〉）。

天根，喻自然之本；无名人，喻無名之聖，即「聖人無名」（〈逍遙遊〉）之義。遊於殷陽至於蓼水，即指天根遊於殷山之陽而至於蓼水之陰。「請問為天下」，喻其「盛明有為」則是失之於末；「不失其性命之情」（〈駢拇〉），能任物自化而莫之命，喻其「寥寞無為」則能得之於本。

「无名人曰」至「而天下治矣」，筆乘云：「豫，即凡事豫則立之豫。言有先於為天下者也。無以先之而求為天下，於天下則後矣。與造物者為人，與化俱運，任而不助也。乘莽眇出六極，凌虛履妙，超陰陽也。遊何有處壙埌，造道之域，居空同也。此即豫之道也。而猶不寤，故又明言以示之。遊心者，汎然自得而復於至靜也，故曰遊心於淡。合氣者，其息深深而歸於至虛也，故曰合氣於漠。此皆順物自然而不以己與之，故天下治。蓋無意於為天下而為天下之道，莫妙於此矣」。〔註81〕

《經典釋文》：「『豫』，司馬云：嫌不漸豫，太倉促也。簡文云：豫，悅也。『帛』，司馬云：法也。崔本作為」（〈應帝王〉）。

林希逸云：「何帛，猶何故也，注訓法字，法亦故也。以治天下之問而感觸予之心，所以不豫，此感字，猶言激觸我也。帛字，崔氏作為，亦是何故之意」。〔註82〕

林雲銘釋此段文本意謂天根未明「不為天下」，即是「為天下」豫之道，故又復問？无名人則告之以「無容心」即所以治天下，別無治天下之法。〔註83〕

「遊心於淡」，即「純粹而不雜，靜一而不變，惔而无為」（〈刻意〉）之

〔註81〕焦竑，《莊子翼》，臺北：廣文書局，1963，頁 80。
〔註82〕林希逸，《莊子鬳齋口義校注》，頁 128。
〔註83〕林雲銘，《莊子因》，頁 85。

義，故能「內保之而外不蕩也」（〈德充符〉）。「合氣於漠」，即「是純氣之守也」（〈達生〉）之義，故能「遊乎萬物之所終始」（同上）。「順物自然」，即「夫莫之命而常自然」（〈老子・五十一章〉）之義，故能「任其性命之情」（〈駢拇〉）。「無容私焉」，即「是以聖人後其身而身先，外其身而身存。非以其無私邪？故能成其私」（〈老子・七章〉）之義。因此，无名人告訴天根真實之言，即有「致虛極，守靜篤，萬物並作，吾以觀復」（〈老子・十六章〉）之義。

　　筆者觀點，天根問无名人如何「為天下」，與黃帝問廣成子如何「治天下」（〈在宥〉），兩人提出都是治理人民的問題，皆不得問而無法獲答雖是一樣。但是，天根只在意「為天下」；黃帝卻更在意「至道」（〈在宥〉）。故天根復問，終得後文「而天下治矣」一段話，而黃帝再問「治身」（〈在宥〉），終得「形乃長生」（同上）一段話。无名人與廣成子的解難，皆是找出修養工夫和德行實踐最核心緊要的竅門之處，只是境界層次不同而已。因此，无名人給予的解難是關於「心」與「氣」的層次；廣成子給予的解難卻是「身」與「氣」、「精」、「神」的層次。《莊子》「氣」蘊涵靈魂「理智」部分；「心」與「氣」則蘊涵「良知」的這種習性。

　　實踐事物的第一或基本原理，與思辨事物的第一或基本原理相同，都是不變之理，不可能錯誤。理性即是機能；良知即是習性。實踐事物的自然判斷，則是兼用理性和良知。〔註84〕良知不是機能而是實踐性事物之習性。實踐性事物原理，與思辨性事物原理一樣，都是人自然本性所固有之習性。多瑪斯說：

> 我們自然秉有的思辨性事物的第一或基本原理，不屬於一個特別的機能，而屬於一個特別的習性，稱為「原理之悟性」（intellectus principiorum），這可參考《倫理學》卷六第六章。因而我們自然秉有的實踐性事物的原理，也不屬於一個特別機能，而屬於一個特別的自然習性，即我們所謂的「良知」。〔註85〕

　　良知是實踐性事物第一或基本原理，是自明的或自然就知道的習慣之知，為人天生所固有。潘小慧說：「良知即『倫理秩序的第一原理的習慣之知』（the habitual knowledge of the first principles of the moral order），簡稱『自然道德律

〔註84〕《神學大全》第三冊，第七十九題，第十一節，釋疑 3.。
〔註85〕《神學大全》第三冊，第七十九題，第十二節，正解。

的習慣』（the habit of natural law）。」〔註86〕自然法律的習慣就是倫理秩序第一原理的習慣，也就是良知。良知激發人向善，並警戒人作惡；乃理性將第一或基本原理導向行動之習性。

二、良心是將知識運用於某事物之行動

良心是將實踐性事物的第一或基本原理的知識運用於具體的某事物之行動。因此，良心是一種行動。〔註87〕

> 无為名尸，无為謀府；无為事任，无為知主。體盡无窮，而遊
> 无朕；盡其所受乎天，而无見得，亦虛而已。至人之用心若鏡，不
> 將不迎，應而不藏，故能勝物而不傷。（〈應帝王〉）

「无為名尸」至「无為知主」，林雲銘云：「聲譽之歸，籌度之門，眾務之責，聰明之總。無為而無不為，故眾美交集於至虛之中，非禁止之詞也」。〔註88〕

「无為」，即「不刻意而高」（〈刻意〉）之義。

不為「名」、「謀」、「事」、「知」之「尸」、「府」、「任」、「主」，即「无功名而治」（〈刻意〉）、「不道引而壽」（同上）、「无江海而閒」（同上）、「无仁義而修」（同上）之義，故「无不忘也，无不有也」（同上）。

不為「名」、「謀」、「事」、「知」之「尸」、「府」、「任」、「主」，也即「不謀，惡用知」（〈德充符〉）、「无喪，惡用德」（同上）、「不貨，惡用商」（同上）、「不斲，惡用膠」（同上）之義，故「人不忘其所忘而忘其所不忘，此謂誠忘」（〈德充符〉）。因為，「四者，天鬻也。天鬻者，天食也。既受食於天，又惡用人」（〈德充符〉）。

「不謀，惡用知」，即不謀圖「功名」，「而知為孽」（〈德充符〉），「為善无近名」（〈養生主〉），以「名」為戒，故能「无為名尸」，而「无功名而治」。

「无喪，惡用德」，「棄事則形不勞，遺生則精不虧」（〈達生〉），則「无喪」，「德為接」（〈德充符〉），不與物接，故能「无為謀府」，而「不道引而壽」。

「不斲，惡用膠」，不削性侵德，則「不斲」，「約為膠」（〈德充符〉），「待繩約膠漆而固者」（〈駢拇〉）才用膠，故能「无為知主」，而「无仁義而修」。

〔註86〕潘小慧，〈多瑪斯德行倫理學系統建構中的自然法〉，頁37。
〔註87〕《神學大全》第三冊，第七十九題，第十三節，正解。
〔註88〕林雲銘，《莊子因》，頁88。

「不貨，惡用商」，「工為商」（〈德充符〉），「難得之貨令人行妨」（〈老子・十二章〉），「不貨」，故能「无為事任」，而「无江海而閒」。

「體盡无窮，而遊无朕」，陸樹芝云：「體道極於無窮，與造物者為人也。遊於無朕，遊於天地之一氣也」。〔註89〕

此段文本即是「上與造物者遊，而下與外死生无終始者為友」（〈天下〉）之義。

陸西星云：「故體道則盡於無窮，而遊心則入於無有。无朕，即無有也，無有即未始有始也者」。〔註90〕

此段文本也即是「登天遊霧，撓挑無極；相忘以生，无所終窮」（〈大宗師〉）之義。此處「相忘以生，无所終窮」，即是「體盡无窮」；「登天遊霧，撓挑無極」，即是「而遊无朕」，「无朕」和「無極」，皆指造物者天道。

「盡其所受乎天，而无見得」，林雲銘云：「既為之後，不過盡其天理之所固有，亦不自見其所得」。〔註91〕

此段文本即是「芒然彷徨乎塵垢之外，逍遙乎无為之業」（〈大宗師〉）；「相與於无相與，相為於无相為」（〈大宗師〉）；「無為而無不為」（〈老子・四十八章〉）；「上德無為而無以為」（〈老子・三十八章〉）之義。

「亦虛而已」，陳壽昌云：「始終不外致虛之義」。〔註92〕

此句文本即是「靜一而不變，惔而无為」（〈刻意〉）；「不與物交，惔之至也」（同上）；「无所於忤，虛之至也」（同上）；「致虛極，守靜篤」（〈老子・十六章〉）之義。

「至人之用心若鏡」至「故能勝物而不傷」，宣穎云：「無心而自明，來斯應，去不留。既以虛字結上文，又著此四句，解個虛字」。〔註93〕

「至人之用心若鏡」，即是「不為福先，不為禍始，感而後應，迫而後動，不得已而後起」（〈刻意〉）之義，若鏡之照物，故能「不將不迎，應而不藏」。以其「去知與故，循天之理，故无天災，无物累，无人非，无鬼責」（同上），故能「勝物而不傷」。

筆者觀點，至人境界「亦虛而已」而「用心若鏡」，此處雖描述學道工夫

〔註89〕陸樹芝，《莊子雪》，頁95。
〔註90〕陸西星，《莊子副墨》，頁93。
〔註91〕林雲銘，《莊子因》，頁88。
〔註92〕陳壽昌，《南華真經正義》，頁125。
〔註93〕宣穎，《南華經解》，頁65。

內涵，但是，也適用於「良心」這種行動之概念。因為，「良心」是將實踐性事物的第一或基本原理的知識運用於具體的某事物之行動。「將實踐性事物的第一或基本原理的知識」，即指「導向目的者」之「理智」而言；「運用於具體的某事物之行動」，即指「行動指導者」之「用心」而言。「亦虛而已」，即「合氣於漠」之義（〈應帝王〉）；「用心若鏡」，即「遊心於淡」（同上）之義。因為，《莊子》「氣」蘊涵靈魂「理智」部分；「心」與「氣」則蘊涵「良心」的這種行動。

依照多瑪斯良心是一種行動，是將實踐性事物的第一或基本原理的知識運用於具體的某事物之行動。多瑪斯說：

> 嚴格地說來，良心不是機能，而是一種行動。這可以從它的名稱上看出來，也可以從一般講話方式歸屬給良心的性質上看出來。
> 良心，按字的原意，含有知識與某事物的關係，因為 conscientia 是來自 cum alio scientia（連帶知道）。將知識運用於某事物乃是一種行動，故從名稱方面，可見良心是一種行動。〔註94〕

依照多瑪斯良心運用此知識有三種方式，第一，使人承認曾做某事物，則良心作證。第二，判斷某事物該為或不該為時，則良心鼓勵或約束。第三，批評已完成的某事物是好或是壞，則良心聲稱無罪，或責難和控訴。〔註95〕

〔註94〕《神學大全》第三冊，第七十九題，第十三節，正解。
〔註95〕《神學大全》第三冊，第七十九題，第十三節，正解。